"iHappy投资者"
系列图书项目介绍

世界图书出版广东有限公司
深圳市中资海派文化传播有限公司
合力打造《世界经管学术经典文库》正式面市

  《世界经管学术经典文库》从 "iHappy 投资者"系列图书拉开大幕。

  深圳市中资海派文化传播有限公司与约翰·威立国际出版公司(John Wiley & Sons, Inc.)展开了更广泛而深入的合作,该社旗下的 Little Book 书系与中资海派进行了独家战略合作。约翰·威立出版社不仅是全球历史最悠久、最知名的学术出版商之一,更是世界第一大独立的协会出版商和第三大学术期刊出版商。

  "Little Book"财智赢家经典投资系列品牌图书作为"iHappy投资者"主打书目,不仅涵盖了"理论结合实践"的投资策略,更结合欧美投资大师的经典投资理论,突出了未来投资趋势等主题,并且从不同角度解读了投资获利的奥秘,为读者及广大投资者的投资理财指引明灯。

  中资海派已出版和即将推出的该系列图书有:

  先锋集团创始人约翰·博格(John Bogle)所著的《投资稳赚》(*The Little Book of Common Sense Investing*);

  《价值投资》(*The Little Book of Value Investing*),价值投资之父本杰明·格雷厄姆(Benjamin Graham)真传弟子

克里斯托弗·布朗（Christopher Browne）所著；

《巴菲特的选股真经》（*The Little Book That Makes You Rich*），巴菲特真传弟子路易斯·纳维里尔（Louis Navellier）教你准确选中成长股；

《驾驭股市周期》（*The Little Book of Stock Market Cycles*），《股票交易者年鉴》主编杰弗里·A.赫希（Jeffrey A.Hirsch）教你如何利用股市周期赚钱；

《牛眼投资》（*The Little Book of Bull's Eye Investing*），《纽约时报》畅销书作家约翰·莫尔丁（John Mauldin）教你在动荡的市场中寻找价值，攫取绝对收益和控制风险；

《趋势交易》（*The Little Book of Training*），交易大师迈克尔·柯弗（Michael W.Covel）为你揭开藏于幕后的14位顶尖交易员的获利故事；

《巴菲特资产配置法》（*The Little Book that still Saves Your Assets*），摩根士丹利创始人戴维·M.达斯特（David M.Darst）教你资产配置的艺术。

中资海派已引进和即将出版的该系列图书有：

The Little Book of Main Street Money by Jonathan Clements

The Little Book of Safe Money by Jason Zweig

The Little Book of Behavioral Investing by James Montier

The Little Book of Big Dividends by Charles B. Carlson

The Little Book of Bulletproof Investing by Ben Stein and Phil DeMuth

The Little Book of Commodity Investing by John R. Stephenson

The Little Book of Currency Trading by Kathy Lien

The Little Book of Stock Market Profits by Mitch Zacks

The Little Book of Big Profits from Small Stocks by Hilary Kramer

The Little Book of Alternative Investments by Ben Stein and Phil DeMuth

The Little Book of Emerging Markets by Mark Mobius

The Little Book of Hedge Funds by Anthony Scaramucci

The Little Book of the Shrinking Dollar by Addison Wiggin

The Little Book of Market Myths by Ken Fisher and Lara Hoffmans

The Little Book of Bull Moves by Peter D. Schiff

The Little Book of Economics by Greg Ip

The Little Book of Sideways Markets by Vitaliy N. Katsenelson

The Little Book of Valuation by Aswath Damodaran

另外，"财智赢家"书系还收录了众多长销经典投资著作：

"成长股价值投资之父"肯·费雪（Ken Fisher）的《下一个暴富点》（*Markets Never Forget*）；

大投机家安德烈·科斯托拉尼（Andre Kostolany）的《股市神猎手》（*Kostolanys Wunderland von Geld und Börse. Wissen, was die Börse bewegt*）；

著名投资公司总裁、问题公司投资专家乔治·舒尔策（George Schultze）的《秃鹫投资》（*The Art of Vulture Investing*）；

投资组合创始人李·芒森（Lee Munson）《打败操盘手》（*Rigged Money*）；

美国投资市场的"亚当·斯密"亚当·史密斯（Adam Smith）所著《金钱游戏》（*The Money Game*）。

除了"财智赢家"之外，"iHappy投资者"还推出以下书系：

Smart 智富

该书系主要收录诸多全球投资新秀的最新投资理念图书，对国内的投资者极具借鉴和指导意义。另外，本书系还带你漫步金融史和投资史，为你找到隐藏在股市起伏与经济荣衰中的密码。

百万富翁教室

该书系主要为都市白领阶层提供理财书籍，内容简单实用，风格平易近人。如果灵活运用书中的方法并持之以恒，即使你目前收入不高，终有一天也能跻身百万富翁的行列，创造财富奇迹。

凯恩斯口袋

该书系聚焦国内外经济大环境，紧跟政治经济发展趋势，收录各路名家的经典理论和通俗实用的佳作。你不仅可以从这些书中了解整体政治经济环境，更能从中找到某些投资机会，在享受阅读乐趣的同时轻松赚钱。

以上三大书系已出版和即将出版的图书有：

迈克尔·莫布森（Michael J. Mauboussin）的《魔鬼投资学》（*More Than You Know*）；

史蒂芬·列维特和史蒂芬·都伯纳（Steven D. Levitt and Stephen J. Dubner）的《魔鬼经济学》（*Freakonomics*）；

达蒙·维克斯（Damon Vickers）的《不懂美元，还敢谈经济》（*The Day After the Dollar Crashes*）；

乔治·马格努斯（George Magnus）的《谁搅动了世界》（*Uprising*）；

安德鲁·哈勒姆（Andrew Hallam）的《拿工薪，三十几岁你也能赚到 600 万》（*Millionaire Teacher*）；

韩国理财师高敬镐的《上班赚小钱，四本存折赚大钱》；

戴维·沃尔曼（David Wolman）的《无现金时代的经济学》（*The End of Money*）；

罗伯特·H. 弗兰克（Robert H.Frank）的《达尔文经济学》（*The Darwin Economy*）；

肯尼斯·波斯纳（Sandy Franks）的《围捕黑天鹅》（*Stalking the Black Swan*）；

桑迪·弗兰克斯（Sandy Franks）和萨拉·农纳利（Sara Nannally）的《野蛮人的猎金术》（*Barbarians of Wealth*）；

盖·罗森（Guy Lawson）的《章鱼阴谋》（*Octopus*）；

兰迪·盖奇（Randy Gage）的《风险即安全》（*Risky Is the New Safe*）。

为了适应市场发展要求，中资海派成立了"iHappy 投资者"系列图书专家委员会，诚邀国内相关领域的权威、专业人士，拨冗推荐该系列图书，并在编辑加工图书的过程中提出宝贵意见。

已经加入"iHappy 投资者"系列图书专家委员会的成员有（排名不分先后）：

英大证券研究所所长　李大霄

深圳市东方港湾投资管理有限责任公司 董事长　但　斌

《中国证券报》金牛基金周刊副主编　杨　光

《黑化》、《财富创始记》作者，财经作家　范卫锋

《新金融观察》报副主编、《新领军者》杂志主编　刘宏伟

《第一财经日报》资深编辑　艾经纬

《理财》杂志社 社长兼总编　解鹏里

《理财》杂志执行主编　王再峰

"Fortune＆You, 财富智慧你的魅力与幸福"课程创办者　毛丹平

银河证券首席策略分析师　孙建波

新浪财经博客点击近 9 亿 首席理财分析师　凯恩斯

和讯网总编辑　王　炜

价值中国网总裁　林永青

章鱼阴谋

〔美〕盖·罗森（Guy Lawson）◎著

李凤阳　崔璞玉　◎译

中国出版集团

世界图书出版公司

广州·北京·上海·西安

本书中文简体字版通过 **Grand China Publishing House**（**中资出版社**）授权世界图书出版广东有限公司在中国大陆地区出版并独家发行。未经出版者书面许可，本书的任何部分不得以任何方式抄袭、节录或翻印。

图书在版编目（CIP）数据

章鱼阴谋 /（美）罗森（Lawson, G.）著；李凤阳，崔璞玉译 . —广州：世界图书出版广东有限公司，2013.7

书名原文：Octopus

ISBN 978-7-5100-6733-4

Ⅰ . ①章… Ⅱ . ①罗… ②李… ③崔… Ⅲ . ①长篇小说－美国－现代 Ⅳ . ① I712.45

中国版本图书馆 CIP 数据核字（2013）第 169841 号

版权登记号 图字：19-2013-078

OCTOPUS: Sam Israel, the Secret Market, and Wall Street's Wildest Con by Guy Lawson
Copyright © 2012 by Guy Lawson
Simplified Chinese edition copyright © 2013 by **Grand China Publishing House**
Published in agreement with Susan Golomb Literary Agency through The Grayhawk Agency
All rights reserved.

No part of this book may be reproduced in any form without the written permission of the original copyrights holders.

章鱼阴谋

策　　划：	中资海派
执行策划：	黄 河 桂 林
责任编辑：	张立琼
责任技编：	刘上锦
特约编辑：	易 伊 董莹雪
版式设计：	张 英 李婉琳
封面设计：	红杉林文化
出版发行：	世界图书出版广东有限公司
	（广州市新港西路大江冲 25 号　　邮政编码：510300）
电　　话：	020-84451013
http：	//www.gdst.com.cn　E-mail：pub @gdst.com.cn
印　　刷：	深圳市鹰达印刷包装有限公司
经　　销：	各地新华书店
开　　本：	787mm×1092mm　1/16
印　　张：	21
字　　数：	191 千
版　　次：	2013 年 9 月第 1 版
印　　次：	2013 年 9 月第 1 次印刷
书　　号：	ISBN978-7-5100-6733-4 / F·0111
定　　价：	58.00 元

如发现印装质量问题影响阅读，请与承印厂联系退换。

To All My Friends in China —
I hope this wild ride through the scams and schemes of American capitalism is entertaining — and a little frightening.
Theres even some Chinese history in Octopus!
Yours truly,
Guy Lawson
New York, May 2013

致我所有的中国朋友们：

　　希望这场关于美国资本主义金融世界阴谋诡计的疯狂冒险，让你们感到有趣，甚至有一点毛骨悚然！

　　另：本书中还有关于中国历史的内容哦！

盖·罗森

2013 年 5 月

读者们，请记住，这是一个行骗大师的自我供述。所谓骗局，都是事实和杜撰事实的奇怪混合，都是行骗大师构建出来引诱受害者进入欺骗世界的故事。

《财富》杂志

　　《章鱼阴谋》这本书不仅充斥着诡秘的骗局，还有枪战、CIA双重间谍、毒品、肯尼迪的暗杀甚至操控世界。我似乎忘了这不是一本虚构的小说……有点耸人听闻，不过确实是一部值得拍成电影的作品。罗森的这部作品十分惊人。

路透社

　　充满娱乐性……这是一个关于贪婪和被扭曲的野心、骗子欺骗其他骗子的有趣故事……秘密市场、黑暗情报探员，甚至有胡吃海塞冰激凌的外星人，让人大饱眼福。

《科克斯书评》

　　《章鱼阴谋》这本书十分深刻全面。罗森巧妙地深入揭秘一场席卷世界的银行骗局，不仅涉及美国联邦储备委员会的备忘录，还包括肯尼迪的暗杀行动……华尔街不可抑制的傲慢的消极文化、绝望的操盘手的痛苦惊悚之旅令人大开眼界。

《彭博商业周刊》

　　妙趣横生，华尔街的跌宕起伏一览无余。对于制定规章制度的官员或者精神科医师，都极具参考价值。

布莱恩·伯勒 《纽约时报》

罗森发现了金子，这是一个匪夷所思的故事，从各种意义上说，都让人想起当年的超级畅销书《说谎者的扑克牌》。

马特·泰比 《滚石》杂志

读这本书能让你理解华尔街，有人打算将这本《章鱼阴谋》拍成电影，明年这个时候罗森就能大赚一笔了。之所以这样说，是因为《章鱼阴谋》是一本充满黑色喜剧风格的惊人之作，史上最疯狂的真实经历将颠覆你的想象。

安德鲁·索金 《纽约时报》

严谨而复杂的警世故事，华尔街至今仍然不断上演的骗局……我被罗森的叙述牢牢地吸引住了，这个故事让人难以置信。

《麦克琳》杂志

有点像电影《骗中骗》（*The Sting*）……一个令人惊讶的故事，迫使你不断提醒自己这不仅就发生在十年前，而且关乎实实在在的人和他们的真金白银。

《加拿大商业》杂志

一系列充满阴谋和惊险的故事，就好像从《谍影重重》里走出来的一样。比任何关于对冲基金的新闻报道都更加的惊险有趣。

《金融时报》

《章鱼阴谋》是 2008 年金融危机以来最令人激动不已的作品。

《华盛顿时报》

对（华尔街交易员）原始而残暴的社会的审视，又像是一场喧闹喜剧，和梅尔·布鲁克斯导演的《发财妙计》（*The Producer*）有相似之处。

每日野兽（The Daily Beast）**网站**

　　如果你要找一部关于像《逍遥法外》（*Catch Me If You Can*）、《骗中骗》和《西班牙囚犯》（*The Spanish Prisoner*）这样的关于骗局的电影,《章鱼阴谋》正合你意。盖·罗森熟练灵巧、充满热情地讲述了一个关于萨姆·伊斯雷尔和拜尤对冲基金的故事。

华尔街历史上
规模最大、影响最广、历时最长的金融骗局
拜尤对冲基金诈骗案

拜尤诈骗案主犯萨姆·伊斯雷尔被捕照片。

  2005 年 9 月，震惊全球的金融骗局"拜尤对冲基金诈骗案"被正式提起公诉。该基金在 2005 年破产，创始人萨姆·伊斯雷尔随即被抓捕归案，并被判处 20 年监禁。

  拜尤基金成立于 1996 年，初始交易资金只有 60 万美元。萨姆·伊斯雷尔对其客户宣称，他发明了一种可以在几秒钟内预见基金走势的计算机程序，准确率高达 86%，并以强大的盈利能力在短短数年中吸引了大批高净值客户。然而，真实情况却是拜尤从第一次年度审计起就在虚报收益、隐瞒损失，掩盖财务造假。伊斯雷尔指使公司的首席财务官丹·马里诺"虚设"了一家会计师事务所，对公司的财务状况进行审计，并伪造了相关的会计审计文件。在近 10 年的时间里，拜尤对冲基金的客户和高盛旗下清算所 SLK 均未发现基金的亏损情况。

伊斯雷尔给他的投资者造成了 4.5 亿美元的损失。2005 年，当一位客户发现无法通过电话联系到该基金公司时，骗局才被揭穿，引起全球震惊，并迅速成为各大知名媒体头条，国内知名门户网站新浪网、凤凰网、FT 中文网、央视新闻网、中国网等均有报道。

这一案件是近年来华尔街规模最大、影响最广、历时最长的的金融欺诈案之一，与麦道夫诈骗案齐名。案发后，对冲基金的监管问题首次引起了美国司法界和投资界的关注。在美国，对冲基金一直未被纳入与共同基金一样的监管范围。目前，对冲基金除了在反洗钱和反欺诈两方面需要遵从相关法规外，仅受一些自律组织的监督，没有信息披露的义务和惯例。监管缺失在一定程度上导致了对冲基金管理人频频涉案，欺瞒客户、挪用资金是此类案件中较普遍的行为。

一个骗子大师的自白

报道并写出这个故事，花了我三年的时间。我用数百小时跟本书主人公萨姆·伊斯雷尔交谈，包括在监狱里见面以及电话交谈；我还跟伊斯雷尔和拜尤基金的前首席财务官丹·马里诺保持电子邮件往来，邮件的总数已经难以计算。为了验证伊斯雷尔的说法，我还跟纽约的联邦调查局和伦敦严重诈骗调查局的人士面谈。我查阅了数千页法律文件，分析了数百份财务记录，按照《信息自由法》（*Freedom of Information*）进行了大量搜索。与伊斯雷尔一案有关的大量证据仍被联邦检察机构封存、密不外传，但我仍然通过秘密渠道全部得到了。

数年来，我还采访了几十名伊斯雷尔的生意伙伴，有些是合法的，有些是非法的。我数次去欧洲，那是伊斯雷尔冒险故事的结束之地，在此过程中，我还发现了一些正在进行的国际金融骗局，而有关部门尚未对其展开调查。直到今天，各种阴谋论依旧大行其道。

起初采访伊斯雷尔时，他承诺要实话实说，不管事实多么残忍，多么令人难以面对。"我不会对你说谎的，"他说。考虑到他的亲身经历，我对他的誓言保持着深刻怀疑的态度。事实上，我很快就发现，他所描述的很多事情都让人不敢相信。不过我也发现，在有事实可供查证的情况下，几乎每一次他的说法都能通过其他渠道得到证实，或与他的相关陈述或解读互相支持。不过，伊斯雷尔的故事中有一些细节还只能从他的话语中得知，没有办法交叉验证。读者们，请记住，这是一个行骗大师的自我供述。所谓的骗局，都是事实和创造出来的事实的奇怪混合，都是行骗大师构建出来引诱受害者进入欺骗世界的故事。对萨姆·伊斯雷尔而言，情形亦是如此。他先是在拜尤自己设计了一个骗局，然后又堕入到"章鱼"的致命诡计当中。

　　还有一点需要提请读者们注意：在法律上，披露尚未审理的罪案中的嫌疑人名字是一件很麻烦的事，因此在一些情况下我使用了化名，完整名单请见"致谢"部分。读者们如果希望了解更多有关本书中提到的这些骗局和骗子的信息，可以登录 guylawson.com，或是访问我在 Facebook 的页面。

盖·罗森（Guy Lawson）

纽约州，纽约市

2012 年 7 月

目　录

第 1 章 | 逃离豪门枷锁　29

　　　　来自美国大宗商品交易市场豪门家族的萨姆，为何要放弃显赫的背景，只身闯荡华尔街？他从一个跑腿买饭的小跟班干到跑单员，最后还赢得了"华尔街之王"格雷伯的宠信，靠的究竟是什么？

　　　　充斥着贪婪与恐惧的纽约证交所大厅，神秘而充满风险的内幕交易……踏出豪门的萨姆逐渐发现，追逐梦想之路注定不会平坦。

第 2 章 | 金融魔术师　41

　　　　华尔街的交易厅分为上下两层。楼下的交易员为了每一个铜板争得头破血流，楼上却是一群手不沾血的魔术师极尽奢华之所。华尔街的精英们究竟有什么样的手段，使得教父及黑手党也成了不值一提的小儿科？

　　　　真正进入了交易员的圈子之后，除了快速适应放纵奢靡的生活，萨姆意识到自己身处谎言的世界……

20

大了。这时，有人向他推荐了一个能获得100%收益率的交易系统，价值500万美元。是陷阱还是救命稻草，萨姆该如何抉择？

将基金一分为四，就能吸引更多资金？选择周五下午将财务报表寄到审计机构，就能轻松过关？高盛花费65亿美元收购的清算所，再度被萨姆玩弄于鼓掌之中……

萨姆搬到了一栋极致奢华的庄园，在里面纵情享乐。然而，他已经三次被抬入急救室了。

为了拯救拜尤，萨姆开始涉足风险投资。在此过程中，他结识了一位神秘的特型演员，对方宣称自己手里掌握着肯尼迪遇刺的真相，萨姆被他深深地吸引住了……

"前推"交易系统出现重大失误，2003年高盛清算所的"十大绩差基金"名单上，拜尤赫然在列。面对3 500万美元的巨亏，高盛为何仍然没有对拜尤展开调查？

萨姆听说了那个专门替联邦干脏活儿的黑色特工。华尔街谣传的章鱼党究竟是什么？为什么许多人认为它控制着整个世界？

一款监控着全世界银行资金流动的软件引起了萨姆的注意，独具慧眼的他从中发现了拜尤的救赎之道……

美国联邦政府已经破产？美联储只是一个私人公司，世界经济其实掌握在全球13个神秘家族手中？

萨姆和几位神秘人物展开了正面交锋，他被带入地下金融市场进行交易，前提是萨姆需要拿出1.5亿资金……

中情局给全世界的骗子提供了温床？自称黑暗特工的尼科尔斯

究竟是什么身份？基金诈骗犯遇到了国际骗术大师，为了将萨姆拉进骗局的深渊，惊心动魄的较量正式拉开帷幕……

中日战争？南京大屠杀？桃太郎的黄金？蒋介石家族的宝箱？那时候中日美之间到底发生了什么？萨姆可以指望找到这些宝藏来挽救拜尤吗？

萨姆的好友、小布什总统的表弟替他向政府求证这些事情，得到的答案却令人左右为难。他写了一封信给萨姆，劝其尽快离开尼科尔斯，回到正常的商业活动中来……

萨姆杀人了！？是影子市场的内斗，是萨姆在监狱中撒谎，还是只是尼科尔斯导演的一场戏？尼科尔斯顺势开口向萨姆借1 000万美金，他提出的抵押品则是一个存放在伦敦安全银行中的古老皮箱。

小心谨慎的萨姆提出要求，必须"亲眼"看一看记录肯尼迪总统遇刺全过程的真实胶片。尼科尔斯会答应他吗？

地下交易近在咫尺，萨姆1亿美元的账户却突然被掏空，德国邮政银行对萨姆产生怀疑，中情局前来调查……

拜尤基金投资者对这些情况感到不安，纷纷提出撤资。情况危急，萨姆将如何渡过这一关？

萨姆回到了伦敦，许多自称欧洲上流社会殿堂级贵族之人闻风而来。他们各怀目的聚集在萨姆身边，在豪华大厅里为即将到来的巨额交易举杯欢庆。然而，"交易"真的发生了吗？

最大的客户要求撤资，然而拜尤现在根本拿不出那么多现金。

萨姆一方面寻找重新进入影子市场的机会，另一方面则着手于寻找传闻中的宝藏。

尼科尔斯功成身退，一个自称是"萨拉门托国王队"拥有者的人接管了萨姆的1亿美元……

终于有一名联邦检察官介入调查，萨姆、马里诺遭到逮捕，尼科尔斯也被起诉。神秘的宝箱终于被打开，里面的债券究竟是真是假？尼科尔斯的身份究竟是什么？为什么他坚持认为是联邦政府撒了谎？真相扑朔迷离。

"这种骗局的大多数受害者都没法报警。如果他们去报警，需要回答的第一个问题就是，他们亏的这些钱是从哪里来的。"

萨姆在警局重述了自己的名字和他是一名逃犯的事实。警察们显然认为他是个疯子，其中一人将"萨姆·伊斯雷尔"的名字敲入了电脑。"我靠！"他大叫，"满世界的人都在抓你！"

第二天，萨姆成了风靡世界的新闻头条。不久之后，金融危机全面爆发了。

"章鱼"的牺牲品

2008 年 6 月 9 日,星期一,华尔街上一位名声扫地的对冲基金交易员萨姆·伊斯雷尔三世决定结束这一切。既然已经绝望无依,似乎就只剩下自杀这一条路,至少表面上让人以为他自杀了。在将近 10 年的时间里,他一直是华尔街上规模最大、结构最复杂的一桩欺诈案的主谋。在人们发现他那 4.5 亿美元的对冲基金原来是一个庞氏骗局之后,萨姆的声誉一落千丈,他的财富和自由也都随之葬送。他被判处 20 年监禁,几乎确信自己将死在狱中。

曾经,他是一个富可敌国、声名显赫的家族的前途无量的后裔;如今,49 岁的他已经山穷水尽。多年大剂量用药,背部进行过十余次手术,再加上一次心脏手术,他的身体已经彻底垮了。萨姆已经对止痛鸦片制剂上瘾,对在狱中戒毒的前景不寒而栗。经济上破产了,身体也完蛋了,他想,如果自己死了,至少孩子们可以得到一笔寿险保费,他也能保留一点尊严和主动权。这是他最后的赎罪之举,也是最后的反抗姿态。

6 月里的一天,天气晴朗,萨姆本该按约定到马萨诸塞州的联邦监狱报道,开始服刑。他开着自己的红色吉姆西使节(GMC ENVOY,通用汽车旗下的大型商务车。——译者注),朝纽约州北部熊山大桥的方向行驶。这座悬索桥横跨哈得孙河,距曼哈顿一个小时车程,位于一个州立公园内。沿着蜿蜒的山路前进时,他的内心被各种感情煎熬着。瘐毙牢中的想法,还有他即将要做的这件事,都让他内心充满了恐惧。转过一个弯,半英里长的大桥映入眼帘。他努力平缓了一下纷乱的心绪。一跃而下,形神俱灭，这是长久以来像他这样的失败金融家前赴后继的命运。"尸体如雨般落下"不正是华尔街上的最好写照吗？

如同传说中的浮士德博士一样，为了换取世俗的力量，伊斯雷尔已经把自己的灵魂卖给了魔鬼。在拜尤基金俯瞰长岛海湾的漂亮办公室（由船库改建而成）里，站在一堵由电脑屏幕组成的墙壁前，他曾经扮演现代社会里的巫师，无中生有地创造了巨额财富。多年来，拜尤为投资者提供的年回报率达到了18%，但这只是一场戏而已。跟浮士德一样，伊斯雷尔也被授予20年的时间来实现自己的梦想。1981年，里根政府开始减税，2005年，拜尤灰飞烟灭。现在，已经到了跟魔鬼结账的时候了。

汽车离大桥越来越近，他想要搞清楚，这一连串的事件是怎样令他陷入这个万劫不复的深渊中的。他可不是华尔街上一名普普通通的骗子。这里还有一个故事，一个没有讲出来的故事。在他的骗局达到巅峰时，在他拼命地要找一个办法赚几亿美元拯救拜尤和自己时，他发现了美联储操纵的一个秘密债券市场。

"影子市场"这个迷宫的复杂程度，令伊斯雷尔自己的"大骗局"相形见绌。在与他后来称之为"章鱼"的这只庞然大物共舞的过程中，他不断为自己的生命安全感到担忧。他屡屡拜访欧洲的金融中心伦敦、苏黎世和法兰克福，跟他打交道的不但有中情局的杀手、腰缠万贯的贵族，还有操纵着这个世界的金融体系的傀儡师。在旅途中，伊斯雷尔曾瞥见了2008年全球金融危机过程中暴露出来的令人惊惧的现实：各大投资银行都在有系统地从事诈骗，国际金融体系本身就是一个骗局，而美联储也正在操纵一个庞氏骗局。至少，这是他自己亲身经历的现实。

开车来到熊山大桥之上，伊斯雷尔禁不住怀疑自己是否了解了全部真相，还是"章鱼"会再一次成功地隐匿自己，继续不为人所知。有一件事，他相当确定，那就是他不会让自己永远地消失在监狱之中。就要接近目的地时，他开始集中精力设想前面到底有什么在等着他：路，桥，结局。到了大桥中段，他把车靠边停了下来。"使节"引擎盖的灰尘上写着一行字：自杀毫无痛苦。他已经在家里留下了遗言。萨姆走出车外，爬过水泥护栏，走上人行路，阿巴拉契亚小径即由此穿过哈得孙河。桥上没有监控探头，只有收费站的摄像头记录下了他渐行渐远的一幕。他环顾四周，看看是否有人注意他。踏上了一个狭窄的台面后，他朝下望了望，50米，足以达到终极速度了。悬索桥似乎在雾中摇摆。萨姆对自己说，我不害怕，我很快就会被遗忘的，这无非是华尔街上又一起东窗事发的骗子交易员得到报应的故事。尸体如雨般落下。他深深吸了一口气，纵身一跃……

第 1 章

逃离豪门枷锁

来自美国大宗商品交易市场豪门家族的萨姆，为何要放弃显赫的背景，只身闯荡华尔街？他从一个跑腿买饭的小跟班干到跑单员，最后还赢得了"华尔街之王"格雷伯的宠信，靠的究竟是什么？

充斥着贪婪与恐惧的纽约证交所大厅，神秘而充满风险的内幕交易……踏出豪门的萨姆逐渐发现，追逐梦想之路注定不会平坦。

1

华尔街的交易员靠智商吃饭。在华尔街，谁
都有可能飞黄腾达，只要够强大，够聪明。

从小到大，萨姆·伊斯雷尔一直梦想着在华尔街当个交易员。伊斯雷尔家族有好几代人都曾是大名鼎鼎、身家万贯的大宗商品交易员，一个世纪以来，他们和他们的表亲艾伦家族一直活跃于咖啡、糖、可可粉、橡胶、大豆、贵金属等现代生活必需品的交易市场，地位举足轻重。一路走来，伊斯雷尔家族变得富可敌国。远在"宇宙之主"这个词还没有发明出来之前，伊斯雷尔家族就已经是实实在在的宇宙之主了。

然而，真正让萨姆魂牵梦萦的还是华尔街，而非大宗商品交易市场。萨姆在新奥尔良长大，在他还是个小孩子时，经常坐在他那富有传奇色彩的祖父萨缪尔·伊斯雷尔二世腿上，看着纽约证交所的股票报价牌，想象在那个遥远的地方生活是个什么样子。

后来，伊斯雷尔一家人搬到纽约，他的父亲在家族生意中担任了相当重要的职务，他们的企业也成长为一家名为 ACLI 的跨国大公司，总资产达数十亿美元。这时，萨姆已经开始幻想在曼哈顿下城区的摩天大厦里进行股票交易了。

1978 年夏天，18 岁的萨姆终于有机会一试身手了，当时他才刚出哈克莱中学（纽约城外的一家精英预科学校）的校门。虽说伊斯雷尔家族富可敌国，但家人仍希望萨姆自己去赚取零花钱，因此，整个夏天他都在一边打零工，一边为杜兰大学的新生足球队选拔作培训准备，那也是他父亲和祖父的母校。全家人都希望萨姆大学毕业后到 ACLI 工作。他聪明能干，相貌英俊，风度翩翩，有着运动员一般的体魄，简直是人见人爱。不过有一点，他的天性里有那么一点儿爱说谎的倾向。在他本人来看，这些都是无伤大雅的、十几岁的孩子常说的玩笑话，通常跟女孩、运动和英雄事迹有关。他就是那样一个人，总要招人喜欢，总要风趣幽默，总要成为关注的焦点，总要让自己感觉良好。

作为一个年轻人，萨姆的运气简直好得不能再好了。不过，他并不想一味重复前辈们辉煌的足迹。他不想成为裙带主义的受惠者，也不想因此而招惹怨恨，更不想承受这随之而来的不安全感。尽管在外人看来，伊斯雷尔家族表面光鲜，但萨姆同他父亲间的关系却颇多龃龉。萨姆想要自己干一番事业，证明自己的价值。

他回忆说："我父亲曾问我愿不愿意到家族企业里做事，我说不愿意。反正我就是不想像我父亲一样。那时我还是个孩子，但我知道这是怎么一回事。我父亲就曾经给家族企业做事，我祖父待他很不好。不管什么事，祖父总要找父亲的不是，怎么做都不满意。这是我父亲的宿命，他从未想过冲破这层枷锁做他自己。我绝不能走他的老路。"

"如果我成为华尔街交易员，就不用为父亲工作了。我会去买卖股票，而不是交易大宗商品。这两者间的差别看似不大，对我而言却意义非凡。跟着父亲做生意，我只是一个含着金汤匙出生的孩子；如果去华尔街，我就得靠我自己了。总有人告诉我说，纽约证券交易所是地球上最了不起的地方。华尔街的交易员靠智商吃饭，跟姓不姓伊斯雷尔毫无关系，我的父亲和祖父是谁也无关紧要。在华尔街，谁都有可能飞黄腾达，只要够强大，够聪明。"

18 岁那年一个晴好的下午，萨姆的叔叔在后院里开了一场派对，萨姆是派对上的调酒师。来参加派对的大都是衣着光鲜的中年人，看起来平淡无奇：漂亮的主妇，面色苍白的男人，有人大腹便便，有人有高血压，有人饮酒过量，有人吸烟无度。不过萨姆明白，这些其貌不扬的人实际上都是华尔街的大佬级人物。

当萨姆站在吧台后面时，一个魁梧的男人走过来要了一杯鸡尾酒。他差不多 1.83 米高，体重有 90 公斤，褐色的头发乱糟糟的，面色红润。他的衣服名贵而凌乱，从眼神来看是一个爱搞恶作剧的人。萨姆一下子就认出，他就是大名鼎鼎的弗雷迪·格雷伯，人称"华尔街之王"，萨姆曾听父亲和叔叔们说起过他的丰功伟绩。虽然才三十几岁，格雷伯已经因为他令人难以置信的选股能力而声名远播了。

格雷伯拒绝了雷曼兄弟伸出的橄榄枝，转而搞出一种所谓"对冲基金"的东西。在 20 世纪 70 年代，对冲基金还极为罕见和神秘，是一个由高级金融圈的大佬们掌控的秘密领域。只有那些最有钱的人才知道对冲基金的存在，只有最了不起的交易员才能进入这个秘密社团。弗雷迪·格雷伯就是其中之一。他的对冲基金主要是为大型投资银行充当经纪人的角色，代高盛、摩根士丹利等公司在纽约证券交易所执行交易，赚取一点佣金。

但格雷伯真正的高明之处在于，他只用自有资金进行交易。跟大多数的华尔街交易员不同，格雷伯不拿别人的钱做此类投资，这才是真正的惊人之笔。通常来说，交易员用的都是别人投资到他们基金中的钱，以及银行、保险公司、退休基金和高净值个人提供的资金，但格雷伯不是这样。20 世纪 70 年代早期，他的自有资金就已经达到 40 万美元，不到 10 年的时间里，这个数字变成了 2 300 万。让伊斯雷尔家族名声大噪的，也正是此类壮举。1898 年，萨姆的叔祖里昂·伊斯雷尔刚开始做生意时只有 1 万美元，而到了 1920 年，他的资产达到了 2 500 万，大致相当于今天的 5 亿美金。

格雷伯是一个自信到近乎狂妄的人，不过他没什么架子，爱笑，让人看了立刻就会喜欢。他还很能喝酒。他让年轻的萨姆给他拿一杯加冰的伏特加配红莓汁，外加一大块酸橙。萨姆把酒递给他，并抓住机会做了自我介绍。他以为格雷伯会认出自己的姓氏，但格雷伯似乎并没有怎么注意这个急切的年轻人。

几分钟后，当格雷伯再次过来要酒喝时，萨姆已经作好准备了。"加冰的伏特加和红莓汁，"他边说边在格雷伯开口前调好鸡尾酒，"再加一大块酸橙。"

"记性不错嘛，小兄弟，"格雷伯说，"你数学怎么样？"

"我数学好得很。"萨姆回答。

"你可以干我这行混口饭吃。"格雷伯说。

"我很想看看您都做些什么，格雷伯先生。"萨姆说。

"有时间随时来找我，"格雷伯边说边递上一张名片，"大门永远为你敞开。"

从格雷伯漫不经心的态度来看，萨姆知道这次邀请不过是走个过场。可他并不想白白浪费这次机会。第二天上午，他穿上了最好的衣服，赶早班地铁来到了曼哈顿。

"当我走出地铁，第一次沐浴在华尔街和百老汇街角的阳光下时，我好像进入了一个全新的世界，"萨姆回忆道，"街上的一切都生机勃勃。秘书们匆匆而过，擦鞋匠、报童和卖热狗的小贩，所有人都在为自己的成功努力奔波。对我来说，这是地球上最不可思议的地方。这里就像是一个巨大的赌场，我完全被迷住了，这正是我梦寐以求的一切。"

弗雷德里克·J. 格雷伯公司坐落在纽约广场1号第30层，在这幢50层的大厦里还驻扎着高盛、摩根士丹利和一些顶级律师事务所。格雷伯的交

纽约广场一号 1969 年建成，位于美国纽约曼哈顿，是当年著名的摩天大厦，大楼内知名的租户包括知名的投资银行高盛。萨姆·伊斯雷尔曾在此为"华尔街之王"弗雷迪·格雷伯工作。

易室在一个办公套间里面，其他十来家独立的对冲基金公司也在这里办公。当时华尔街大概也就有几百只基金，管理的资金不过几十亿美元。小萨姆站在门口，不知所措地看着清晨时分的繁忙景象。此时，格雷伯正端坐在大理石办公桌后面，一开始并没有认出萨姆。萨姆鼓足勇气跟老格雷伯打了声招呼，他的紧张让格雷伯开怀大笑。他本来可以直接把萨姆打发走，但他是个爱交际的人，天性慷慨，更何况萨姆还这么急切。他让萨姆去交易大厅看看别人是怎么玩的，这一做法无疑表明，以后萨姆就得完全靠自己了。今天是萨姆来这里的第一天，也很有可能是最后一天，不过，萨姆有自己的打算。

20 世纪 70 年代晚期，纽约证交所大厅简直像是一个疯人院，贪婪和恐惧混杂在不安的人群之中。交易所被分成很多个房间，每个房间内都有巨大的告示牌记录当下的上亿美元交易，每个房间都挤满了经纪人和书记员，声嘶力竭地喊出交易指令，为 1/8 个百分点的利益互相争抢。这里就像大型联谊会，只不过所有人的精神都高度紧张，就算某个交易员因为心脏病突发倒下，交易也不会停止。或许有人会对躺在地上艰难喘气的患者动恻隐之心，但等医护人员用担架把那个家伙抬走后，交易马上会继续。

十几岁的萨姆第一次走进这个喧嚣的世界，心中充满敬畏。大厅里看似混乱不堪，实际上井然有序：胸前印着号码的经纪人从书记员那里接受指令，而书记员则通过电话与银行联络；跑单员，也就是所谓的"小队"，飞跑着把指令传递给专家经纪人，他们查看过交易之后把订单发到大屏幕的股票报价板上。

攒动的人群夹杂着吵闹的声音简直让人头脑发懵。在这样一群人中间挤来挤去，萨姆好不容易找到了格雷伯所在的席位：0020 号。狭小的空间里摆满了电话，大概有一百部之多，每条电话线都连着一位经纪人。格雷伯的交易员就站在那里，他个子不高，发色乌黑，比萨姆年长 20 岁。他就是菲尔·拉特纳。

萨姆后来回忆说："拉特纳是个老油条，做起股票交易来轻车熟路。我到大厅时已近中午，可我站了半天，没有一个人停下来跟我说句话或告诉我任何事。并不是说他们不礼貌，他们只是太忙了。后来拉特纳让我去买比萨饼。"

"我买了 8 个，多放了奶酪和浇头，赶回大厅时却被拦在门口，保安不许我拿吃的进去，说在大厅里吃喝有可能使整个系统的电话和线路受损。交易大厅主管也走来朝我大喊大叫，说我不应该把比萨饼拿到交易所来，还质问我到底在想什么。我指着拉特纳说：'那人可以给我一份工作，这个机会我不会放过。要么让我把这些吃的送进去，要么你就把我放倒在这里。'那时我可真是个愣头青，索性把主管推开闯了进去。你看，我真是铁了心要讨好那些人。"

"拉特纳他们笑成了一团，主管竟然也笑得腰都直不起来了。后来我才知道，这是他们设计的恶作剧，就是想看看我有没有闯劲儿。当时我有点懵了，只好跟着傻笑。不过，我说的话是认真的，什么也别想阻止我成为交易员。"

"当天收盘时，我问拉特纳第二天我能不能再来看看，当时我心里怕死了，怕他说不行。我猜他挺同情我，也可能是认为我能活跃气氛。**勇于自嘲是华尔街最重要的谋生技能之一**。拉特纳说，那你来吧。我就这样迈进了门槛，从那以后，谁也不能把我赶出去了。"

✳　　✳　　✳

当年夏天余下的时间里，萨姆成了拉特纳手下的一名跑单员，有时被打发到证交所会员商店拿香烟和零食。偶有空闲，他就跟人学玩"说谎者的扑克牌"。

这是一个带有运气成分的游戏，玩家用手头美钞上的序列号参与，最会说谎的往往是最后的赢家。对萨姆来说，交易大厅是一个完全不同的世界，他决定像修道者一样学好这里的门道，了解其中的细节。他发现，这里说的"楼下"指大厅,"楼上"就是格雷伯和其他交易员作出买卖决策的地方。

"楼下的经纪人都来自布鲁克林或斯塔滕岛,满嘴怪里怪气的英语,"萨姆回忆道,"很多人都没上过大学,但却赚了不少钱。好的交易员一年可能到手几十万,这在那时可是个大数目。真正出色的交易员就像黑帮大佬,你得先到他们那里'拜山头',不然连边儿都沾不上。楼上则完全不同,所有人都西装革履。但是,我喜欢呆在大厅里,呆在那些无名之辈中间。"

"我天天都很晚才走,把别人不愿意干的活都揽过来,把账簿摆放整齐,把交易委托单整理干净。这些活既麻烦又无聊,但却是我自我安慰的一种方式。我告诫自己,生为伊斯雷尔家族一员,生为富家子弟,并不意味着我比别人高贵,不能干这些粗活。"

的确,萨姆以往认识的人全都非富即贵。伊斯雷尔家族是世纪乡村俱乐部的固定成员,这是全美门槛最高的一个高尔夫俱乐部,很多会员都是国际上声名显赫的人物。即使在每天搭乘地铁时,萨姆都会听到这些人的辉煌事迹。

他回忆说:"他们都是高手中的高手,业界的巨头。有投行总裁,有跨国公司主管,有艾伦·格林斯潘,当时他还不是美联储主席;桑迪·威尔,他后来成了花旗集团的掌门人;还有拉里·蒂施,后来的哥伦比亚广播公司首席执行官,也是个亿万富豪。"

"这些人都是我父亲拉里·伊斯雷尔的好朋友。他风趣幽默,精明强干,喜欢交际,虽有点超重却擅长运动,是一个非常厉害的高尔夫球手。他和杰基·格里森(Jackie Gleason,曾获第34届奥斯卡最佳男配角奖提名。——译者注)一样,个性鲜明,嗓门很大,脾气很臭。"

"小时候,我以为父亲是商人,就像他父亲和他祖父一样,后来才发现他不是。他打理公司的生意,但不亲自进行交易。他的任务是跟人聊天打交道,这才是他的强项。我父亲的那些朋友比其他人都有钱,这个'其他人'涵盖的范围不是纽约，不是股市，也不是美国，而是全世界。"

此时，伊斯雷尔兄弟已经把旗下几家小公司合并成了资产达数十亿美元的 ACLI。这个家族真刀真枪地干了几十年大宗商品交易，不过随着市场变化，他们交易的产品也开始花样翻新。现代资本主义创造出来的那些复杂而抽象的产品，比如期货合约和金融衍生品，逐渐进入了他们的交易范围。

ACLI 和艾伦家族旗下的杰润（J. Aron）是这个行业里的两大巨头，他们为世界顶级投行提供了很多优秀人才，包括未来的高盛首席执行官兼董事长布兰克费恩；与此同时，他们还把控着政治权力的枢纽。ACLI 在全球有 100 多家办事机构，很多都是董事会主席拉里·伊斯雷尔开办的。伊斯雷尔家族和艾伦家族的人虽然都是商人，但他们同时也是商政两界最高层的内部财团代表。

"我父亲走遍了第三世界国家，因为大宗商品都产自那些地方，"萨姆说，"他的交易对象不是国家元首就是最高层级的部长，其实也就是行业巨头。在乌干达做咖啡生意时，他跟阿敏将军（Idi Amin，20世纪 70 年代乌干达独裁者，以残暴闻名于世。——译者注）打过交道；巴拿马的独裁者诺列加和菲律宾总统费迪南德·马科斯也跟我父亲走得很近。马科斯的心腹唐丁垄断了菲律宾的香蕉和啤酒生意，他主动提出让我去体验一个夏天的农场生活，不过我老爸不肯，他怕我有去无回。"

"此外，我父亲的工作跟美国政府也有很密切的关系。因为和中情局那些坏蛋周旋，他对很多事情都了如指掌。每次他从菲律宾等国回来，都会向中情局报告。那些独裁者想要保住手里的权力，就要交出大宗商品的控制权，美国也因此稳固了自己的大国地位。"

从家里学到了人为操纵、控制甚至阻击大宗商品市场的秘诀之后，每天早晨的地铁上，萨姆都试图从《华尔街日报》有关公司盈利和并购的报道中读出更深的含义。让他感到遗憾的是，格雷伯除了偶尔让他跑跑腿之外，不怎么和他打交道。

为了让自己对别人有价值，萨姆总是事无巨细，抓住任何一个机会帮助别人。讨好格雷伯并让格雷伯注意到自己的办法就是买午餐，或是跑到当地一个场外赛马投注站下注买马。

萨姆的不遗余力渐渐赢得了格雷伯的宠信，他如愿以偿地被派去完成一些较为复杂的任务。尽管还很年轻，萨姆却清楚地知道，在工作中谨慎周详至关重要。他看过父亲是怎么工作的，知道"祸从口出"的道理，也明白良好的直觉必不可少。有一天，格雷伯把萨姆从大厅叫出来，让他到上城区的皮埃尔酒店取一个包裹。萨姆知道，包裹里有什么东西不是他该问的事。

"格雷伯让我去酒店第3层，敲某一个房间的门，"萨姆回忆道，"他说会有一个瑞士人开门，我得说：'都到这个时候了，这样的天气算是不错。'那个人会回答：'是啊，不过今天看起来像要下雨。'其实不会下雨，外面阳光一片灿烂。"

"我有点懵懵懂懂的，但很认真。瑞士人给了我一个小背包，我抱着它搭地铁回华尔街。可是那该死的地铁出故障了，我在一个拥挤的车厢里摸黑坐了3个小时。"

"当我好不容易回到格雷伯办公室门口的时候，他已经急得像热锅上的蚂蚁了。他朝我大吼大叫，问我到底死哪去了。之后，他把我拉到卫生间里，当着我的面打开了小背包。包里满满当当都是100美元的钞票，少说也得有10万块吧。"

"我知道有什么事不对头，但又不确定是什么事。当时我还不知道什么是内幕交易，也不知道华尔街到底是怎么运作的，更不知道瑞士银行户头的秘密。我简直不敢相信，他甚至都没有告诉我要坐出租车。抱着这么多钱，在地铁里被人抢了怎么办？当然，格雷伯不会告诉我这些，我毕竟只是个毛头小子。"

"后来他冷静下来了，也明白晚归并不是我的错，最重要的是，我没有泄漏他的秘密。我没跟任何人提这些现金的事，没跟我的父母说，也没跟格雷伯的手下说。我要让格雷伯知道，我的嘴很严。我要向他证明我值得信任。"

第2章

金融魔术师

华尔街的交易厅分为上下两层。楼下的交易员为了每一个铜板争得头破血流，楼上却是一群手不沾血的魔术师极尽奢华之所。华尔街的精英们究竟有什么样的手段，使得教父及黑手党也成了不值一提的小儿科？

真正进入了交易员的圈子之后，除了快速适应放纵奢靡的生活，萨姆意识到自己身处谎言的世界……

2

了解一只股票就像跟一个姑娘约会一样，你有多了解她？她喜欢做什么？她今天的情绪怎么样？这些你都必须清楚。

在新奥尔良州杜兰大学的三年，是真正的闲散时光。萨姆偶尔会学一点英国文学，但大部分时间都在吸大麻，或在法国区的酒吧里买醉。唯一能让他认真对待的，就是在格雷伯公司的暑期实习工作。1981 年12 月的一天，大四上到一半的萨姆终于盼到了等待已久的消息：格雷伯亲自打来电话，告诉他交易员菲尔·拉特纳即将退休，但同意在公司多留一年训练接班人。格雷伯需要一个值得信任的人来接手这一职位，萨姆就是最合适的人选，但他必须立刻前往纽约。

萨姆回忆道："我当天就退学了。能否拿到学位我一点都不在乎，这是不可错过的机会。我拾掇好大麻烟枪，将电视机塞进汽车，疾驰而去。从那时候起，一切都以快进的方式向前发展。"

接下来的一年里，拉特纳成了萨姆的全职导师。即使到了退休数十年后，住在亚利桑那州一个高尔夫社区的拉特纳依然清楚地记得 20 世纪 80 年代初的萨姆。他满怀深情地回忆说："萨姆是个精明的孩子。当时他并不明白这里究竟发生了什么，那有什么关系呢，刚开始的时候谁也不明白。交易大厅里的一切都运转得飞快，让人胆战心惊，但萨姆表现得非常好。他虚心好学，做经纪助理这个工作也很有天分。你完全想不到他在新奥尔良有个坐拥 6 亿美元家产的祖父。"

拉特纳是个大烟枪，颇像达蒙·鲁尼恩 (Damon Runyon，美国记者、短篇小说家，塑造的人物包括底层人民、体育明星及生活在大都市里的人群。——译者注) 笔下的人物：身材矮小、个性倔强，土生土长的布鲁克林人。20 世纪 70 年代初，格雷伯给过拉特纳 2 000 美元，让他用自己的账户交易，到 80 年代初，拉特纳成功地将这些钱变成了 100 多万现金。在格雷伯看来，这不过是个微不足道的小数目，但对拉特纳来说已是绰绰有余。

"我从没想过做个有钱人，"拉特纳说，"那些人成天想着怎么挣钱，连觉都睡不安稳。我只想挣够退休的钱，我估摸 100 万应该够了。当时我才 40 岁，但已经计划着搬到一个阳光灿烂的地方，舒服地过完后半辈子。对于一个在布鲁克林工薪阶层家庭长大的孩子来说，100 万真的很可观了。"

拉特纳每天早上五点半到公司开始工作，直到晚上七点才离开，萨姆则如影随形地跟着他。拉特纳是个熟知社会法则的现实主义者，对可能导致交易员步入歧途的各种诱惑了如指掌。他奉为圭臬的准则有两条：

> 其一，永远不要一亏到底。也就是说，亏了就迅速承认，并在亏得更惨之前及时出清手中头寸，这很重要。承认失败才能留得青山在，以待来日再起；
>
> 其二，不要把赚钱货留成赔钱货。该出手时就出手，而不是等着更大的意外之财出现。

"自律是关键，"拉特纳回忆道，"每次做了一笔糟糕的交易，我就将'自律'这个词写在小臂上，这样就不会忘了。我敦促萨姆寻找自己的'专属领地'，也就是他擅长的东西。至于我，我擅长在 15 ～ 20 分钟内买卖股票，并且基本上从未持有一只股票超过这个时间。我从不与市场作对，我的口头禅是'让趋势成为你的朋友'。如果一只股票正在上涨，那就买进；如果下跌，那就卖出。同时，我对自己交易的股票了如指掌。我不会去碰那些让我感觉不好的股票，这也是自律的一部分。我一而再、再而三地对萨姆说，找到你的长项，然后一直做下去。一天早上，萨姆上班时告诉我，他找到自己擅长的事情了，我问他是什么。'继承遗产，'他回答道。这就是萨姆，总爱开玩笑。"

在个性上，萨姆和格雷伯有许多相似之处。或许他们天生气质相合，但也是萨姆有意模仿格雷伯的结果。"萨姆继承了格雷伯的表演型人格，"拉特纳回忆说，"他把格雷伯当作自己学习的典范。两人的个性都很强。这里没人不喜欢格雷伯，萨姆也是一样，他们都很讨人喜欢。对格雷伯而言，每件事都必须做到最好，他希望主宰自己的命运。萨姆也是如此。"

格雷伯的公司里，一切都富丽堂皇，说成是极尽奢华也不为过。楼上的办公室里摆着一张巨大的白色大理石桌，其气势丝毫不逊于埃及法老图坦卡蒙的金雕御座，这就是格雷伯指点江山的战场。1982年，格雷伯坐在他的红色高背旋转皮椅上，周围摆放着科特龙公司和极讯公司生产的最新交易工具。它们一闪一闪地发着光，就像《星际迷航》电视剧中的场景一样。格雷伯毕业于普林斯顿大学，还获得了哈佛大学的工商管理学硕士学位。但他跟常春藤大学那些自命不凡的家伙不一样，他办公室里的氛围有点像男生俱乐部，人们在里面闲聊、赌博、说脏话、抽烟，屋子一角的卡带录音机里播放着摩城唱片的音乐。

在驰骋华尔街的这10年中，格雷伯已将自己的地盘变成了一个极度反传统且极度高深莫测的单人金融机构。在华尔街，人人都知道格雷伯运作的资金规模非常庞大，可能超过1亿美元。因为他用的是自己的钱，而且对冲基金不受监管，也没有信息披露要求，外人根本对它无从知晓。这也是格雷伯能够在虚假表象的掩盖下进行杠杆操作的众多原因之一。其实，他交易的资金远远低于市场人士的预计，鼎盛时期也不过

2 300 万美元而已。格雷伯的过人之处在于：**他是个制造幻觉的大师，而且对华尔街人唯利是图的本性一清二楚，这些人吞吃回扣，进行关联交易和幕后交易。他了解事情到底是如何运作的，并知道如何利用每一个有利条件为自己服务。**

"格雷伯是市场上最大的'2 美元经纪人'，"拉特纳说，"他交易的股票比其他人都要多。他不但用自己的钱交易，也给其他客户做代理。那时还不流行拥有自己的经纪人，因此格雷伯同时还是高盛、雷曼和其他大公司的经纪人。这些大公司会煽动他们的客户进行股票交易，然后让格雷伯去执行。这样可以隐藏订单流，没人知道高盛到底买了什么。作为回报，格雷伯每年付给这些公司五六百万美元的回扣，这使他成为市场上最大的付款人。经纪业务只能拿到每股几分钱的报酬，但聚沙成塔，时间一长积累起来也不是个小数目。"

"银行那些家伙也从格雷伯手中挣了大把的钞票。他们把业务交给格雷伯，格雷伯付钱给他们。这正如格雷伯所愿，他想让那些人欠他人情。他的野心很大，在高盛或雷曼要买卖股票时，他想成为第一个接到他们电话的人，从中最先得知那些大玩家接下来要做什么。一旦知道他们如何交易，他就可以抢在高盛前几分钟买进股票，然后趁着股价上涨再卖出。一只股票他只会持有 15 分钟，赚到可观的利润后就抽身而退。格雷伯总是能领先他人，从早到晚在市场上进行超前交易。"

※　　　※　　　※

久而久之，"楼上"和"楼下"的区别在萨姆眼中越来越复杂而微妙。楼上是重大决策产生的地方，楼下是交易员为了每一个铜板抓耳挠腮的地方。当时有一个被称作澳泰克斯（Autex）的电子程序，能帮助买卖双方识别潜在的交易对手，并让交易员在交易前衡量一只股票的流动性。由于格雷伯声名素著，加上他广散钱财，经营其他类别股票的专家经纪人并不介意让拉特纳偷瞄一眼待执行的指令。其实这就是格雷伯预知订单流的迷你版。领先市场，即使只是几秒钟，也会给人带来关键性的优势，这便是未来几十年统治股票市场的电脑程序化交易的原始模式。

"知晓了指令和流动性后，要怎么做呢？"拉特纳回忆道，"只要不停地买，然后在其他买家进入市场后，选定时机摇身一变成为卖方。一切不过是几分钟或十几分钟的事情。这便是我教给萨姆的日间交易之道。我们整天都是这样，无时无刻不在买卖股票。我们完全不关心这家公司都做了些什么，经营得怎样，也不关心 3 个月后会发生什么。我们只关心接下来的 1/8 个点是上涨还是下跌，卖的人多还是买的人多。"

楼上，格雷伯连战连捷，风生水起。20 世纪 80 年代早期，"第四波并购潮"刚刚拉开帷幕，与之相伴的还有层出不穷的内部交易丑闻。随着大宗商品价格萎靡不振，石油公司深陷并购潮之中。海湾石油公司、埃克森石油公司和花旗服务石油公司的股价接二连三地因即将发生的收购而出现大幅度投机性上涨。神奇的是，格雷伯每次都能赶在消息发布之前操作。就连萨姆这个初出茅庐的小伙子都能看出，格雷伯的成功不可能是凭运气获得的。

"我目睹了格雷伯如何在股市中建仓，"萨姆回忆说，"也亲历了那些公司被收购的过程。每一笔收购，格雷伯都能赚上 10 个点、12 个点或 15 个点。这并不是多大一笔财富，但这些交易加起来，格雷伯就挣了几百万美元。他有一年曾连续做 11 笔交易都赚了，这可不是凭运气就能办到的。你怎么可能总是在正确的时间出现在正确的地方呢？你必须有很好的信息来源。"

"那个年代的新闻里铺天盖地都是黑手党的报道，纽约五大家族、教父和各种黑帮组织在意大利移民区招摇过市；但论起有组织，那些家伙远比不上华尔街的人。尽管黑帮规模庞大，但比起格雷伯和他同伙在股票交易中的所作所为，简直是小巫见大巫。再说，格雷伯从来手不沾血，也无需事后和一些自以为是的家伙碰头，为几十万的赃款争个头破血流。

然而，格雷伯和他的合伙人，那些真正聪明的家伙做的可是几百万几百万分成的大买卖。"

格雷伯身上也有自相矛盾的地方，他也把这些传给了助手。他在华尔街上成功地经营着一个骗局，通过获得内幕信息非法交易而大发其财。与此同时，他自己也容易落入其他高手的骗局之中，原因不一而足，或许他自己的伪装和骗术使他意识不到别人的谎言和诡计，抑或他的骄傲自负使他不相信有人能骗到他，又或者只是由于他的鲁莽草率而已。和后来的萨姆一样，格雷伯嗜赌如命，不计胜负，无论市场上还是生活中都是如此。赌注是什么并不重要，让他上瘾的是冒险的感觉。华尔街的每个人都知道，格雷伯有种，特别有种，吃了熊心豹子胆似的有种。

"格雷伯是一个了不起的交易员，挣了很多钱，但他也是全世界最容易上当的大笨蛋。"拉特纳说，"他很好骗，就像个大孩子，经常被要得团团转。他口袋里揣着一沓钞票，这儿花一点，那儿花一点。任何事情他都喜欢打赌，就像他们说的，两只蚂蚁在地板上爬过他都要赌上一把。他和赌注登记员的结算金额为 5 万美元，如果格雷伯输的金额超过或接近 5 万美元，他们会见面把帐算清，多退少补。如果格雷伯输的金额快接近 5 万美元那个点时，他会疯了似地下注。他希望尽量避免超出 5 万块。这一招行之有效，但也很容易带来反效果，他输的钱有可能一天内从 4 万 8 千块飙升至 10 万块。有次他拎着个装满现金的棕色公文包来到公司，让我点一下包里的钱数。他告诉我里面有 10 万块。我避开旁人仔细数了一下，一共是 15 万 2 千块。他心里完全没有数。即使我把差额部分吞了，他都根本不会知道。"

萨姆用了很多年才真正领会格雷伯教给他的这些东西。与此同时，华尔街不为人知的那些秘密逐渐在他眼前展现出来。格雷伯的教法，可以用潜移默化来形容：通过不断地观察和倾听，逐渐领悟到华尔街的精髓，并培养出自己的敏感度。作为一个市场内部人士，格雷伯进行交易的市场和公众所知的市场是两个"平行"的世界。在格雷伯看来，养老基金和保险公司这样的大型机构投资者都是傻瓜和笨蛋。这些玩家貌似老练，实际上对于格雷伯的操作手法一无所知，或即使略知一二也完全无力阻止。政府也是一样，监管机构的无能已是一个尽人皆知的笑话。

萨姆发现，他们经常违反法律却从未受到任何惩罚，这与无法可依毫无差别。"纸面上"的交易都是合法的商业行为，真正的操作则在电话中、街角处和酒吧里，通过"纸面下"的私下交易完成。这些交易全部采用现金，所得收入也被秘密运往国外，存到格雷伯在瑞士的银行账户上他把这个账户号码记在流水账的背面。

格雷伯让萨姆介入的第一个骗局，与两兄弟有关。哥哥为一个大型机构投资者工作，弟弟在经纪公司上班。因为他们事后"咳"出了大把资金，格雷伯把他们叫作"史密斯兄弟"（Smith Brothers），这是一个止咳药的名字。"哥哥每天早晨给我打电话，偷偷告诉我他当天的交易表。"萨姆回忆说，"表上有他将要买进卖出的那些股票。他所在的那家基金公司是市场上最大的基金公司之一，在那个股票交易量不是很大的年代，他们公司的交易足以影响市场的走向。所以，如果他打电话来说他将抛售 500 万股 IBM 的股票，我就会在吃着面包圈、喝着早上第一杯咖啡时大量卖空 IBM。虽然不能保证 IBM 的股价一定会下跌，但非常值得搏上一搏。"

"我不知道这样做是不是违法，但我也不怎么在意。这不是什么重大的内部消息，不过是些边角料而已，但它的确会对市场产生影响。和'史密斯兄弟'站在一起，就意味着我们和做市的那些家伙，像富达投资（Fidelity）和大联资产（Alliance）这样的大玩家站在了同一起跑线上。假设 IBM 的股价是 100 美元，我会看着它降至 99 美元、98 美元，然后我就会平仓。当然，这并不意味着一下子就能赚到一大笔钱，但它会随着时间积少成多，多到超乎想象。"

"我们回报'史密斯兄弟'的方式也很简单。从哥哥那里得到信息后，我就会和弟弟进行交易。因为格雷伯是个大手笔的交易员,交易起来就意味着真金白银。我不清楚兄弟俩具体是如何分赃的,我也不关心。但这正是格雷伯想要的,这让他赚了非常多的钱。"

萨姆被格雷伯迷住了,把他当作父亲看待。他和格雷伯之间有着多种形式的亲近关系,这是最早建立起来的一种。原因显而易见,这个身材魁梧的交易员身上有着英雄般的传奇色彩。他举止古怪又聪明绝顶,当他摩挲着额头在市场上押下巨注豪赌时,就像一个实验室里的疯子科学家。格雷伯还颇受同行爱戴,如果有人运气不佳,比如正在离婚、陷入法律纠纷或是连战皆北,他定会出手相助。格雷伯频繁出入精英社交圈,却并不巴望和那些人交好。他喜欢的是那些有个性、有故事、幽默风趣或是有着坎坷过去的人。有时他运气不好酒驾被拘,第二天早上从拘留所里出来时,已经和许多醉鬼称兄道弟了。

刚开始上班时,萨姆总是打扮得特别正式。他从祖父那里继承了半打优雅的手工西服套装,大小也合适。他穿着的可是萨缪尔·伊斯雷尔二世,有史以来最伟大的大宗商品交易员的西服呀。"我希望自己上班的时候看上去真的很棒,"他回忆道,"我为弗雷迪·格雷伯工作,他可是个了不起的人物。他们把格雷伯叫作交易大厅的国王。每次他走过时,人们真的会打招呼'嘿,国王',好像他是猫王埃尔维斯一样。有时格雷伯走进办公室,顺手捡起一本杂志,指着上面的汽车图片说:'我今天要赚够钱买这个,今天就买。'那是一辆梅赛德斯-奔驰。他下午真的就买了那辆奔驰开回家,就像棒球明星贝比·鲁思指着球场的露天看台说他要击出一个本垒打一样。格雷伯有时候一天赚7万块,第二天赚6万块,后一天赚3万块。他永远都是赚比亏多。对于市场,他的确是有种与生俱来的直觉。"

"格雷伯是个名副其实的交易员,是真正进行交易的人。他不会买进一只股票然后就爱上它。他不投资,只交易。交易高手之间经常会惺惺相惜,他们并不像有些人想的那样互为对手或敌人。相反,他们必须成为朋友，因为相比那些大型机构，他们非常渺小。像乔治·索罗斯、迈克尔·斯坦哈特、吉米·哈贝尔和弗雷迪·格雷伯，这些手里把持着重要基金的家伙经常联合起来行动。一旦富达投资这样的共同基金巨头有什么动作被我们发现，他们就全完了。我们会同心协力买进、做空，毫不手软。相对于我们的小巧、迅速而敏捷，银行和养老基金显得庞大而缓慢，就像恐龙。我们一小步一小步地引导他们走向灭亡。格雷伯每天都抢在市场之前交易，也就是超前交易，买进卖出、买进卖出，像走火入魔了一样。"

自从跟了格雷伯后，萨姆就迫切渴望能进行真正的交易。但格雷伯的规矩很严格：萨姆还是新手，不能用格雷伯的资金进行交易。作为一名经纪助理，萨姆做的只是听从格雷伯和拉特纳的命令，包括买午餐和香烟。格雷伯对萨姆说："光靠拿我的胡子做试验，你是学不会如何剃须的。"换句话说，想要交易，必须以身犯险。当时他一年的薪水只有16 500美元，几乎没有余钱。但他每天看着格雷伯和拉特纳盈利，自己也想试上一试。

"我曾向格雷伯请教交易方面的问题，但他不喜欢被打扰，不喜欢解释。"萨姆回忆道，"他让我自己学习。这里面有些显而易见的东西，如'超前交易'，但当我问他怎样才能知道该买卖什么股票时，他只说我得自己去学。格雷伯说，如果我有市场意识，只要经常读报录交易的显示牌，过两年自然而然就明白了；否则就永远都弄不明白。明白就是明白，不明白就是不明白，别人教不了你。"

一天，格雷伯对萨姆说，他必须判断自己是否有成为一名交易员的潜质，还是只满足于做一名经纪人，过平凡的生活。在华尔街上，交易员得承担风险，他们都是英雄，是非常有种的人。

当然，做经纪人能使萨姆拥有安稳的生活，仅靠执行交易员的指令，他也可以过得很好，甚至很富裕。像拉特纳，他就赚了100万美元，但他永远只能按照别人的想法行事。他将成为一个接受命令的人，一名华尔街之战的士兵，而非将军。萨姆想都没想过那些，他认为自己生来就是做交易员的料，他的姓氏伊斯雷尔已经说明了一切。虽然还只有 22 岁，但萨姆知道，选择成为一名交易员，才能和祖辈们一较高下，才能胜过父亲。他的父亲就没有魄力去做交易，至少在儿子的心目中是这样。一个名叫查克·锡安，外号"棕熊"的交易员对萨姆产生了兴趣。他向萨姆展示了如何成为一名"模拟交易员"，通过跟踪一个包含 300 家公司的矩阵，萨姆学会了追踪股票价格走势，这样就能了解它们的特质。"棕熊确保我每天都做这件事情，不能偷懒浪费他的时间。"萨姆回忆道，"他这是送了我一份大礼。一旦你知道了一只股票的价格波动范围，你脑中就有了一个表格，你能看出一只股票要上涨还是下跌。每只股票在交易方式上都有自己的特点。了解一只股票就像跟一个姑娘约会一样，你有多了解她？她喜欢做什么？她今天的情绪怎么样？这些你都必须清楚。"

✳　　✳　　✳

　　20 世纪 80 年代，格雷伯和华尔街上一些最精明的交易员共享一个办公楼。这个有着许多格子间的 L 形办公套间坐落在纽约广场 1 号第 30 层，办公室内的格局颇像 20 年代扬基队的出战阵容，一群大力击球手组成"杀手阵"。给格雷伯当助手的萨姆被他们叫做"小孩"，这些业界精英逐渐开始信任他，并教他一些交易技巧。拜伦·韦恩是几十年来华尔街最具影响力的人物之一，他教萨姆怎样理解宏观经济方面的问题，如国民生产总值（GNP）和国内生产总值（GDP）的区别等。他解释说，政府将主要经济指标从 GNP 改成 GDP，是为了使经济看起来发展得更快了，其实这是政府使的一个障眼法，只有极少数人能看明白，这些人包括查理·艾里什、马克·芬克勒、鲍勃·萨斯曼和彼得·彼得森。被人称作"黑暗王子"的彼得森建立了资产达数十亿美元的私募股权基金巨头黑石（Blackstone），一批全世界最优秀的对冲基金交易员在这里工作，交易日期间，萨姆经常在走廊里看到他们。

《我在学校没念什么书，因此必须在工作中学习。"萨姆回忆道，"这些家伙都毕业于哈佛或沃顿商学院，是最棒的交易员。史蒂文·佩克是第一批真正的图表制作分析师之一。现在每个人都知道看K线，但那时候没人看，除了史蒂文。他有一个非常酷的程序，只要在他的IBM电脑上轻轻按一个键就能调出许多图表来。我在他的办公室一呆就是好几个钟头，看他查询大量股票交易的价格。他喜欢教我，吉姆·哈伯尔也一样。当时哈伯尔管理着世纪资产，有1亿美元的资金。他的方式是买入并持有，或卖空并持有。这些人中90%都是犹太人，就像一个犹太黑帮。"

晚上回家后，萨姆常常会讲一些格雷伯成功的故事来让父母开心。80年代早期，萨姆的父亲已从ACLI退休，通过出售家族企业赚了几百万美元。听完儿子讲的有关"国王"赚钱的故事后，拉里·伊斯雷尔决定在格雷伯的位置旁也占一张桌子，用自有资金进行交易。他和格雷伯原本只是泛泛之交，但很快三个人就每天一起开车上班了。"我父亲的座位紧邻弗雷迪和我的座位。"萨姆回忆道，"刚开始有点尴尬，但一段时间过后我就不再为这事烦恼了，因为我并不为他工作。他赚到了些钱，当时的环境的确容易赚钱，这么说毫不夸张。我父亲和格雷伯成了密友。"

"大家都知道我经常呆在公司，每天都走得很晚。一年内我休的假绝对不会超过一个星期。有一天他们发现我直到午饭时分都没出现，格雷伯有点担心，准备去报警，我父亲也有点急了。正当格雷伯站起身时，忽然发现我躺在地板上。原来前一天晚上我喝得不省人事，直接倒在了办公桌下。"

格雷伯的办公室中流传着这样一句话：如果你未学会怎样亏钱，那你也搞不懂怎样赚钱。这正是开始时萨姆最难以面对的问题，拉特纳在教萨姆交易时注意到了这点。"萨姆在赢的时候是个很好的交易员，"拉特纳回忆道，"但他痛恨亏钱。他受不了这一点，不愿意面对这个耻辱。他会将自己亏了的交易记录藏在抽屉深处，希望这笔交易还能转亏为盈。

结果，他让自己越亏越多，简直和格雷伯如出一辙。不一样的是，格雷伯可以对自己的钱随心所欲，萨姆却不能。每次萨姆偷偷把记录藏起来时，我就会翻出来逼他面对，我告诉他，**如果你想交易，就要学会直面亏钱这个事实，必须正视它，死盯着它**。我也经常亏，但我总能迅速地全身而退。我不会试着忘记那些失败的交易，我会把那些记录摆在眼皮子底下，不断地提醒自己。我已经很多年没有过亏损的记录了。吃一堑，长一智。我真心期望他能认真听取我的意见。"

萨姆初遇"道德困境"的那天晚上，还完全没有意识到，以后在华尔街上他将无时无刻不面临这样的局面。当时他只有 23 岁，却因掌管着交易产生的佣金流向而拥有相当大的权力。"这是第一次有经纪人想拉拢我。本来是说好一起去吃午饭的，但我被骗了。这家伙说要带我去他的私人俱乐部，我们来到 57 街一扇装了摄像头的黑色大门前，闪身而进。我被带进一间带玻璃窗的小接待室中，正当我想着这个俱乐部到底有多私密、多高级时，突然发现眼前满是漂亮女人。男人也不少，大多是三四十岁、体重超标的邋遢鬼。这里的女人漂亮得不可思议，就像从色情杂志《阁楼》中走出来的。他们还有一个泳池和温泉水疗室。那名经纪人告诉我，每个女人 300 块，小费另算。尽管当时有女朋友，但我不想打退堂鼓。我知道自己已经被当作是跟那个经纪人一伙的了。他带着我去买春，华尔街上的朋友就是这么交到的。"

久而久之，萨姆也形成了自己的"外在形象"。受格雷伯特殊癖好的熏染，萨姆认为自己也与众不同，某种程度上算是个"局外人"，是不愿意打着家族姓氏交易或按照华尔街的条条框框生活的另类。他个性中有点儿不把工作或自己太当回事的劲儿，这也是对格雷伯漫不经心态度的一种效仿。萨姆开始讨厌交易员们一本正经的着装标准，并刻意表现出叛逆：穿卡其布裤子、短袖 T 恤，戴卡通图案的领带，比如 BB 鸟、兔八哥和牛仔山姆。有次他戴了一条"摩登原始人"图案的领带来上班，格雷伯见了后立刻要求他摘下来，然后自己戴上了。

作为一名高频交易员，格雷伯会不断买卖相同的股票。由于买进卖出的次数太多，他对买卖清单上的公司产生了一种莫名的亲切感，好像它们是他的孩子一样。格雷伯把高露洁叫做"第一个孩子"，说起这只股票他就眉飞色舞，并借此传播各种杜撰的小道消息、虚假的猜测推断，间或也有一些真正的信息，总之是任何能激起市场动作的东西。格雷伯的本领之一，就是通过非法手段哄抬股价。农企巨头阿彻·丹尼尔斯·米德兰（Archer Daniels Midland，以下简称 ADM）就曾被格雷伯无情地玩弄于股掌之间，为了操控 ADM 的股价，格雷伯和萨姆会给 8 名不同的经纪人打电话，让他们同时下单买进抬高股价。每次当格雷伯持有某公司大量股票，并准备趁行情上涨之际抛售时，他们就会这么做。对这种非法勾当，美国证券交易委员会全无阻止之力。

"证券交易委员经常盘问格雷伯，"拉特纳回忆道，"但每次都抓不到把柄。他每只股票的交易次数都非常多，你不可能说这都是内幕交易。比如哥伦比亚电影公司收购案，格雷伯最初是在华尔街担任娱乐公司分析师，因此他总是交易电影公司和音乐公司的股票。他对这个行业了如指掌。在可口可乐公司收购哥伦比亚电影公司时，格雷伯抢在这笔交易公布前买进了大量哥伦比亚电影公司的股票，因为他获得了内幕信息。证券交易委员会把他叫了过去，但格雷伯并不担心。他的交易记录显示，他常常大量买卖这家公司的股票，怎么证明他获得了内幕信息？格雷伯的交易次数太多，他们不可能去调查每一笔交易。他们不知道，格雷伯看起来疯狂，背后其实是有章法的。"

拉特纳退休后，萨姆接了他的班，成了格雷伯在交易大厅的耳目。即使有格雷伯的内幕信息，萨姆自己还是得对冲自己的风险，也就是要做空。做空股票可以在股价下跌时保护格雷伯，而他老板对这类型的交易不是特别在行，因此他打算成为格雷伯的空头头寸交易员，让自己在格雷伯的地盘占据一席之地。"一开始我就对空头非常着迷，对多头反而兴趣泛泛，"萨姆说道，"也就是说，我寻找的是价格将要下跌的股票，而不是上涨的股票。那时公众还不怎么了解市场。一般人觉得，股市下跌每个人都会亏损，可我知道事实并非如此。"

与此同时，萨姆也开始用自己的资金卖空股票。作为卖空者，萨姆并不买进股票，而是从别人那里借来股票出售给买方。那些不愿或不敢承担风险的人是没法做卖空交易的，因为股价既然可以无穷尽地上涨，那理论上也就可能无止境地下跌。萨姆是在用保证金交易，也就是说，他是在用借来的钱下赌注。一旦最后亏了，他是要还钱的。因卖空而陷入绝境的交易员可不在少数。

卖空交易不但危险性高，而且相当复杂，卖空者因此也显得神秘莫测。这种光环正是吸引萨姆的地方之一。他形成了这样一种想法：如果股市中有 100 个人正在朝同一个方向买空卖空，萨姆希望自己是唯一盈利的那个，而其他 99 人输得连裤衩都不剩。这种想法体现了他的狂妄自大。在华尔街的这两年，萨姆的教育进展得非常顺利。同时他也变得十分愤世嫉俗。"跟着格雷伯，我明白了华尔街就是一个幻象，"萨姆回忆道，"这里有许多不同的魔术师，用不同的手法，玩着不同的把戏。但每个人都在使诈。刚意识到这一点时，我大为吃惊。我原本很仰慕这些人，但后来发现他们不过是一群骗子。"

第 **3** 章

喜怒无常的华尔街

　　仰仗着计算机技术的飞速发展，20 世纪 80 年代的华尔街达到了繁荣的极致。然而新交易系统的致命缺陷终于导致股市全面崩溃，1987 年 10 月，"黑色星期一"突然降临……

　　萨姆凭什么成为唯一的幸存者？他无意中窥见的美国资本主义最核心的秘密又是什么？

3

我从格雷伯那里得到的道德教育由两个部分组成：如何守口如瓶以及如何花钱。我母亲说，我已经变成了一个她不认识的人。（本书主人公萨姆）

1984年，萨姆·伊斯雷尔向高中时就和他在一起的女友求婚了。珍妮丝·麦克格恩是个漂亮聪明的爱尔兰姑娘，出生于纽约市郊的扬克斯，信奉天主教。她跟随萨姆上了杜兰大学，并拿到了会计学位。"珍妮丝是个值得我去爱的女孩，"萨姆回忆道，"她金发碧眼，身姿矫健，特别迷人。她生于一个普普通通的中产阶级家庭，父亲在银行工作，母亲养育了6个孩子。珍妮丝的一切都是她自己努力得来的。她是橄榄球队的拉拉队员，而我是球队中后卫；她是一名全优生，没有不良爱好，而我则一团糟，是个坏男孩。吸毒、跟女孩一起瞎混，什么都不当回事儿。"

珍妮丝同意嫁给萨姆，但前提是萨姆必须把自己的财务状况理顺。尽管他正在学习"操纵货币的艺术"，脑子里一天到晚想的都是钱，但他对金钱的态度却是奇怪的"被动 - 攻击型"，这也是从格雷伯那里继承来的。对一名华尔街交易员来说，金钱就是一切，是获得成功、积累资产和彰显地位的方式；但一名伟大的交易员往往又对金钱漠不关心。在这个世界上，只有那些小人物，比如会计师、监管者和失败者才会锱铢必较。格雷伯和萨姆可不是这样的人。事实上，萨姆已经4年没缴过所得税了，他的信用卡和银行户头也乱成一团。珍妮丝一回纽约就在普华会计师事务所找到了一份会计师的工作，她在支付账单方面严谨苛刻，井井有条；萨姆则杂乱无章，每天沉浸在空手套白狼的假象中，完全无视债务或缴税这类琐碎小事。

普华会计事务所 全球四大国际会计师事务所之一，主要服务领域包括审计、税务、人力资源、交易、危机管理等。萨姆的前妻珍妮丝曾在此担任会计师工作。

还有一个问题，那就是交易员的生活方式。格雷伯担心，这个天真可爱的年轻女人并不了解他的工作性质。"我和珍妮丝订婚后，格雷伯说想和我未婚妻谈一谈。"萨姆回忆道，"有天她下班后来了一趟我们公司。格雷伯让她在那张巨大的大理石桌边坐下，对她说：'我做这行做了 20 年，觉得有些厌倦了。现在我也有了孩子，晚上必须回家，所以萨姆将每晚代我出去应酬。他会和那些经纪人一起喝得酩酊大醉，会很晚才回家，天还没亮就起床，忙得脚不沾地。这些我都告诉过萨姆了。如果你接受不了这些，那就别嫁给他，否则你们迟早得离婚。'我想格雷伯的这番话赢得了珍妮丝的敬意。"

婚礼前夜，格雷伯带萨姆去城里找乐子。令萨姆大感意外的是，他们去了一年他曾去过的那家高级妓院。"我没告诉他我去过那里，"萨姆回忆道，"他说我可以疯狂地玩。那里挤满了漂亮女人，一个比一个漂亮。我问：'我可以要俩吗？'他说只要我想，仨都没问题。我叫了两个，那真是人世间最爽的事。"

新婚燕尔的萨姆和珍妮丝搬进了布朗克斯维尔一栋小型的定制联排板房中。拉特纳退休之后，萨姆开始负责替格雷伯发放佣金，他们寒酸的屋子里很快就堆满了成箱的拉菲葡萄酒、古董钟表、地图和蒂芙尼的玻璃制品等，这都是经纪人为了讨好萨姆而送来的。"他们想方设法拉我一起出去，"伊斯雷尔说，"而珍妮丝不想和华尔街有任何联系。她痛恨交易员和经纪人，他们酗酒、吸毒，在外面搞女人。她知道我不得不

去应酬，但她自己则一直保持着距离。这些经纪人想让我领他们的情，想让我第二天早上去工作时觉得必须把业务给他们，因为他们之前盛情款待了我。"

"我认识一个叫埃迪的经纪人。有天晚上我们在他的公寓里一起抽可卡因，他说起一些关于'软美元'的事。我之前从未听过。他向我解释说，那是有史以来最大的骗局，但又完全合法。概括说来，就是经纪人为了获取业务而付给交易员回扣。20 世纪 80 年代早期，经纪人都在竞相压低佣金，股票交易量因为计算机的使用而迅速攀升。我仍然记得第一次交易了 1 亿美元股票的那天，计算机系统完成的这个交易量让所有人都大跌眼镜。"

"于是经纪人开始提供统一费率，如每股 8 美分。软美元运作的方式是，经纪人每做一笔交易会按 8 美分一股向我们收取费用，然后他们会返还 4 美分让我们用来支付交易所需的费用，像电话机、IBM 电脑以及办公室租金等。软美元就是这样开始的。一开始，经纪人通过为客户提供正当合法的开销拉业务，但接下来，经纪人开始为交易员支付其它费用，如乡村俱乐部会员、汽车、欧洲游和住宅翻新等。虽然名义上是叫'软美元'，究其实质就是贿赂。又过了一段时间，经纪人甚至开始包机载着交易员去塔希提岛大开派对了。20 世纪 80 年代的华尔街挥霍无度，纸醉金迷，原因就在于此。"

当萨姆向格雷伯转述了埃迪的计谋后，格雷伯又惊又喜，随即把大量业务转给埃迪，开始谋取回报。无论格雷伯和萨姆想看音乐会还是百老汇演出，立即就有人将头等票奉上。格雷伯会带着萨姆坐在专为他俩预订的豪华包厢中看尼克斯队和游骑兵队的比赛，原因仅仅是格雷伯不喜欢置身于人群中；还有极度奢华的拉斯韦加斯赌博之旅，常常是兴致一来，立即就能出发。

"格雷伯会去彼特罗逊餐厅点鱼子酱，"萨姆说，"不是大部分人点的分量极少的那种，他常常一点就是四五大碗。而且他不把鱼子酱抹在面包片上或放在餐厅提供的漂亮贝壳中吃，他直接一大勺一大勺地舀着吃。然后，再点上一瓶伏特加、两瓶水晶（Cristal）香槟。简直是奢侈无度。"

20 世纪 80 年代中期，道指升到 2 000 多点，并且仍在持续攀升。格雷伯开始乘坐私人直升机从郊区飞至华尔街上班。有时候萨姆会和他一起乘直升机在空中翱翔，空中的景色美得让人窒息，兴奋激动的心情也让人心跳加速。

❋　　❋　　❋

"就是那几年，我彻底变成了一个混蛋。"萨姆说，"当时我的薪水是 7 万美元，另外还有格雷伯给的 10 万块奖金，以及用自有资金交易挣的钱。我最初的目标是一年挣 10 万美元，现在我已经大大超过了这一目标，我本人也从一个低调、体贴的小孩变成了愚蠢、自大的暴发户。一夜之间，我就必须开最好的车，住五星级宾馆；如果出行，就非得坐头等舱，若不是头等舱，我他妈的就不去了。我像格雷伯那样一掷千金。我从他那里得到的道德教育由两个部分组成：如何守口如瓶以及如何花钱。我的行为举止也变得像格雷伯。我母亲说，我已经变成了一个她不认识的人，自负得不可一世。"

和伊斯雷尔家族的大部分男人一样，萨姆过早地开始谢顶，这使他看上去比实际年龄要大一些。但他定期健身，为参加马拉松赛跑作准备。这能帮他保持体形，以应付那些让人筋疲力尽的夜间应酬。

萨姆依然保有一种男孩子气的幽默感，这让他发展出了个性中的另一面，他称之为"普罗东船长"（Captain Proton），一个英勇无畏的超级英雄，通过伏特加和可卡因获得超能量。当萨姆变身这个角色时，他能将雨伞当利剑，窗帘作斗篷，在曼哈顿的酒吧和俱乐部中进行自己的圣战。

"我们是对冲基金英雄，"萨姆回忆道，"那时交易较多的对冲基金

61

大概只有 50 只上下。作为格雷伯的门徒，我自然是身处核心地带。所有人都叫我'那个小孩'。我玩得很疯，喝得烂醉如泥，然后肆无忌惮地做出一些极端无礼的事情。如果有人说我不敢在耳朵上穿洞，我会立刻穿给他看；我还会把堆满碟子和玻璃杯的桌布一下子抽出来，仿佛自己是个魔术师，虽然几秒钟之后遍地都是摔碎的餐具；有一次，在曼哈顿城中心一个十字路口，我心血来潮地从豪车里跳出来，站在大马路上开始指挥交通。但我的性格也有另一面，我总是想取悦别人，很难对别人说'不'。如果有两名经纪人同时邀请我出去吃晚餐，我会两人都答应，因为我不想伤害他们的感情，然后在最后一秒找个理由拒绝其中一人。我太希望别人喜欢我了。"

在收购狂潮的鼎盛时期，格雷伯愈来愈显示出他的才华横溢和诡计多端。他开始信任萨姆，将一些最秘密的信息来源介绍给他，当着别人的面说他是自己的左膀右臂，拍胸脯担保他是一个谨慎可靠的人。

"格雷伯渐渐地让我见识到了真正的内部人士，"萨姆说，"其中有经常光顾迈克尔餐馆和史密斯＆沃伦斯基牛排馆的犹太人，有喜欢去曼哈顿西村泰罗的记号餐馆的意大利人（这个餐馆的地下室是一个枪支俱乐部），也有常去五月花大道俱乐部的哈佛或耶鲁毕业生。我们混迹于所有圈子。他最好的秘密情报提供者是一个名叫艾伦·雅各布斯的家伙，大家都叫他杰克。他经营一家为投行提供咨询业务的小公司，他的客户全都是试图了解目标收购公司价值的投资银行和会计师事务所。20 世纪80 年代的几乎每一笔大交易，都有相关的大玩家雇杰克来进行评估，这使他成了一名绝佳的内部人士。我早就知道格雷伯后面有这样一个人，只是不知道是谁。到那时为止，我已经见了许多人，并且一直守口如瓶。一天格雷伯对我说：'今晚你将和我们的人见面。'他这是准备和我分享他的'最高机密'，就仿佛我是一个终于被犯罪团伙真心接纳的黑帮分子，经过宣誓仪式后，正式加入了他们的秘密圈子。"

杰克常常出入一家名为迈克尔之家的酒吧，并喜欢坐在吧台最左端。

这里常挤满了观看篮球赛的华尔街人士，但杰克的身边仿佛有一道无形的边界线，想进他的圈子是非常不容易的。杰克看上去并不像个有钱人，他的行为举止看上去像是一个勤勤恳恳埋头苦干的会计或公司律师。他常常坐在那里喝得烂醉。后来，和杰克一块儿喝得酩酊大醉竟也变成了萨姆的工作之一。

"第一次跟格雷伯去见他时，我默不作声地从旁观察。杰克不会直接把事情说出来，但他会给你足够的暗示，让你自己琢磨出来。就像1984 年的壳牌石油公司收购案，以及后来的航空公司收购案，再后来的计算机公司收购案。杰克参与了每一桩交易，要么做公司分析，要么认识某个家伙，而这个家伙又认识那个做分析的人。这是一个极具排他性的私密小团体，杰克只是谜题中的一环。如果支持这项交易的公司是所罗门，我们就有人在所罗门；如果是高盛，我们就有人在高盛。那个酒吧是真正赚钱的地方。"

"格雷伯信奉一条所谓的'连襟原则'。他认为这个世界上没有秘密可言，如果有一笔交易将要进行，那么就总有办法最先将它找出来。必然会有人先把消息告诉给妻子、表兄弟或姐夫妹夫，好让他们也从交易中分得一杯羹，而我们则会通过间接的方式得到这些信息。我会给格雷伯在摩根士丹利企业并购部工作的一个朋友打电话，先闲聊上一会儿，向他透露一些有价值的信息或一条线索什么的，接下来我就会说，我听说他们正忙于一笔交易。"

"但我不会让他自己说出来，他必须能手按圣经发誓自己从未和任何人谈起过这桩交易。我会这样说：'你不必告诉我任何事，我知道你们正在支持壳牌石油公司的交易。接下来的两周将继续讨论这笔交易吗？如果确有其事，请在我数到 4 之前挂断电话。'然后我就开始数：'1、2。'咔哒，他挂了。于是我知道壳牌石油公司有事了。"

"他们都是我认识的人，而且曾经打过交道。我不会和陌生人交谈。这些人都想要某种形式的报酬，有些想要扬基队比赛的票，有些想去听歌剧，有些则想要现金。我们会让一个经纪人聘请那家公司做业务，然后使用我们的佣金支付报酬。这简直就是阴谋套阴谋再套阴谋，活生生一出阴谋连环计。"

到 80 年代中期，萨姆意识到，华尔街上正在悄悄发生变革，交易员的角色也将随之发生改变。萨姆刚入行时还没有台式电脑，需要秘书团队输入数据，制作非常繁琐的交易图表，而计算机的引入迅速改变了整个证券行业。第一批桥梁数据（Bridge Data）机器非常庞大，动用了卡车才运过来，然后搬运工用推车推到交易大厅中，但是大额交易依然需要交易员通过主观努力才能达成，它依赖技巧、经验和灵通的消息。

随着时间的推移，技术不断改进，计算机的速度也由起初的慢如蜗牛突飞猛进。市场上依然有像索罗斯或巴菲特这种只关注整体经济形势和公司潜在价值的长线交易员。

在股票市场的等级系统中，他们认为自己才是精英，但像格雷伯这样的高频交易员已从舞台的边缘走到了中心。大玩家们逐渐意识到，只要交易量足够大，那些通过在华尔街钻空子获得的微不足道的钱财能日积月累到数以十亿计。

现在的交易速度已非人力所及，但计算机能以比人类快得多的速度处理数量大得多的交易。80 年代中期，高盛雇佣了数十名年轻的计算机工程师秘密开发专有交易程序，越来越多的独立对冲基金公司也在尝试编写新程序，这些程序能将格雷伯过去用"老办法"做的事情量化和数字化。如果没有计算机，单凭人力根本不可能处理如此大量的信息，那些拥有最快速度、最复杂系统的公司也就拥有了他人难以匹敌的优势。

所谓的"宽客"（quant），指的是那些使用数学分析和算法分析的交易员。萨姆既没有受过这方面的教育，也没有成为宽客所需的专业技术知识。但他对计算机交易的重要性深信不疑。一个名叫斯坦利·帕特里克的朋友对此也颇感兴趣。和萨姆一样，帕特里克也是个南方人，经常对华尔街墨守成规又自以为是的做法嗤之以鼻。闲暇时喜欢在长岛海湾捕龙虾的他，会用色彩鲜艳的橡胶钓鱼靴配西装穿。这可不是玩笑取乐，而是他的日常上班行头，他就是要用这种方式来嘲弄那些穿古驰和布克兄弟的家伙。

"从斯坦利走进弗雷迪办公室的那天起，我就喜欢上了他。"萨姆说道，"尽管他大我 15 岁，但我们意气相投。他曾在华尔街一些最大的公司担任交易员，如高盛、添惠和摩根士丹利这样的大玩家。人们觉得他聪明绝顶、与众不同，我觉得自己差不多也是这样。他会做最疯狂的交易，冒最大的风险，但他做的是头寸交易。他有时候会狂抽可卡因，然后人间蒸发几天。那时他比我成功得多，但我们走得很近。"

多年来，和华尔街上的绝大部分人一样，帕特里克一直利用内部信息交易。现在，他正设法让自己成为一名新的电脑交易系统专家。作为一名专门从事技术分析的对冲基金交易员，帕特里克尝试着开发能发现某些股票交易模式的程序。

其中的关键在于研发出能追踪某只股票现金流入和流出的触发程序。电脑能够计算价差、溢价、总量和价格，为交易员提供一个数据矩阵，可以在低风险的情况下快速准确、稳赚不亏地交易。理论虽然如此，但现实远比理论复杂。

萨姆被帕特里克的工作深深迷住了。他不停地询问帕特里克关于电脑程序的事。萨姆在交易大厅中亲眼目睹了手写交易单逐渐被电子交易取代的过程，而经纪助理，也就是他给格雷伯干的这一职位，也即将被淘汰。交易中，人的因素一直都会是市场的基石，信息依然是最有价值的资产。但格雷伯的技能组合开始越来越不重要，一种名为"程式交易"的策略正在兴起。所谓"程式交易"就是，只要设好了前提条件，如某特定股指下跌，计算机就能自动进行交易。

"我把自己变成了一个电脑狂人，"萨姆说，"我知道自己必须了解新技术，明白它是怎么回事。格雷伯没有电脑，我曾试着让他对电脑产生兴趣，但他就是不喜欢。他已经习惯了自己的方式。格雷伯和我只在周末的时候做表格，每周一次。有时我会在周日晚上去他家，有时我们会直接通电话。他所做的技术分析也就仅限于此了，格雷伯连在他的桌子上摆台电脑都不让。"

"那段时间，我晚上甚至不愿意和经纪人一起出去了。我会回家和妻子一起吃晚餐，然后开 40 分钟的车去斯坦利在康涅狄格州的家。我们经常一起弄一个计算机程序，那是我们俩共同研发的，有时候会一直干到凌晨三点。然后我开车回家睡上两个小时，接着起床去工作。就那样过了好几年，我和斯坦利要创造出我们自己的制表系统。当时每个人都在看过去已经发生的交易模式，但我们对过去不感兴趣。我们希望有一个能看见未来的东西。我希望电脑告诉我，接下来会发生什么。"

萨姆变成了物理学家尤尔根·埃勒斯的一名追随者。埃勒斯当时也在从同步性视角出发研究相似的问题，这名德国科学家创建了爱因斯坦研究所，并曾研究过广义相对论。埃勒斯在"隐藏的对称性"以及"框架理论"这两个领域的研究令萨姆心醉不已。在他眼中，股票就像是光粒子，量子物理学能帮他预测市场变动。对一个没怎么用心学过高中代数的文科生来说，这可真是令人头痛的东西。

1987 年，华尔街的人意识到这些新机器背后隐藏着让人不安的幽灵。"投资组合保险"是程式交易员使用的策略之一，电脑计算出不同股价下最优的股票和现金持有比例，并将电脑程序编写为一旦满足设定参数就立即交易。人们认为，"投资组合保险"就相当于购买看跌期权，有点像某股票一定能以某一价格售出的担保。1987 年秋，媒体上流传着一种说法，预编程序的新交易系统存在着某种自相矛盾的先天缺陷，它将导致彻底的失败。这个问题是如此显而易见，让人难以相信那些"地球上最聪明"的交易员竟对此毫无察觉。如果所有的程式交易员都将他们的机器设置为逢跌必卖，那么照此来说，如果股市真的下跌，所有的程式交易员都将同时抛售，股市就会崩盘。

1987 年，全年股市都在上涨，一派繁荣景象，好日子似乎永远都不会有尽头。到 8 月份,道指已经涨到了 2 700 点以上,不到一年的时间上涨了 70%,涨幅相当惊人。萨姆认为这种增长不可能持续,连着几个月他都在卖空,等着股市下跌,但迟迟未见。他的沮丧无可言表。周一,也就是 1987 年 10 月 19 日,萨姆像往常一样用自己的账户卖空股票。之前几个星期,股市一直都处于不同寻常的动荡中,并出现了放量下跌的趋势。萨姆意识到,这种趋势将会继续。这一次,他要做好准备打一场翻身仗。他做空了标准普尔指数,赌股市一定会下跌,同时卖空了美国联合航空公司的股票。他就要时来运转了。那个黑色星期一,开市钟一响股市

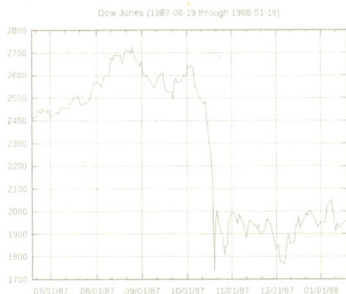

黑色星期一 1987 年 10 月 19 日,星期一,全球股市在纽约道琼斯工业平均指数带头下全面下泻,对冲基金几乎全军覆没。萨姆·伊斯雷尔当时大手笔做空,狠狠赚了一笔。

就开始崩盘,恐慌弥漫着整个纽约证交所,并传播到了全世界,创下有史以来全球股市市值单日最大百分比跌幅。

"那天我大赚了一笔,"萨姆说,"那是我有生以来赚得最多的一天。我几乎将所有股票卖空,简直太棒了,但我并没有幸灾乐祸或大肆吹嘘,我甚至无法开口说这件事。格雷伯损失了 200 万,我父亲也亏了 100 万上下。我慢慢地卖出看跌期权,价格高得不可思议。一份电脑屏幕上显示售价为 15 美元的看跌期权,我能卖到 38 美元。人们全慌了,连索罗斯都慌了,我身边所有人都输了个精光。但我不能让人看到我乐不可支,我一直保持沉默。"

第二天,来纽约广场 1 号上班的交易员们依然处在震惊之中,仿佛昨天的交易只是一场幻觉。萨姆发现,大家对接下来将发生什么毫无头绪。而在他看来,这次崩盘只是更大规模的市场调整的一部分。

从 1982 年开始的连续 5 年的增长,已经让华尔街上的人看不清股市的真实估值。萨姆继续做空。但接下来的几天,价格渐趋稳定,并且紧接着开始回升,市场也开始逐渐收复失地。萨姆有点恼火,但他很快

就明白到底是怎么一回事儿了。美联储在支撑市场。专营经纪人被要求在各自的领域做市，这意味着即使买来的股票没处可卖他们也必须一直买进。随着现金储备的蒸发，市场流动性也骤然消失了。每股 50 美元的股票突然无人问津，在计算机和崩盘恐慌驱动的抛售狂潮中，想要找到市场底部似乎是不可能了。但作为最后的贷款人，美联储还在。

市场下跌时，美联储介入，下令银行借钱给专营经纪人。这些经纪人以股票作抵押，向银行贷款购买没有实际市值的股票。为了支持这次大规模的救援，美联储凭空印刷钞票。20 世纪 70 年代金本位制结束后，美元成了法定货币，这实际上赋予了美联储印钞权。这其实是一种庞氏骗局，萨姆想，只不过它更为抽象、更为隐秘。

萨姆认为，他看穿了美国资本主义最核心的幻像。在美元、华尔街和美国经济这些庞然大物之下，其实什么都没有。美联储就像是《绿野仙踪》里奥兹国的大法师，打造出各种华丽的幻象，艾伦·格林斯潘就是那个躲在幕后的人。在成长过程中，萨姆见识了他的家族如何通过市场操控和政治阴谋支持第三世界的独裁者，现在，他看到了幕后的情景，窥见了华尔街是如何真正运转的。

第4章

基金新旗号

羽翼渐丰的萨姆开始考虑自立门户。通过"前推"交易系统这一天才发明，他成立了"拜尤"基金，企图独自打败市场。

内幕交易中各方势力暗流涌动，萨姆很快在尔虞我诈的华尔街上吃了暗亏。不甘失败的他施展了什么妙招，将这些失败从业绩表上一一抹除？

4

我想要比任何人都强。我想要看到别人看不到的东西。我不想成为历史的旁观者，我要成为历史本身。（本书主人公萨姆）

1987 年大崩盘令格雷伯一蹶不振。追缴保证金的要求把萨姆最钦佩的很多交易员逼入了绝境。整整一代对冲基金的英雄们如今已穷途末路，很多人被迫完全退出了这个行业。"在华尔街，任何人随时都可能全部输光，"萨姆说，"简直惨不忍睹，伟大的交易员都被毁了。大崩盘的确让格雷伯很受伤。他失去了自信，交易原本是他的第二天性，但突然之间就变得很难了。他在交易的时候开始怀疑自己，心怀恐惧的人是不能做交易的。"

"黑色星期一"之后，萨姆的自我感觉格外好，甚至有些沾沾自喜，就像是全盛时期的格雷伯那样。暗地里，萨姆甚至认为自己有点像传奇人物杰西·利弗莫尔，此仁兄在 1929 年大崩盘的时候大手笔做空，赚到了 1 亿美元。

离开格雷伯之后，接下来的几年里萨姆几次赔得分文不剩。他用自己的钱进行交易，刚攒下数目不小的一笔钱，然后就在企图凭借内幕消息交易的时候亏个精光。几次下来都是如此。纳贝斯克、国家现金出纳机公司和唐纳德·特朗普企图收购联合航空公司的交易，萨姆的确听到了一些风声，但因为时机不好而功亏一篑。每次他攒了一大笔钱之后，历史就会重演。前后三次，萨姆都先是一路连赢，然后又都以破产告终。不过，真正差点让他一败涂地的，是堪萨斯城南部铁路公司的那次交易。

"我得到了风声，说这家公司会被一个家伙收购，那个家伙还是董事会成员，"萨姆说，"没有比这更好的消息了。我重仓买入了这只股票。但交易一拖再拖，最终宣布告吹。一天之内亏了 40 万美元，可把我害惨了。这是我第四次遭遇惨败。从此以后，我发誓再也不会让同样的事情发生。我不再把资产放在名下，包括几处房产、几辆汽车，还有几个银行账户。我要像个流氓无产者一样，名下一无所有。不管怎么样，我不能再让自己陷入那种境地。我不能再失败，不能再失手。永远，永远，永远。"

1990 年，萨姆夫妇生了一个健康的女孩。在萨姆的一生中，女儿的出生是他最幸福的时刻之一。然而，伴随新生命而来的压力让这对夫妻开始吵架。两个人的口水战日渐升级，珍妮丝甚至把萨姆扫地出门。"我们是相逢恨早。"萨姆回忆说，"我们在一起的时候都还太小，还在上高中。之后的岁月我们都是一起度过的。"

这次分居对萨姆的打击很大，但也让他重获自由。当时萨姆三十出头，一边到处参加派对，一边还得承担做父亲的责任。他搬到了曼哈顿上东区的一处单身公寓，每天晚上，他都流连在夜店和酒吧里。到了周末，珍妮丝会让萨姆回家看女儿。珍妮丝对他在曼哈顿的生活不闻不问，而他有什么打算也不会告诉她。这种精神分裂般的生活方式渐渐开始折磨他。虽然总是被快钱和一夜情吸引，萨姆还是想要做一个体面的人。他想要实话实说，可他身处的文化鼓励人说谎。他知道他做的很多事都是错的，但诱惑来临时却又无力抗拒。

萨姆最终还是跟珍妮丝和好了，之后搬回了布朗克斯维尔的家，着手创建自己的对冲基金。他想自己执行这种小额高频交易，就像以前给格雷伯干的一样。

"可我连怎么开始都不知道，"萨姆说，"我不知道怎么才能拉到资金，不知道怎么推销自己。我把自己的几十万块钱都赔进去了，那是我的全部家底。因为有了女儿，珍妮丝已经不再外出工作了，所以我们两个都破产了。那时候珍妮丝整日忧心忡忡。我们原本买了一块地，还打算在上面盖一栋房子。我的基金只坚持了 6 个月。我必须出去赚钱，得找一份工作。"

莱昂·库珀曼　美国商人、对冲基金大亨和慈善家，欧米茄投资顾问公司 CEO 和主席。萨姆曾在他手下工作，通过干私活捞了不少外快。

1993 年，萨姆听说莱昂·库珀曼（Leon "Lee" Cooperman，外号"李"）正在物色一名交易员。库珀曼曾在高盛任研究部门主管，他创建了一只名为"欧米茄"的基金。库珀曼当年是高盛的首席智囊之一，从这个意义上来说，他也算是华尔街上最精明能干的人之一。当时，"欧米茄"正在迅速扩张，短短几年，管理的资金就从 2.5 亿美元增长到数十亿美元。库珀曼很高兴能找到萨姆这样机灵的交易员，于是萨姆开始为另一位华尔街之王打工。

"欧米茄是当时华尔街上规模最大的基金之一，"萨姆回忆说，"我们的交易量很大，速度很快，佣金也很高。我们能把市场玩弄在股掌之中。我会把指令分别下给多个经纪人，这样谁也猜不到我们到底在干什么。我们出很高的价钱，那些经纪人就把最好的信息给我们。我知道怎么利用那些信息赚钱。这就好比有了从不间断的信息供应，我总能超前交易。我告诉李，如果换成我，我会怎么进行交易。他可以花上大概 100 万美元的钱，买一家公司的 300 万到 400 万股股票，股价就会上行。我知道怎么利用市场的走向来赚钱。这是我跟格雷伯学的，我是这方面的专家。"

"起初，李并不感兴趣。对他来说，赚上五六万美元算不上什么，全年收入加起来也只相当于他投到欧米茄资金的 2%。如果你管理着几十亿美元的资金，就得赚上几个亿才算好业绩。几万块不过是一点微不足道的零头。"

"但我不想看到那些钱就那么白白溜掉。对我来说,有钱不拿简直就是犯罪。于是我找到了一个老交易员伯特,当时他已经搬到卡罗来纳去了,但仍然很活跃。他用自己的钱做交易。我们分好工,我提供信息,然后以他的名义进行交易。每天早上我都会把当天欧米茄的持仓状况告诉他,这样他就知道如何赚上一大笔,至少对我们来说是一大笔。我在欧米茄的底薪只有 10 万美元,奖金另算。但跟伯特合伙后,我开始真正地赚钱,很多很多的钱。伯特先留下大概40% 的钱缴所得税,然后我们把剩下的钱五五分。我常到华盛顿特区或者弗吉尼亚去见他,要不就去他家里。他给我现金,每次都有几十万块。"

"跟着格雷伯时,他经常让我去接头,拿回装满现金的公文包,现在我自己也这么做了。我不仅通过伯特做交易,全国都有交易员替我抛头露面。经常有成袋成袋的现金通过肯尼迪机场和纽约拉瓜迪亚机场送到我的手里,要么就是在皮埃尔酒店,跟格雷伯一样。我不能用我自己的名义,因为我必须得披露自己做的所有交易;但如果我以伯特和其他人的名义交易的话,就不可能被抓到了。不久之后,我就在房子里装了两个保险柜,一个在阁楼里,里面放珠宝,另外一个在地下室,有链子跟地板连着,里面放现金。"

仅仅一年多一点,萨姆就攒下了将近 100 万美元的现金。他和珍妮丝开始计划在买来的地上建一栋新房子。萨姆的自我感觉越来越好,野心也越来越大。他已经厌倦了,不想给库珀曼干了,他太爱大喊大叫,跟萨姆的父亲一样。创建一只自己的基金这种想法又回到了萨姆的脑子里,而且比以往更加强烈。萨姆甚至觉得,他以前笨手笨脚地摆弄过几年的计算机程序也越来越精准。他已经作好了准备,要把他的交易策略应用到市场当中,掌握自己的命运。

萨姆竟然要离开欧米茄,放弃那些不正当收入,这个决定令伯特大为光火。数年之后,伯特对这件事仍记忆犹新。"我真不敢相信,他竟然说不干了。萨姆的工作简直太完美了。虽然他在欧米茄也就赚上那么几十万块，但他私底下可捞了不少。他竟然不干了，简直就是那个杀鹅取金蛋的傻小子。那小子不知满足，觉得一天一个金蛋的话，发财速度不够快，于是就把鹅的脖子拧断，想一次把所有的金蛋都取出来，到最后他只得到了一只死鹅。萨姆就是这样，不知道自己手里拿着的是什么样的宝贝。按我说，萨姆都应该主动要求一分钱不要地干那份活，甚至为了这么一份工作付钱给库珀曼。可萨姆不是一个能听得进话的人。他爱上了计算机，简直被计算机交易迷住了，就像一个死心塌地的情人。"

到了 90 年代中期，格雷伯时代那规模不大但臭名昭著的对冲基金业务已经迅速成长为一个欣欣向荣的行业，资产规模以十亿美元计。基金类型形形色色，令人眼花缭乱。有宏观、微观的，也有全球的、量子的。在这个新时代里，操纵金钱成了交易员的终极目标。但新一代对冲基金英雄有一个非常明显的不同之处：弗雷迪·格雷伯拿来交易的都是自己的钱，基金的命运跟他自己的命运一般无二；但在新范式之下，几乎所有的对冲基金交易的都是别人的钱。这就是说，风险全都是投资者的，而因这些投资者反过来又要求高回报，这种要求通常很难满足。正是在这样的现实背景下，标准普尔得以迅速崛起。

此时萨姆已经成了一个大腹便便、脸色苍白的准中年人，对他来说，操纵金钱的感觉就像成了一个摇滚明星一般，或者即将成为摇滚明星。在准备推出自己的基金时，他心里满含着热切而远大的志向，就好比地下乐队终于要站到台上大出风头一样。萨姆将成为这支基金的形象代言人，他的朋友斯坦利·帕特里克将担任首席交易员。但这里面有一个小问题没有摆平，那就是重罪判决。几年前，帕特里克被控内幕交易，而且他也当庭认罪，SEC 决定给帕特里克终生禁止交易的处罚。然而对萨姆来说，有罪判决无非是一个微不足道的法律技术问题。解决办法非常简单，萨姆亲自上阵交易，帕特里克后台坐镇。谁也不会知道帕特里克又出来做交易了。只要一切低调，不事声张，那就万事大吉。

对萨姆来说，这种欺骗手段跟他想要运营一只诚信基金的决心并行不悖。按照他的设想，他的基金将是业内一流的。他并不想跟其他进入市场的人一样，运营一只专门做技术型交易的基金。而且，他的基金的持仓策略也将与以往不同。萨姆和帕特里克将把他们的交易安排和从真刀实枪的"巷战"中获得的经验结合在一起。他们打算创建一只量子式的长／短仓持股且市场中性的基金，由经验丰富的高频交易员运营。

"我在这个市场里已经干了 10 多年了，"萨姆说，"什么图式理论、波浪理论、套利理论，我都没少学。我知道每天都摆弄图表根本没什么意义，交易开始的第一个小时和最后一个小时才是最重要的时段。基金都选择在这个时段建仓或者平仓，交易量比较大。我也看交易执行表格，不仅看股票的交易量，还要看成交数量有多少以及什么时候成交。所有我关注的股票，我都画两到三条趋势线，标明高点和低点。我还把关于过去的假设输入计算机，有了这些我就能在开市前预测到股票第二天的走势。这对我来说再简单不过。"

"前推"（Forward Propagation）交易系统，这就是萨姆给这个计算机程序的命名。"前"这个字表明了这个系统预测未来的能力，"推"的目的就是利用神乎其神的数学工具变化出波浪理论、生物繁殖和宗教福音主义。萨姆认为，就像分形（部分与整体以某种方式相似的形体，比如海岸线、雪花和闪电）一样，表面上看起来不一致的数据也能从内部推测出一些有序的形状。再微调一下，系统就能赋予他特别的能力，看到隐藏在股价背后的规律。

在格雷伯身边养成的那种令萨姆陶醉不已的自我主义，逐渐演变成了某种更危险的东西。很多对冲基金交易员都是怪人，采用一种奇怪的交易策略，他们以为这种策略就是打开天国大门的钥匙。很多人都十分自恋。即使在这样一群人当中，萨姆内心的声音也格外狂野和不受控制。他想要自己的计算机程序"听到"市场的声音，就像乐队指挥在下一个节拍演奏出来之前就能听到一样。如果萨姆成功了，如果他能够猜到如何解码市场每时每刻所产生出的海量信息，他的名字就将响彻那个时代。

"我想要一个表格，这个表格跟所有人的都不一样。我想要比任何人都强。我想要看到别人看不到的东西。如果每个人看到的东西都一样，那还有什么优势可言呢？我不想成为历史的旁观者，我要成为历史本身。我不想参与这场游戏，我要成为游戏本身。"

1995 年，萨姆一家搬到了位于巴卡特路的新房子，把布朗克斯维尔的板房丢到了一边。新房子在哈里森镇，这里住的都是有钱人。新房子是按照萨姆和珍妮丝的想法设计的，优雅而且低调。与当时建造的很多独栋房屋不一样的是，他们的房子与所处地段的比例"恰到好处"。前面是一道低矮的石墙，中间是宽阔的车道，车道向下直达一座新建的约合 371 平方米的豪宅。房屋内部的饰物全都是财富和高雅品味的象征：当代艺术品、古董家具、不锈钢器具。后院有一个很大的用喷浆材料修建的游泳池。房子旁边是一个自然保护区，也就是说，这片土地的北面就不会有任何邻居了。从本质上上讲，萨姆是一个喜欢宅在家里的人，他已经为自己一家创造了一个完美的隐居之所。

随着儿子的出生，萨姆的成就感和满足感又达到了一个新的高度，他简直得意极了。祖祖辈辈，萨姆家的男人走的都是父亲的老路。交易员的儿子还是交易员，赌徒的儿子还是赌徒，爱吼叫的人的儿子还爱吼叫。萨姆决心打破这个模式，他立志要让自己儿子的生活变得不一样，他要做一个冷静、和蔼、容易相处的父亲。他自己也想要这样的父亲，但却没有得到。萨姆会给自己的孩子一个全世界最好的礼物，那就是无条件的爱。

虽然初衷很好，但他那想要讨好孩子的愿望让他在道德上变得摇摆不定。他非常溺爱 5 岁的女儿，这个顽皮任性的孩子有着跟他类似的个性，让他感到亲近。女儿想要什么，他就送女儿什么，不管花多少钱。"她特别迷恋巴尼，就是公共电视台一个节目里的紫色卡通恐龙，"萨姆说，"每次巴尼来纽约，在无线电城音乐厅表演，我都买第一排的座位，她就上台去跟巴尼一起跳舞。这对一个小孩子来说是非常了不起的事。

那年夏天我们去逛街的时候，集市上有人组织了一场协调性挑战赛，奖品是一个巨大的巴尼玩偶。这个比赛就是你拿一个带电的细杆，移动它穿过一个迷宫，杆不能碰到迷宫的墙壁，碰到的话就会发出嗡嗡的声响。我试了不是5次就是10次，每次都会碰到墙壁，细杆嗡嗡地响个不停，她用悲伤的眼神看着我。趁她不注意，我给了那人100块钱，他把通电开关关了。我飞快地穿过了迷宫，细杆一次又一次啪啪地碰到墙壁上，但却没有发出嗡嗡声，因为没有电。于是她抱着那个巨大的巴尼玩偶回家了。我是她的英雄。"

❋　　　❋　　　❋

　　萨姆给他的基金取名为拜尤(Bayou)。一方面因为他来自新奥尔良，另一方面也因为他喜欢新奥尔良血液里玩世不恭的气质。拜尤不是一个装腔作势的基金，不会找那些满脑子充满不切实际幻想的MBA来运营。拜尤就跟萨姆这个人一样，不拘小节，独树一帜。

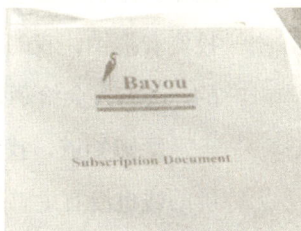

　　随着基金成立日期的临近，钱的问题开始让萨姆一家感到压力。自打离开欧米茄之后，萨姆就没有了稳定可靠的收入来源，也没有了超前交易赚到的一袋袋现金。和华尔街上很多挥金如土的富豪一样，萨姆买房子是用现金付的全款。对

拜尤基金　许多潜在的投资者认为萨姆·伊斯雷尔成立拜尤基金的时候夸大了他以前的业绩，很多投资者在和萨姆的前雇主交流后撤出了资金。

他这个段位的交易员来说，抵押贷款毫无必要，不过，那得是在他处在财务独立巅峰的时候。一下子花掉60万美元委实让他吃不消，他攒下来的钱很快就见底了。为了开源节流，同时在税收方面享受优惠，他决定在自己家的地下室内运营这只基金。他们不需要会议室，不需要漂亮的助理，墙上也无需挂什么昂贵的艺术品。他买了几张便宜的桌子和椅子，并连上了互联网。

　　在基金就要开始交易的前几天，萨姆接到了帕特里克打来的一个电

话。他人在巴西，在那里他可以合法地进行交易。他告诉萨姆，他已经决定不回美国来创建拜尤了。帕特里克吞吞吐吐地告诉萨姆，他已经完了，不能再干了。或许被 SEC 抓住的风险非常小，但他不愿意冒这个险。萨姆极力请求帕特里克改变主意，说自己需要他来管理这个交易系统，还需要他帮他搞清楚买卖什么股票。萨姆没有选股交易的实战经验，以前他总是按照格雷伯或库珀曼的指令干的。

"我干不了了，"帕特里克反反复复地说，"我真的不行了。我不能再交易了，我不能下这个决心，我不想负这个责任。"

"我一下慌了，"萨姆回忆说，"突然间我就成了孤家寡人，可我又不能回头，我已经走了这么远。我以前从没有自己干过，我一直都是二号人物。我在当机立断做交易方面很有天赋，也能搞清楚这个系统如何运作，但我需要有人告诉我交易些什么。我自己没有业绩记录，没法向投资者推销，我的记录都是别人的，不能在营销的时候说拜尤是我自己的。没有人会给萨姆·伊斯雷尔掌管的基金投钱，我不知道该如何是好。"

萨姆知道，找到一个业内顶尖交易员的机会相当渺茫。他既没有足够的钱也没有足够的声望从别的基金挖人过来。当时市场正处于繁荣期，一个好的头寸交易员一般都会开口要很高的工资，还得加上丰厚的奖金。萨姆两样都给不了。这时候他能想到的就只有一个人。80 年代他还在给格雷伯打工的时候，跟一个名叫吉米·马克斯的交易员走得很近。彼时，马克斯是业内最有名、最优秀的交易员之一。有那么两年，马克斯曾掌管着乔治·索罗斯的量子基金，也曾为业内翘楚迈克尔·斯坦哈特做过交易。多年来，他的交易记录一直光彩夺目。萨姆比马克斯年轻 10 岁，他完全为马克斯的反向操作手法和选股天赋所折服。马克斯自称是一个"利手"投资者，这跟萨姆以前学到的那些东西完全相反。马克斯从不随大流赚小钱，他认为自己比别人更聪明。

"我可不认为市场知道的比我多多少。"马克斯曾对《期货》(*Futures*)杂志说过，"我不认为市场有多强大。股价经常上下变动，不需要什么理由。每次我对反向操作的情形进行重新评估，大多数时候我的结论都是这是一个买入的良机，于是我就逐渐增加头寸。"

但是这几年来，马克斯的职业生涯急转直下。20 世纪 90 年代早期，他曾自己创立了一只名为"半月升起"的基金。第一年，基金跌了 7%，第二年跌了 40%，第三年跌了 25%。然后就没有第四年了。萨姆曾在"半月升起"为马克斯短暂地工作过一段时间，并亲眼目睹了这只基金的没落。然而马克斯仍然是他的朋友，他的失败正好让拜尤有可能雇到一个真正有名望的交易员。除此之外，萨姆别无选择。马克斯仍然是华尔街上一个有品牌价值的名字，他仍然广为人知。只要在简历上做一些小小的改动：省略掉一些东西，措辞大胆一点，选择性地忘掉一些东西，马克斯的交易记录看上去依旧光鲜无比。

"这个时机对马克斯来说再合适不过了。"萨姆回忆说，"他刚刚清算了自己的基金，把钱还给了投资者。我想他已经吸取了教训。他是我见过的最聪明的人之一。当时他运气不好。不管是对他还是对我，这都是一个新的开始。"

正如萨姆所设想的一样，跟弗雷迪·格雷伯运营基金的方式相比，拜尤的结构有很大不同。萨姆成立了两个分开的实体，拜尤证券和拜尤基金。拜尤证券不像大多数对冲基金一样，用外部经纪商做交易，相反，它自身就是一个独立的公司内经纪自营商。因为经纪业务都是自己做，萨姆自己所作交易的佣金也就全都进了自己的腰包。他还为别的基金做交易，从而赚取佣金。拜尤基金则是他的业务中"对冲"那一部分，它交易的是投资者投进来的钱。这种结构让他的对冲基金获得了一定的竞争优势。当时业内基金公司的收费标准叫做"2 和 20"，意思就是对冲基金每年收取投资者所投资金的 2%，以此支付业务运营的成本。除此之外，基金公司还要抽取 20% 的业绩奖励，也就是如果基金盈利，基金公司就要抽取 20% 的利润。萨姆的理念使得拜尤能够向投资者提供一些折扣。拜尤证券能够产生足够的收入，这样拜尤基金就不必收取 2% 的管理费来冲抵运营成本，这一折扣对投资者来说相当诱人，同时也表明萨姆正凭借自己的独创性和成本意识开拓市场。

"一开始我非常自律。"萨姆回忆说，"我对华尔街上的各种欺骗伎俩深恶痛绝。经纪商都用自己的账户进行交易，这样一来，本应该给投资者提供建议的他们，反而跟投资者产生了利益冲突。此外还有对首次公开募股（Initial Public Offering, 以下简称 IPO。——译者注）表现出来的贪得无厌。市场上每天都有互联网企业进行 IPO，但这里面都有猫腻。我不想跟别人同流合污。因为我有自己的自营经纪机构，在法律上我不能在 IPO 的时候买入股票，而且我也没打算买。我们要走自己的路。我们要自己做交易。我们要做'稳健的艾迪'，不断打出一垒安打，二垒安打，不必一心要打出全垒打。这就是拜尤的生意经。"

萨姆是这只基金的全权所有者，不过他和马克斯达成了协议，两个人是平等的合伙人，在薪酬、权力和特权方面享受同等待遇。作为前期投入，萨姆从自己的口袋里拿出了 15 万美元，马克斯也拿出了 15 万美元。基金的账目交给了丹·马里诺，他是一名会计，曾为"半月升起"工作过。马里诺既矮且胖，生性腼腆，出生于斯塔滕岛，有重度听力障碍。他本来是个默默无闻的人，马克斯发现了他，让他到"半月升起"工作，并许诺说等赚了钱就开始做风投业务，由马里诺来掌管。马克斯曾幻想自己的个人财产将超过 5 亿美元。以后见之明观之，这个希望显得太过荒谬了。不过马里诺这个笨拙的会计非常崇拜马克斯，即便是在他惨遭失败之后亦是如此。

1996 年 3 月，拜尤的三个主要人物萨姆·伊斯雷尔、吉米·马克斯和丹·马里诺签署了设立公司的文件。为了把业务做起来，萨姆和马克斯开始着手筹集资金。对拜尤这样一个刚成立的对冲基金而言，他们要尽量利用每一个可能有用的人，包括朋友、家人以及同事；他们得打无数个电话，讨好、哄劝和恳求别人。马克斯成功地说服了一些投资者在拜尤投了一点钱，萨姆的情况也差不多，加上他们自己的投资，拜尤的初始交易资金是 60 万美元。这点钱虽然不多，但业务总算开始了。

从早期的情况来看，拜尤的业务很有前途。萨姆很努力地工作，按照"前推"系统计算出的模式进行交易，马克斯则来决定交易哪只股票。每天开市钟响过之后，萨姆就进入市场，提交买单或卖单，有条不紊地进行头寸交易。价格的变动就是萨姆赚钱的机会，不管是涨是跌。他有时做空，有时做多；他不但买股票，也买期权。看起来拜尤的计划还算不错，从均富国际会计师事务所的审计结果来看，在最初的三个半月里，基金的利润率是 17.6%，扣除 20% 的管理费，投资者拿到的净利润率是 14%。这就意味着，这只基金的年化利润率达到了 50%，这是一个很了不起的成绩。

手里有了第一份经审计的利润报告，萨姆和马克斯就有了一个看得见摸得着的东西，能在推销基金的时候用得上了。这时候，一个名叫约翰·斯夸尔的人找到了他们，提出了向投资者出售基金的想法。斯夸尔为一个名为红石资本集团的小型投资公司工作，这家公司在公园大道办公。在给一名投资者的备忘录中，斯夸尔用极具说服力的语言力挺了拜尤。"尽管三个半月只是很短的一段时间，"斯夸尔写道，"不过这些年来我见过的基金够多了，足够我判断出哪些是名副其实，哪些是滥竽充数。萨姆和马克斯的交易方法是名副其实的，而且就其精确性而言，简直有点让人毛骨悚然。"

斯夸尔描述了"前推"系统在实践中的运作方法。有了来自卫星的复杂的市场数据流，系统就能够预测成交易模式，正确率达 86%。如果数据相符，三种颜色的线就会出现在计算机屏幕上，并显示该如何交易。"我见过这个系统，好用的次数不下几十次。"斯夸尔说，"看他们两个人干活真的是很有意思的事。投资的类型不重要，他们既交易大宗商品、外国债券，也交易指数和美股。只要能得出正确的模式的，他们都交易。市场的类型无关紧要，也不用管是上涨还是下跌。一旦你了解了这三种颜色的线是怎么回事，你自己也能做出选择。萨姆告诉我说，今年早些时候，他的女儿在等校巴的时候进行了早市交易，而且大获成功。我想他的女儿大概有 5 岁了吧。"

8 月底，拜尤的利润达到了 19.8%，到了 9 月，又涨到 21.8%。10 月份，道指首次突破 6 000 点，即便如此，拜尤也轻松地跑赢了市场。萨姆的梦想正在变成现实。拜尤风头正劲，在短短几个月的时间里，基金价值翻番，超过了 100 万美元。"如果你正在寻找一种有意思的财富管理的方式，或许我可以推荐这一家。"斯夸尔在致潜在投资者的信中如此写道，"在我看来，它非常可靠。"

然而对拜尤来说，运气是一个善变的情人。在第一个年头将近结束的时候，马克斯决定进行黄金股的交易。他认为，当时黄金股的价格被大大低估。当巴里克黄金公司（Barrick Gold）宣布与印度尼西亚政府签订合约，即将收购当地几十年来发现的最大金矿的多数股权时，马克斯认定必须要买进这家公司的股票。这看起来是一个典型的马克斯式投资策略。巴里克跟印尼政府结成了伙伴关系，当时的印尼正在苏哈托长达数十年的独裁统治之下，整个国家基本上就成了苏哈托的私人财产，他的基金会利用欺骗手段为他的家族豪夺了 350 亿美元的财产。

在萨姆看来，巴里克是一个非常好的买卖。他小时候就坐在笼罩着传奇色彩的祖父的膝盖上，听他讲第三世界国家如何控制着黄金等大宗商品。那些颇具异国风情的人名组成了萨姆生活的一部分，比如菲律宾总统马科斯的心腹唐丁；比如香港的冯景禧，这个人为萨姆家族提供了一个进入东亚的后门。萨姆知道，在那些国家和地区，金钱、权力和腐败是紧密联系在一起的。巴里克的董事会全都是高层政治人物，其中包括美国前总统老布什，他和萨姆的父亲曾经是朋友。萨姆认为，巴里克肯定有能力影响到苏哈托和他的亲信。马克斯把拜尤的钱大量投资到巴里克，就像一个河船赌徒，在一局德州扑克中赌上了自己所有的筹码。

但这次巴里克和拜尤的时运相当不济。巴里克被一个竞争者告上了法庭，贪腐和市场操纵的指控拖延了交易。萨姆曾以为能统治这个世界的力量受到了阻挠，至少是短时间地受阻了。巴里克没有得到印尼的黄金。事实证明，巴里克公司是 1997 年牛市当中为数不多的几个股价下跌的公司之一。让马克斯和萨姆感到恐惧的是，这家公司的市值跌到了原来的一半，黄金的价格降到了每盘司 295 美元，达到了 12 年来的低点。几年之后，黄金的价格飞涨到了史无前例的高位。马克斯的预测或许是对的，但早了整整 10 年。

随着情势变得明朗，萨姆和马克斯也开始争吵。为了分散自己的注意力，萨姆在房子的后院给女儿组建大型玩具，包括秋千和平行梯。他还在后院挖了一块地，上面铺满了木屑。"我买了 8 根铁路枕木，都是非常重的硬木，还涂了防腐油，我用它们在玩具四周围出了一块方形区域。"萨姆回忆说，"我在每边放了两根枕木。在准备放最后一根枕木时，我母亲刚好开车过来给我女儿过生日。我扛着那根足足有 45 公斤重的枕木，转过身跟母亲打招呼，然后就听到我的脖子'咯'地响了一声。这一下疼得要命。我的脖子上起了一个大肿块，怎么也消不掉。"

✳　　　✳　　　✳

这个肿块让萨姆受尽了苦头。他看了好几个医生，疼痛让他无法像以前一样进行交易了。10 月底，亚洲金融危机引发全世界金融领域的震荡，市场经历了一次小规模崩盘。在短短的几天之内，道指下跌了 12%，超过 6 000 亿美元的市值凭空蒸发。在 1987 年发生的类似崩盘当中，萨姆大赚了一笔；但这一次，海啸般袭来的亚洲危机似乎是一个随机事件，没有人预测到，包括萨姆。他只好忍着脖子的疼痛，在地下室里夜以继日地工作，修改计算机系统，想要给这个系统、给拜尤和自己找到一个解决方案。

当时，几乎没有人知道，对冲基金要欺骗投资者的话是多么轻而易举的事。因为拜尤的投资者基本都是合伙人，因而监管机构认为投资者都能像普通合伙人一样接触到财务信息。**但对冲基金公司行事都相当**

诡秘。投资者真正能接触到基金绩效的唯一一个机会就是在外部审计机构对基金进行年度审计的时候，而外审只有在年底的时候才会进行，因此拜尤在必须把交易记录提交给独立第三方之前仍有机会弥补损失。因此，萨姆和马克斯仍然可以向拜尤的成员和潜在投资者声称，该基金长势良好，虽然此时基金已经在亏损了。

如今，想要追溯到欺骗最初开始的那一天已经不可能了，也不可能知道到底是马克斯还是萨姆说了谎。一直以来，他们两个人都会跟投资者交流，与投资者互发电子邮件，互打电话，或是向其提供报告。这两名交易员都对投资者说，拜尤的业绩持续向好，收益率相当可观。轻微的夸张变成了信口开河，正如马克·吐温所言，成了"一半的真话"。而接下来就是十足的谎言。两个人都知道，真相一旦透露出去他们的基金就会完蛋，他们都无法接受那样的现实。马克斯不能再承受一次失败了，而萨姆一想到有可能要回到欧米茄，低声下气地做以前的工作，就无法忍受。两位难兄难弟互相勉励，就像赌徒一样，认为能够在即将到来的年底审计前弥补损失。萨姆一厢情愿地相信，拜尤需要的无非是一点点时间和一点点运气。

当年年底，拜尤的净亏损达到了 161 417 美元，相当于 14% 的"负盈利"。很显然，如果投资者知道了亏损的情况，拜尤剩下的钱也会被全部赎回。他们的孩子就要半路夭折，基金将不得不关门大吉。不过，会计马里诺想出了一个主意，一个非常精明、为大规模欺诈奠定了基础的主意。拜尤的合伙协议表明，该公司的经纪自营商"可以"就完成的交易向该公司的对冲基金收取佣金，"可以"这个词意味着拜尤有自由裁量权。为什么不放弃佣金呢？马里诺问。更妙不可言的是，为什么不把对冲基金以前支付给经纪自营商的佣金退回去呢？

审计人员可理解不了这里面的猫腻。听起来似乎很有道理，但又好像是欺诈。均富是一家声誉卓著的会计师事务所，在全国各地都有业务，曾为无数家对冲基金做过审计，但拜尤的结构与众不同。一只基金内部有两家公司，而这两家公司互相之间又有生意往来，比如拜尤的对冲基金和自营经纪商。该如何调整这只基金的账簿才合适呢？通常的担忧是，自营经纪商或许会向对冲基金收取过多的费用，以此来盘剥投资者，可马里诺所做的恰恰相反，自营经纪商反而要少收对冲基金的钱。

对投资者来说，这好像是件大好事。毫无疑问，马里诺想要掩盖损失，但他的操作手法非常巧妙，其灵活程度简直可以跟柔道黑带大师相媲美。表面上看起来，马里诺是损害了自营经纪商的所有者萨姆·伊斯雷尔的利益，而拜尤的投资者则是受益人。马里诺就如同一个崭露头角的天才，用一面镜子扭曲了一个再明显不过的事实（拜尤的业绩非常差），从而使得情况看起来完全不同了。

"我向审计机构提议进行一次性大额交易。"马里诺回忆说，"我告诉他们，我本来可以重做佣金的账目，如果不告诉他们的话，他们也永远不会知道。那么为什么不把佣金退回给基金然后了结了这件事呢？我告诉他们，我们在一天里可能对同一只基金买进又卖出一次、两次、三次甚至四次，这会让拜尤的投资者付出一大笔佣金费用。我说，如果投资者因为我们的交易而承受了损失，那为什么他们还要向经纪商支付佣金呢？如果我们毫无建树却赚了佣金，这是不公平的。说明白点，对冲基金做交易的净成本接近于零。这就赋予了我们灵活性，可以以我们希望的方式进行交易，做高频交易。这也符合风险管理这个理念。我对马克斯和萨姆说，这个理念可以用在我们的推销宣传当中，向投资者表明我们会把经济自营商的佣金返还给他们，这样我们就没有办法靠高频交易赚他们的钱了。对合伙人，我们这是实话实说。"

佣金总额为 40 万美元，足够弥补对冲基金的损失了。返还佣金之后，拜尤基金看上去有了相当不错的盈利。而拜尤证券就完全是另一种情形了。不过拜尤证券的所有者是萨姆·伊斯雷尔，对冲基金的审计机构不必为之操心，至少马里诺是这样说的。均富的审计人员直挠头，对这个问题百思不得其解。

与此同时，公布审计结果的截止日期早已大大超过了，拜尤有义务在第一财季结束的时候向投资者披露经审计的财务报告。3月过去之后，萨姆和马克斯对马里诺大为光火。日子一天天过去，拜尤的情形越来越显得可疑，投资者也越来越紧张。这么早就让拜尤的能力和诚信蒙上阴影是有相当风险的，何况他们正试图掩饰真实的损失。

历经使人身心俱疲的拖延之后，马里诺终于得以说服审计机构同意他的操作方式。一旦这笔资金变成了拜尤基金的业绩，14%的交易亏损就神奇地变成了40%的经调整后的毛收益率。资金的数量虽说不值一提，但对拜尤前景的影响可以说十分重大。萨姆和马克斯都因此获得了第二次机会。不仅如此，马里诺还让审计机构相信，此事无需对外披露，连脚注都不用加，这样就更神不知鬼不觉了。

"萨姆和马克斯都向我表示祝贺，"马里诺说，"我给他们创造了一种通过返还佣金夸大业绩的方式，而且还不用向投资者披露。我想，一旦他们筹到了更多的资金，业务重回正轨，那就万事大吉了。我们离赚大钱只有一步之遥了，而且还是合法的。"

但马里诺的希望很快就破灭了。马克斯和萨姆请他走人，他们说，这个来自斯塔滕岛、不善交际的会计不能让投资者感到安心。珍妮丝·萨姆在生孩子之前就是一个执业会计，她聪明又有条理，而且要价不高；加上办公室就在自家房子的地下室里，珍妮丝管理拜尤的账本也很容易。马里诺收到通知说，珍妮丝等到暑假结束孩子们返校后就会接管他的工作，在此之前，还是由他负责。"我感到被背叛了，他们偷了我返还佣金的想法，然后就把我踢出来了。"马里诺说，"一个绝好的机会就要这样错过了。"

1998年上半年期间，真实数字和萨姆和马克斯告诉投资者的数字之间的差距持续增大。拜尤在石油领域买进了海湾群岛和弗里德·戈德曼这两家公司的股票，在科技领域买了美光和希捷这两家公司的股票，在资源领域买了诺德公司的股票。虽说这些头寸不能算是不明智，但哪只股票都没有大赚，而拜尤现在需要的就是大赚一笔。萨姆的交易系统还是能够盈利，至少大部分时候是如此。经过了几个月的努力工作，两个人终于让拜尤的实际账目达到了盈亏平衡。按照他们的说法，这只基金是"市场中性"的，也就是说，不管市场上涨还是下跌，基金都能赚钱。但如果中性意味着赚不到钱的话，那不啻是一场灾难。

如果当初萨姆和马克斯在投资者面前表现得谦虚一点，或许他们可以解决这个问题，但这两个人偏偏都喜欢把自己的交易能力吹得天花乱坠，而这最终竟然让拜尤陷入窘境，真是莫大的讽刺。就真实的资金而言，基金的业绩不能算太差，但那些虚幻的盈利却是两个人没有办法变出来的。

"开始的时候，我们不得不保持低调。"萨姆回忆说，"我们想要解决这个问题。资金的数量并不大，我们在地下室里非常努力地工作，自己拿的薪水都很少，每个人不到 10 万美元。我们当时完全是在拼尽全力走出困境。为了应付脖子的疼痛，我得服用类固醇药物，这对我的情绪造成了影响。我对马克斯和马里诺越来越感到生气，如果是我自己造成了这个问题，那就另当别论了。我们认为我们能通过交易摆脱这个局面，但事实并非如此，这个问题变得越来越严重。"

马克斯认为一切都是拜尤当时所处环境的问题。地下室太吵闹了，在那里工作不够安心，让人压抑。对于必须在萨姆家里工作，他感到不满。虽然地下室有单独的一个入口，但每天早上 5 点就上班，而这时萨姆的家人还在睡觉，这让他感觉跟私闯别人住宅一样。马克斯要自由地做研究，需要一个安静的房间打电话，这样他就能集中精力关注行情，就能在危机到来之前及时发觉，因此他坚持要求换个地方。

地下室的问题萨姆能理解，但马克斯的解决方案却让人出乎意料。多年来，他一直在觊觎长岛海湾旁边的一处办公室。这间办公室在康涅狄格州斯坦福市辛格尔路 40 号，办公面积足有 375 平方米，租金跟在曼哈顿的公园大道租一个办公套间是一个价。更重要的是，这间办公室距离马克斯的家只有 3 分钟的车程。如果搬过来的话，拜尤的总部将置身一个非常有格调的两层小楼中，这个小楼过去曾一度被用作船库。总部旁边的街上是一排观海住宅，零星还有一些豪邸；另一侧是一大片开阔地，近边有一个可供野餐烧烤的平台。这处物业还有一个很大的私家码头，泊位可以停靠马克斯的小船，从这里望过去，长岛海湾的美景一览无余。这里处于所谓的"对冲基金一条街"的中心地带，住着不少业内超级明星交易员，比如特雷西合伙公司的创始人巴顿·比格斯，SAC 的创始人史蒂夫·科恩，以及保罗·都铎·琼斯。

萨姆虽然抱怨费用太高，但并没有阻止这件事，毕竟租约已经签了，搬家工人也请好了。1998 年阵亡将士纪念日的那个周末，拜尤在堂皇的新址开张营业。把拜尤的办公地址迁到这个船库在很大意义上增加了风险，但这种风险的增加却又十分微妙。这个地址就好比对外声称，拜尤是一只正在崛起的基金。一个参观过拜尤原来办公室的潜在投资者对这只基金的印象难免是破破烂烂、不堪一击、运转不良，而这与基金的真实情况是相符的；但在这个船库开过一次会的货币经理人或高净值个人则毫无疑问会对这只基金另眼相看。

让人奇怪的是，拜尤确实正一步步走向成功。经纪自营商的业务一直赚钱，有了马里诺"返还佣金"这妙至毫巅的一手，对冲基金看起来似乎也在盈利，至少没有受到太严格的审视。讽刺的是，为了避免华尔街上常见的那些骗局，萨姆才把经纪自营商整合到拜尤的业务当中，但这无意中却开辟了一条新的欺骗途径。

在这个船库里，丹·马里诺仍在继续为拜尤做会计工作。他坚持呆在公司里面，希望让他走人的决定只能延缓，每周过来那么两天，录入数据，审查账目。但大多数时候，这儿就只有萨姆和马克斯两个人。

"马克斯是我的朋友，而且我们是合伙人。"萨姆说，"但他喜欢长篇大论地进行充满哲学意味的谈话，一谈就是几个小时。马克斯认为石油和天然气的价格会大幅上涨，他说这两者的价格都被低估了。他是个很有说服力的人。他说我们正处在最黑暗的时刻，人们很快就会意识到他是对的。但在这个市场上谁真的关心哲学呢？"

那年夏天，市场变得完全无法预料。对冲基金业巨头美国长期资本管理公司（Term Capital Management）在几天的时间里亏损逾 40 亿美元，不得不依靠美联储来救助。在这样的环境中，要解决拜尤的问题极其困难。在寻找能发横财的交易的过程中，马克斯听到了一些有关联邦政府按年拍卖外大陆架开采权的传言。每年都有很多公司为争夺墨西哥湾一些区块的开采权竞相出价，但传言说拍卖进行得并不顺利。如果属实，油企和油田服务企业将受到严重的打击。这是一个拜尤可以利用的机会，某一行业一点点的坏消息都可以被他们利用进行反向交易。

"我想要验证一下那个传言，"萨姆回忆说，"我认识一个在潮水公司工作的人。这家公司有好几条船，用来运送各种东西到钻井平台，管道、食物，还有人。于是我给他打了个电话，问他们的业务是不是减缓了。我常干这种事。我要是认识哪家公司的人，能以某种方式接近这家公司，我就会给他们打电话。跟我谈这些事从技术上来讲并不合法，但这种事却是经常有的。我问我认识的这个人，当季的润预测情况怎么样，问他是否会有个'下侧意外'将要发生。他说盈利会出现意外，但他说是'上侧意外'。这是个非常重要的消息，我放下电话之后就告诉了马克斯。我们大举买进了潮水公司的期权。我们想，这下可要好好地赚上一笔了。几天之后，潮水宣布了季度盈利。你猜怎么着？是一个很大的下侧意外。我震惊了，这家伙竟然骗我。直到今天，我都不知道其中的原因！我们元气大伤。这是我最后一次试图在拜尤的仓位上做文章。市场上尔虞我诈的情况太多了，两面三刀的人也太多了。根本不可能知道该信什么。"

"之后马里诺发现了一个会计上的错误，他说我们卖空了一份标准普尔的期货。这个时候，斯坦利·帕特里克已经从巴西回来了，兼职帮我们做一些经纪助理的活。他在出清我们在标准普尔的隔夜头寸时犯了个错误。斯坦利说是我搞砸的，我们争辩了几次，但实际上这并不重要。谁他妈的知道呢？真正重要的是亏损。我们又亏了 6 000 美元。"

"这一年我们的业绩下降了18%，而市场则上涨了近30%，也就是说，我们落后了大市50个百分点。我们得倾尽全力，在年底前把钱赚回来，但剩下的时间已经不够了。亏空真正开始就是在这个时候。我们亏的钱在数量上并不多，在后来的日子里，这点钱对我们来说根本不值一哂。那时候基金只有150万美元，规模太小了。你要理解，这对我来说这并不是多大一笔钱。按美元来算，我们赔了20万，那不过是九牛一毛而已。我在欧米茄干的时候，我的错误账户里就有那么多钱。但正是这些钱让我们万劫不复。"

第5章

动了手脚的业绩

为了应付严格的审查机构，拜尤的三个天才创始人正式开始伪造业绩，他们成立了一家冒牌会计事务所，一番运作之后，持续亏损的拜尤竟在华尔街基金排行中名列前茅。

亏空如此巨大，虽然后来的交易中萨姆接连得手，但真能如此轻易地将拜尤拯救出来吗？

美联储正在向股市注入流动性，就好像指数上涨是唯一的好事，成本可以忽略不计。萨姆看到了这个市场的欺骗性，它纯粹就是被投机者人为吹起来的。

1998 年伪造拜尤业绩的决定是怎么做出来的，到底是谁先想出的这个主意，几位当事人的说法各不相同。在承认策划这个大规模欺诈阴谋的时候，萨姆、马里诺和马克斯三个同谋者相互指责，撇清自己以避免承担责任。没有什么话题比这个更敏感、更能引发无休止的争论了。

萨姆说，谈话发生在他的地下室里，当时他脖子上的伤还在恢复之中，而马里诺说是在船库的会议室里。马克斯则怒不可遏地不予置评。萨姆声称是马克斯和马里诺找到他，向他提出了伪造基金业绩的想法，马里诺则说，方案是萨姆和马克斯提出来的。不过，关于发生了什么，以及发生的原因，三个人的说法是一致的。他们全都把自己的职业生涯还有自己的梦想押到拜尤上了。

丹·马里诺　拜尤首席财务官，在他的非法操作下，拜尤的财务审计报表骗过了华尔街所有金融审计机构。

萨姆无法面对失败的恐惧，他向自己承诺过再也不会失手，永远永远都不会；马里诺则完全不理会早先有关珍妮丝要接手会计事务的谈话，一意孤行地想要抓住自己飞黄腾达的职业梦想，即运营一只大型对冲基金，做一个无人知晓的会计，在斯塔滕岛的商业区里跟税务报表打交道，这样的生活让他心生恐惧；同样地，马克斯还在幻想自己成为乔治·索罗斯那样伟大的交易员。在经历了令人不快的离婚之后，他在财务上陷入窘境。那时的马克斯已经快要 50 岁了，再婚之后的他已经快要走到了交易员生涯的尽头。马克斯知道，如果拜尤一败涂地，自己也将永远在华尔街上消失。

年底一步一步临近，亏损一点一点增加，而马里诺得到了他一直希望的结果：死刑撤销。萨姆和马克斯最终决定让他留下。没人给他任何理由。长期以来，马里诺一直被当成一个无足轻重的簿记员，可到最后，这两个交易员到底还是觉得没他不行。

"他们为什么改变想法让我留下，我怎么都没搞清楚。"马里诺说，"他们只是说原谅我了。按我自己的想法，他们是终于认识到前一年做审计时的情形了，认识到把拜尤证券的佣金退回去这个想法的价值了。他们太怕投资者赎回基金，决定既往不咎，但谁知道他们肚子里藏着什么坏水呢？或许是因为他们已经决定要造假，或许他们认为只有这样才是走出困境的长远之计。这是很有可能的。萨姆和吉米都不是笨蛋。就我个人来说，我倒愿意相信这件事是没有预谋的，那样我就不会觉得自己太蠢。"

1998 年，纽约城迎来了 20 年来的第一次白色圣诞节。三州交界的地区下了 3 英寸厚的雪，然而，萨姆家里的气氛却显得相当沉闷。萨姆的疼痛转移到了背上。他的心态和痛感之间一直存在着某种交互感应，如今，好像对冲基金正要面临的灾难和他身体上所受的煎熬之间有某种神经突触相连。医生给他开的止痛药已经不管用了。他酒喝得越来越多，但一样减轻不了痛楚。

抱着一种满不在乎、虚张声势的心态，萨姆有时能说服自己，相信自己有能力通过交易将拜尤带出困境。但有时候他也不那么确定。在独处的时候，有关基金是否能维系下去的问题压迫在他的心头，他需要找个人聊聊，需要跟人分担这个重负。他的妻子珍妮丝完全不了解她的丈夫承受着怎样的压力。萨姆知道，如果向她全盘托出，她就会要求他把实情告诉投资者，然后关闭拜尤，然后，也许还要坐牢。

"所有的事我一直都瞒着珍妮丝，"萨姆说，"自从我们有了孩子之后，我就一直向她瞒着，我们之间的关系勉强得以维系。她是家里真正能负起责任的人，我则是总把事情搞砸的大笨蛋。我抽大麻，吸可卡因。我们家里运行的模式就是这个样子。我不能跟她讲实情，因为我没法对她开诚布公。我们在一起的时候都太小了，从来没能像成人一样彼此交谈。从她的角度来看，拜尤的一切都相当不错。可在内心深处，我觉得自己快要死了。"

假期里，萨姆把整件事在头脑里又从头到尾想了一遍。马克斯的头寸交易糟糕得一塌糊涂。搬到船库这件事给基金镀了一层金，但正因如此，要关掉基金公司也变得更加困难。

如果萨姆没有把所有的积蓄都花在巴克特路的那栋房子上，他还有可能用自己的钱堵上拜尤的亏空。用现金全款买房，看上去是只有大人物才能做出来的姿态，可这也把他所有的财富都凝聚成了一项流动性极差的资产。他不能找自己的父亲借钱，这里面不仅有自尊的原因，还因为如果去借钱，父亲不可避免地会问一些让他难堪的问题。还有几天就到年底了，拜尤只能铤而走险，别无选择。

不管会议是在哪里开的，在萨姆家的地下室还是船库，总之那年的最后一个交易日，萨姆、马克斯和马里诺聚到一起，讨论了即将到来的审计。气氛相当沉重，现在已经到了决定拜尤生死的紧要关头，或者说，到了非撒谎不可的关头。

"业绩一塌糊涂，"马克斯对萨姆说，"看吧，这就是真实的数字。"

马里诺交给萨姆一份文件，上面清楚地记录着拜尤的业绩。萨姆坐在皮躺椅上，既然拜尤遭遇滑铁卢一事已经捅开了，三个人立刻就发现他们之间其实是有共识的。在萨姆查看这份让人心情压抑的文件时，马克斯说他们需要争取更多的时间。不用太多，几个月，一年，或许两年，足够他们重新杀回华尔街了。他们的解决方案是作假骗过审计机构。运气足够好的话，他们或许在 3 月底审计报告送达投资者手里之前就能把亏空填平。没有人会知道他们曾经在数字上动了手脚。

很明显，这次审计是不能交给均富事务所来做的。这家会计师事务所不管什么事都狮子大开口，审计规模如此之小的一只基金也要收费 5 万美元。有一个现成的解决办法，可以说，这个方案已经达到了简洁艺术的巅峰，那就是由丹·马里诺来做审计。

当然不能堂而皇之地做，而是秘密地做。马里诺处理数字很有一套，知道怎么做才能让审计结果看起来真实可信。这种欺骗手段不过是暂时的，于人于己无害，无非是个善意的谎言。如果拜尤能拿出良好的业绩数据，撑过"三年之痒"，主要投资者就会开始考虑往这只基金里投钱。三年是一个有魔力的数字，他们距离这个目标就只剩一年了。他们所有的努力工作终于要结出硕果了。从真实状况来看，资金差额并不大。萨姆和吉米只需要集中精力，在交易的时候严格要求自己，再加上一点运气，一切都会好起来。

"我并不需要谁来说服。"萨姆仍坚持认为，最初并不是他出的主意，"我根本没有犹豫，拜尤就是我的一切。为了能让它成功，我愿意做任何我能做到的事，欺骗也没关系。我觉得调一调数据没什么不可以。当时我很自信，认为一切都会好起来。过去每次破产，我都会出去纵情狂欢一次，然后立刻就再把钱赚回来。我知道我还能做到这一点，我知道我们有问题，但我不认为很严重。"

对丹·马里诺来说，审计作假突破了很多条必须遵守的底线，包括法律上的和职业道德上的，但他二话没说。他只有一个要求，想要萨姆和马克斯签一份文件，说明作假是他们两个人的主意，然后录制一段视频，让他们两个人说是他们让马里诺干这桩欺诈之事的。文件和视频将成为马里诺的证据，说明他不是主谋者。马克斯是拜尤的首席交易员，萨姆是所有人，马里诺希望有一天东窗事发的话，他能清楚地向有关部门表明，他只是在按照别人的指示行事。

"你说什么？"萨姆对马里诺说，"你疯了吧，我不干。"

"你们两个都得干。"马里诺说，"这个局面是你们两个人造成的。"

"滚你妈的。"萨姆说。

"滚你妈的。"马克斯也补了一句。

"这么跟你说吧，马里诺，"萨姆说，"我们可以在审计的时候把真实数字填上去，那样你就失业了。你也没有地方可去，因为你是给马克斯干活的，而马克斯也没有地方可去。我倒是有地方去。我现在就可以给李·库珀曼打电话。他会说，你明天过来上班吧。你不行，马里诺，你没有那样的关系。还有马克斯，你也没有。所以，如果你们认为我会录什么视频的话，那你们俩都滚你妈的吧。"

✳ ✳ ✳

这件事就没人再提起了。每个人都知道，他们面前只剩下一条路，一条通向毁灭的路。由马里诺负责伪造审计结果。三个人都对这件事只字不提，配偶不能说，子女不能说，狐朋狗友不能说，知心朋友也不能说。技术细节由马里诺来，萨姆和马克斯负责拿出与他们在电话和电子邮件中向拜尤的成员承诺的结果相符的虚假数据。

在马里诺的脑子里，如今就要有两本账薄了，一本真正的账薄，和一本对外声称的账薄。马里诺要记好两本账，确保在萨姆和吉米最终通过交易把他们带出困境的时候，一切能回到正轨。

第一步就是把"佣金返还"这种魔力粉涂抹在收益上。拜尤证券赚到的钱又回到了拜尤基金，使得基金的业绩提升了12个百分点。这种乾坤大挪移的手法无异于劫富济贫，但与接下来的手法相比，却只能算是小巫见大巫。

　　"我决定成立一家假的会计师事务所来进行这次审计，"马里诺回忆说，"我做的第一件事就是给事务所起个名字。我决定叫'里士满 - 费尔菲尔德'。我喜欢这种公司名字中包含地名的想法，里士满是斯塔滕岛上的一个郡的名字，费尔菲尔德县则是拜尤的办公所在地。我觉得这个名字听起来相当酷。之后我又想好了事务所的信笺设计，并得到了吉米和萨姆的赞同。我又开设了支票账户，确保一切不出纰漏。"

　　"然后我与别人签订了协议，使用他们在曼哈顿的办公地址。从某种意义上来说，我对他们讲的是实话。我的确是在成立自己的会计师事务所，的确需要一个办公空间，需要电话和传真。成立里士满 - 费尔菲尔德的部分原因也是我想有个备用方案。如果拜尤很快就完蛋大吉，或是拜尤大获成功而他们把我踢出来，我到底还有一个事务所，或许还能靠这个事务所有所作为。之后，我开始进行审计。这一部分实际上非常简单。拜尤是一个普通的交易公司，这只基金的主业就是从事交易业务，而且不持有长期头寸。因为基金规模很小，审计机构是不会依靠内控部门来进行审计的。审计员要对交易进行实质性测试，核实各项交易，并确保交易的会计处理符合规范。而我，不必真的去做这些工作。"

　　"比较有意思的一点是，把我的名字与审计员联系到一起简直轻而易举。只要用谷歌搜索'里士满 - 费尔菲尔德'，我的名字就会出现，这家假公司是在纽约州会计师协会注册的；如果有谁到我租的办公室去看看，他们还会发现人名地址录里面有我的名字。任何一点尽职调查都会立即发现我与里士满 - 费尔菲尔德的关系，可没人那么做，我也没法解释。如果换作是我，我是会查一查的。"

　　为了编制出真正的审计文件，马里诺一字一句地抄下了均富事务所前一年工作底稿的格式。在截至 1997 年 12 月 31 日的财务状况报表上，拜尤的资产情况如下：

1997 年拜尤财务状况报表

现金	1 526 美元
持有证券	1 587 936 美元
经纪人往来	3 105 美元
预付费用	4 000 美元
开办费	32 504 美元
总资产	1 629 071 美元

1998 年里士满 - 费尔菲尔德进行的审计中有一份相同格式的报表，资产数量已经增加，反映了拜尤的增长状况：

1998 年拜尤财务状况报表

现金	526 美元
持有证券	351 750 美元
经纪人往来	3 761 539 美元
预付费用	5 000 美元
开办费	22 505 美元
总资产	4 141 320 美元

金额差别最大的一项是"经纪人往来"，数据从 1997 年的仅仅 3 000 美元跃升至 1998 年的近 400 万美元。因为拜尤这一年吸引了很多的投资，总资产也大幅增加，这一巨大的增幅看起来合情合理，但前提是没有人问"经纪人往来"到底是什么意思。

1997 年的时候，这个项目的意思是拜尤抵押在清算所的资金总额；拜尤有一个账户，因此，名义上的数字就是一项实在的资产。1998 年，3 761 539 美元这个数字则纯属虚构。这种欺骗就写在纸上，所有人都能看得到，但同时欺骗手法又相当隐蔽。马里诺知道，一旦看到一栏一栏的数字，人们的目光往往都是扫一遍就过去，最终落在后面的结算线上。"经纪人往来"的意思只不过是，拜尤在为它提供日常清算服务的、声誉其隆的"斯皮尔·利兹·凯洛格"（Spear, Leeds & Kellogg）账户上当时的余额。谁会质疑这样一个简单的改动呢？

"我没有跟吉米和萨姆讨论这件事，"马里诺说，"我只是告诉他们，这是最好的隐藏方式，因为我们无需弥补任何可能的股票头寸上的麻烦。那不过是以拜尤的名义放在清算所账户里的现金，这些钱不是欠经纪商的就是经纪商应付的。这一事实与吉米和萨姆推销基金的方式没有冲突。在每天、每周或每月结束的时候持有现金，这是一种管理风险的方式。我对我们的投资者说，我们已经出清了所有头寸，尤其是在年底的时候。每年年底都会有很多小动作，以此来粉饰业绩或是避税。"

"如果投资者足够聪明，能够好好看看拜尤基金的财务报表，他们也就不用问我要解释了，不过没有人问。如果他们真的问了，我就得说，我们在清算所有两个账户，因为我们不希望他们知道我们做的所有交易。监管机构在调查拜尤证券的时候，本来可以在看到审计结果时找我们要报表，他们应该知道，在调查拜尤证券时，实际上看到的是对冲基金公司的所有交易。他们可以通过经纪自营商的情况看到基金的实际状况，发现基金实际上是在亏钱。"

"你可以说这很初级，也可以说这很高明。但无论如何，这招管用了。没有人看出来，从来没有。这是个例子，说明这项业务在监管上有个漏洞。对冲基金业务有很多监管漏洞，都可以拿来利用，我们正是这么做的。"

上一年，等待审计结果曾经让一些投资者感到焦虑不安。今年的审计结果来的正是时候，还稍微提前了一点。3 月 23 日，萨姆致信拜尤的各位成员，信内还附上了年度审计报告。"为了向所有成员提供及时的信息，我们决定放弃均富所，选择了一家规模较小的事务所，该所名为里士满 - 费尔菲尔德。"萨姆还解释说，这一转变令他们不必向均富支付大笔的费用，与拜尤一贯的节俭作风相符。"我们已经发现，在一个小一点但水质更好的池子中做一条更大的鱼，比较适合我们现在的状况。"

信内还附上了里士满 - 费尔菲尔德的一纸面函，马里诺给事务所设计的标识是一滴小小的眼泪。事务所的地址是约翰街 111 号，这个写字楼离华尔街很近，马里诺就是在这里租的办公空间。"经我们审查，公司的财务报表从各个方面清晰地表明了拜尤基金的财务状况。"审计结果这样写道。

经过调整，拜尤的毛收益率达到了 22.047%，之前的一年是 40.92%。马里诺的佣金返还策略产生的效果很明显。这只规模不大的基金已经有了相当令人瞩目的盈利记录。1998 年，市场一派繁荣景象，与此同时波动性也相当大。萨姆和马克斯认为，最好不要声称自己跑赢了大牛市。数字一定要吸引人，但是只能吸引合意的人。根据审计结果，毛收入为 519 314 美元，减去支付给各位经理的 20% 的管理费 103 862.80 美元，所有成员的净利润就是 415 452 美元。如果一个涉世未深的人来看拜尤的财务记录，就会觉得这是一只前景相当看好的基金，非常吸引人。它不是那种昙花一现式的基金，不会有那么一两年好得出奇的业绩然后突然间就灰飞烟灭了。但是，拜尤的业绩还没有让萨姆成为华尔街上的头面人物，至少现在还没有。

他们都认为拜尤要想真正赚钱，先得有一定数量的资金，萨姆和马克斯于是开始着手"引资"。他们已经与第三方营销机构接触，试图把基金卖给高净值个人。事实证明，假审计报告是一个非常有利的营销武器。拜尤的故事已经越来越容易讲了，它既不是单纯的价值投资型基金，也不是一个纯技术流的买入 / 卖出型基金。它两者都是，一只真正意义上的混合型基金。

"没错，我在撒谎骗人。"萨姆说，"但在私人生活中，我既不是一个说谎者，也不是一个骗子。我做的是根本不符合我的本性。就好像那个整天使诈说谎的人根本不是我一样。"

资金开始不断地涌入。每笔金额虽然不大，但积少成多，一笔笔 5 万、10 万的资金很快就累积起来超过了 500 万大关，这又是一个让人欢欣鼓舞的里程碑。搬到船库之后的马克斯就像充了电一样精力十足。不过，一个人如果有精力特别充沛的时刻，随之而来也必然会有意志特别消沉的时刻。马克斯每天天刚蒙蒙亮就上班，翻阅大量的交易出版物，寻找可以利用的信息。当时，互联网公司股票在华尔街正如火如荼。不过，马克斯感兴趣的是那些不那么时尚的行业，比如石油和煤炭。尽管很多人都在互联网类股赚了大钱，马克斯却对此避之唯恐不及。大局观是他的强项。马克斯对马里诺说，萨姆在拜尤做的那种交易他根本就看不上。马克斯对经济、社会以及生活都有自己的一套理论，按他的说法，这套理论非常重要，而且能给拜尤带来急需的大笔利润。

可是从结果来看，马克斯几乎所有的头寸交易都相当失败。在萨姆看来，马克斯快要失去理智了。希望不大的多头押注一定要维持，以待哪天市场变得对马克斯有利，可天知道要等到什么时候。时间紧迫，已经不能再等市场来验证马克斯那些不着边际的理论了。两人间的争论越来越激烈，越来越有人身攻击的意味。所谓的讨论经常演变成两个人在船库楼上交易室里的喊叫比赛。

此时的股市，不管公司的内在价值如何，只要是科技公司，股价就一路飙升。萨姆看到，美联储正在向股市注入流动性，就好像工业平均指数上涨是这个社会唯一的好事，而成本则可以忽略不计。从自己的欺骗行为当中，萨姆看到了这个市场的欺骗性，它纯粹就是被投机者人为吹起来的。在他眼中，整个市场所做的事就是他正在做的事，只不过这个规模实在太大了，根本不可能预测到会有怎样可怕的后果。

"在互联网泡沫时代，人们已经不是在交易和宣传真正的公司了。"萨姆回忆说，"过去，人们买的都是通用汽车、宝洁这样拥有数百万员工的公司的股票，现在呢，大家都买易趣，这家公司有什么？一张牌桌，四把椅子，一台电脑。很多上市公司根本就是个影子，什么都没有。这样的公司太多了。我这辈子一直都在鼓励人们勇往直前，我希望这些烂互联网企业股票全都亏钱。这真让我痛苦。"

全盛时期的萨姆·伊斯雷尔，他的身体和心理备受谎言的折磨。

随着压力越来越大，萨姆开始依靠酒和可卡因度日。按他自己的说法，他成了一个"机能性酒鬼"。他还找到了一个可以忘却所有烦恼的发泄方式：疯了一样为参加三项全能比赛进行训练。为了寻求大量运动带来的内啡肽的刺激，萨姆一有闲暇就去跑步、骑自行车、游泳。春天的时候，萨姆到了佛罗里达，参加在彭萨科拉举行的三项全能比赛。参加完这个让人筋疲力竭的比赛之后，萨姆决定在屁股上纹上点什么以示庆祝。

他选择的图案是"小恶魔"，一个小小的、胖胖的红色卡通形象，手拿一把三齿钢叉，脸上挂着邪恶的笑容。这简直可以说是他对新的自我形象的秘密宣示。

几个月来，丹·马里诺一直被干咳折磨着。用 X 光检查了几次，医生也看了几回，都没有发现病因。马里诺认为这不过是一次重感冒，或是呼吸系统感染，于是继续工作。

然而一天夜里，马里诺开始打冷战，他躺在床上出了一身汗，不停地哆嗦。自从小时候得了腮腺炎之后（腮腺炎还引发了颅内感染，让他差点失聪，不戴助听器几乎就听不见声音），马里诺的健康状况一直不太好。一位心脏专家进一步检查后对马里诺说，他可能是得了霍奇金淋巴瘤。

"我差点给吓傻了，"马里诺说，"我把这件事告诉吉米和萨姆的时候，他们脸上都流露出了惊恐的表情。他们的脸就好像在说'我们完蛋了'。他们说了些鼓励的话，也许是真的关心我吧，但或许也是在想该如何继续这个正在进行中的作假案。"

6 月，丹·马里诺被确诊患了癌症，他开始进行一系列的化疗。马里诺仍然跟母亲住在一起，他的母亲也在与癌症作斗争。接下来的 6 个月里，马里诺偶尔才来一次拜尤。没有了马里诺，萨姆和马克斯就只能靠自己了。接连几个月都是简直可以用灾难来形容：交易不利、互相指责、整夜呼酒买醉。不过，投资者们听到的则完全是另外一个"努力工作并获得成功"的故事。

"对我们来说，1999 年第二个季度充满了大功告成的激动和兴奋，一切如旧。"马克斯和萨姆在 7 月共同写给投资者的一封信中说。他们说，股价被大幅高估，那些受到互联网泡沫激励的日间交易员，或者说那些整天穿着睡衣出没的傻瓜推高股价的同时，人们对市场的了解也越来越多，神秘色彩渐渐褪去。"我们再一次发现，卖出多头头寸可以实现价值，而且我们还在精心选择持有哪些空头头寸。"他们这样写道，"是的，我们第二极度的收益率达到了 12.45%，年初迄今的收益率达到了 19.56%。"

有关拜尤大获成功的消息开始向资金管理界的高层人士渗透。即便是在方兴未艾的对冲基金界，如此稳定的收益率也足以让拜尤脱颖而出。第一波士顿（First Boston）和特雷蒙特咨询公司（Tremont Advisers）编制了一个包含所有名列前茅的对冲基金的指数，拜尤位列其中。从市场营销的角度来看，这不啻一次兵不血刃的政变。"毫无疑问，我们是这个指数当中规模最小的基金，因而我们感到受宠若惊。"萨姆在写给成员的信中说，"为了满足入选标准，我们经历了超过两年的严格审查。我们和你们一样，不管市场状况如何，都要获得超过平均水平的稳定收益率。就像我曾反复向各位申明的一样，我们赢要赢得优雅，亏要亏得诚信。"

但现实的情况与此截然相反。拜尤持续亏钱，对于他们的失败，马克斯和萨姆都有数不清的借口。马克斯抱怨说资金不够，用他的话说就是"肌肉太少"，不足以使他的策略产生回报。他们两个人都抱怨说，基金公司人虽然越来越多，但都没什么能耐。交易员说他们的设备不好用，或是市场出了问题。反正一切的一切都有问题，只有他们自己没有问题。

到了1999年底，标准普尔指数史无前例地大涨21%。拜尤实际上是赚了钱的，但具体赚了多少没人知道，因为想要真正地去追踪基金的业绩非常困难，即便对马里诺来说也是如此。真实的数据并不重要，反正业绩都可以随意所欲地"发明"出来。萨姆和马克斯可不想让这只基金凭着不起眼的业绩随波逐流。他们都是非常自大的人。在他们给出的故事版本中，那一年拜尤轻而易举地跑赢了市场，收益率高达33%。

"马克斯和萨姆都已经控制不了自己了，"马里诺说，"真实的数据只有33%的一半。他们本来可以做到更好。如果他们声称我们当年的收益率是12%或者15%，那么我们真正赚到的剩余的钱就可以拿来解决自身的问题。但他们没有这样做。如果某一个月他们的业绩比较好的话，他们就报告真实数据，如果某一个月他们的业绩不好，他们就报告一个编造的数据。他们说这样做是迫不得已，因为客户给他们的反馈是，对基金的表现相当满意。我于是不再把他们报出去的数字和真实数字做对比了，那让我感到恶心得想吐。"

一天傍晚，萨姆正在交易室内坐着，突然感到马克斯在盯着他看。他把目光从电脑屏幕上抬起来，看见马克斯正满面愁容地看他。萨姆知道马克斯当时正在看心理医生，因为他经常感到巨大的恐慌和无助，需要接受治疗。马克斯说他深切地同情萨姆。萨姆比马克斯小了20多岁，有两个孩子，本来他日后的路还有很长，充满各种可能。可现在，萨姆的整个未来都已经岌岌可危。

"我知道，如果拜尤一败涂地我也就完蛋了，"马克斯说，"可现在呢，你也完蛋了。"

"你说这话是什么意思？"萨姆问。

"现在你也没法再找一份工作了，"马克斯说，"你跟我一样，完蛋了。"

"完蛋个屁，"萨姆说着发起火来。"真不敢相信你竟然这么说。是你把我们搞到这步田地的。是你的那些傻逼交易让我们陷入了困境。修改数据也是你的主意。全都是你。"

"我只是说，现在你也完蛋了。"马克斯说。

萨姆简直想把马克斯痛殴一顿，不过他没有这样做。他赌气走了出去，边走边咒骂自己的命运。萨姆决定要找一个绕过马克斯的办法，一定要自己做投资决策。不管怎么说，他都不可能比马克斯更差。但想要摆脱马克斯可不是件容易的事，至少在问题解决之前。萨姆开始一个人给投资者写信。就好像是为了对心里丝丝缕缕的恐惧做出补偿一样，萨姆在信中的语气轻松愉快，一派乐观，甚至有些轻率。信中写道，市场蒸蒸日上，拜尤更是一步也不落后。到了 10 月，拜尤基金的收益率同比提高了 26.5%。

"市场上日间交易员数量激增，这一事实再也不能等闲视之了。"萨姆在给投资者的信中写道，"他们随时可以接触到完整的股票信息，因而这一群人也成了相当具有竞争力的一股力量。不过，如果市场下跌，大多数日间交易员都会承受千刀万剐之痛。与此同时，这是一个我们置身其中的世界，而对拜尤而言幸运的是，这是一个我们相当了解的世界。"

在治疗淋巴瘤的过程中，马里诺变得绝望了。他曾经严肃地考虑过要走进 FBI 的办公室，把整个骗局和盘托出，后来他又突然生出了另一个主意，并告诉了萨姆和马克斯。马里诺说，拜尤应该设计好自己赴死。通过一种特别的办法，创造出交易亏损，这样他们就可以在几个月的时间内杀死拜尤。就好像他们能凭空捏造出本来不存在的利润一样，他们也能捏造出并不存在的亏损，只要这种创造出来的亏损能够经得起基本的审视。当然是经不起严格的审视的，但这个计谋谁也不会识破。毕竟，谁会故意让自己亏钱呢？

这个计划意味着萨姆和马克斯要忍下一口气，承受认输的屈辱。萨姆就得向人承认，前推系统原来不灵。马克斯就得跟人解释，所谓"利手"策略也以失败告终。不过，萨姆和马克斯是绝不会让这只基金剖腹自尽的，尤其是在拜尤仍笼罩在伟大的光环之下的时候，虽然这种光环不过是个幻象罢了。

前一年年底，萨姆对员工说，基金的目标是规模达到 1 亿美元。拜尤如今的宣传口号是，这只基金是互联网泡沫必然破灭之后"唯一"的避风港。萨姆写道，美国社会已经被一种自以为是的傲慢态度所包围，拜尤小心谨慎的短期、低风险增量策略正是抵挡这种自大心态的一剂良方。拜尤的状况也在快速地变化，严肃的投资者越来越希望找到一只像拜尤一样能够在明显过热的市场中预知未来的基金。"我们每一个人都要准备好迎接一个盛大的发薪日，"萨姆在致拜尤员工的信中写道，"如果这次做对了，我们就能实现这个梦想。"

一时间，萨姆好像拥有了未卜先知的能力。纳斯达克在 2000 年上半年大幅跳水，而拜尤则在这一过程中大赚特赚。萨姆做空了数十只互联网公司的股票，拜尤的业绩稳定上升。如果一开始他的账目是清白的，在这次股市调整的过程中的记录就足以令人瞠目结舌；但他的账目并不清白，拜尤原本就在一个深坑里，虽然这次接连得手，但仍解决不了原本存在的问题。

随着市场不断下跌，萨姆的预测一步步变成现实，在几个月里，拜尤的规模就达到了 1 000 万美元，继而又达到了 2 000 万美元。空前的成功和以往灾难性的失败形成了巨大的反差，这让人感到头晕目眩。在突如其来的成功带来的笑容背后，萨姆正在不由自主地沉沦下去。一天晚上，在回家的途中，他因为醉驾被警察拦了下来。他的车内发现了可卡因。萨姆的嘴上功夫相当了得，总能靠此摆脱麻烦。他坚持说可卡因不是他的，成功逃过了重罪定罪。如果被定罪，基金就会处于危险之中。酒精和毒品已经成了萨姆对付焦虑、抑郁和自卑的常规武器，这是他除了间歇性自大狂妄之外的另一种状态。

✳　　✳　　✳

拜尤的情势每况愈下，但这只基金却延续了大涨特涨的态势。与此同时，萨姆的背伤也越来越严重。由于颈部难以受力，手指经常发僵并伴有刺痛感，他不得不戴上护颈。因为每天泡在药罐子里，萨姆稍受刺激就会勃然大怒，就像他的父亲一样。而当他还是个孩子的时候，他就十分厌恶父亲这一点。

萨姆的妻子珍妮丝坚持要他去找大夫。几天之后，她走进了萨姆在家里的办公室，却发现他在弯腰吸食办公桌上的一撮白色粉末，他的鼻子里插着一个 20 美元纸币卷成的吸管。一看事情败露，萨姆立刻撒谎掩饰：白色粉末并不是可卡因。她贸然闯进来让他怒不可遏。她怎么竟然会以为自己是在吸毒呢？

萨姆夫妇找到了婚姻咨询师。萨姆认为自己真诚地想要修复婚姻中的裂痕，他承认自己做过的一些事损害了他们之间的关系，但他没法说出真正让他寝食难安的那件事。他的行为举止越来越怪异，有一次，珍妮丝和孩子们回到家，发现萨姆正站在房子外面迎接他们。他浑身赤裸，脚上穿着一双牛仔靴，身上穿着他妻子的三点式内衣，头上戴着一个曲棍球头盔，鼻梁上架着一副泳镜，而且还穿着救生衣和斗篷。可珍妮丝并没有笑，这让萨姆气往上窜。他大声喝问，你到底是怎么了？你的幽默感都哪去了？！

为了挽救两人的婚姻，萨姆找到了一名精神病科医生。不过，他需要进行心理治疗这件事必须要对拜尤的投资者保密。有关他的状况出现问题的任何传言，都会让投资者争相赎回资金，这种情形在华尔街的交易员当中并不鲜见。医生给萨姆开了很多药，种类多得让人头晕，其中包括双丙戊酸钠（Depakote，治疗突发痉挛）、加巴喷丁（Neurontin，一种镇痫剂）、碳酸锂（lithium，一种抗燥狂药）、丁氨苯丙酮（Wellbutrin，一种抗抑郁症的药）、郁乐复（Zoloft，用于缓解焦虑）和左旋甲状腺素钠（Synthroid，一种激素类药物）。这些药让萨姆的言行变得更加难以预测。本来他就有些搞不清身边的状况，现在就更加糊涂了。

"心理医生太离谱了，快把我治成僵尸了。"萨姆回忆说，"这时候，我又被诊断患上了双向情感障碍。突然之间，所有人都双障了。这是一种成人版本的注意力缺失症。后来我知道，医生这行有一个肮脏的秘密。卖的药越多，他们在药厂的积分就越高。药厂送医生们去旅行，送他们礼物。整个情况就是一个骗局。制药公司跟华尔街上的交易员是一样的，他们都喜欢在背后搞定事情。唯一不同的是，他们在搞乱我的心智。不管去到什么地方，我都不停地要找到一些真实的东西，找到一些没被作假的东西。我不停地对自己说：'请给我看到一些真东西吧。'"

第6章

用谎言拯救灾难

"9·11"事件把整个美国股市推入深渊，为什么拜尤的首席财务官马里诺反而觉得他们的基金因祸得福？

萨姆在作假的路上越走越远，他欺骗和表演的天赋终于展露出来。在谎言和幻觉的控制下，拜尤一点一点膨胀起来……

6

"9·11"事件彻底改变了拜尤。除非奇迹发生，通过交易弥补亏损已经根本不切实际。恐怖袭击已经把拜尤变成了一个庞氏骗局。

2001年9月11日早晨，纽约市的天气好极了。天空万里无云，夏末的阳光依旧，带有一丝秋意的微风徐徐吹来，让热度有所缓和。开

"9·11"事件的发生令华尔街一片肃杀，纽交所一连4天都没有交易。事件发生5天后，华尔街仍随处可见世贸残迹，地铁关闭、电话不通、供电中断。

着新买的保时捷卡宴送儿子去上学的路上，萨姆感觉到了几个月来，甚至几年来从未有的惬意。这一年过得很艰难，市场起起落落，拜尤的亏损总额已达到了1 200万美元。问题依然存在，但萨姆心态乐观。马克斯终于同意永远离开拜尤，搬到了停车场对面马里诺曾经用过的一间小办公室里去。但最大的新闻是拜尤基金的规模已增至7 000万美元，这个业绩相当不可思议。萨姆既感到欢欣鼓舞，又不免心存恐惧。

这个晴好的秋日清晨似乎也预示着美好的未来。上个星期五下午，萨姆的"前推"交易系统亮得就像闪着一排红樱桃的吃角子老虎机。通常，这台计算机显示数据点会有些自相矛盾，有些表明要买进，有些则表明要卖出。但那个星期五，

计算机上的全部10盏灯都指向了同一个方向：多头。这种情况前所未有，看上去真是买入的天赐良机。自从骗局开始以来，或者说，自从目睹了格雷伯用内部信息交易以来，萨姆就一直绞尽脑汁地想找到一种迅速大赚一笔的方法。而填补亏空的压力，使得这种想法愈发迫切。现在机会终于来了。萨姆期盼的既能证明这个交易系统的有效度，同时又能解决问题的机会终于来了。

上个星期五，萨姆将拜尤95%的钱都用来做多。接下来，他利用杠杆操作增持多头，加倍下注。如果市场的实际情形和萨姆交易系统的预测相一致，那么拜尤将至少进账1 500万美元。

"我重仓做多，非常重，"萨姆说，"我买了不少科技股，像微软、摩托罗拉、美光科技，还大量买进标准普尔指数期货。周一早晨，开市前的噪音嘈杂不堪。想到自己即将大发横财，这感觉妙不可言。可紧接着，广播里说两架飞机撞上了世贸中心。等到我打算开始工作时，我发现股市已经休市了。没有任何交易，什么都没有。我的多头仓位全都没法平仓。显然，股市将跳水。而我除了等待交易重新开始，什么都做不了。"

"等到下一周股市终于重新开市时，我被洗劫一空。追加保证金的通知意味着无论亏损多少，我们都必须将持有的多头头寸变现。我们也想撑过这一两周，等市场稳定下来。但苦于资金不足，不得不在已经恐慌不已的股市中进行抛售。短短几天，拜尤就损失了3 500万美元。那几乎是基金中一半的资产。形势惨不可言，我被困住了。"

马里诺想关闭这个基金。在他看来，这次灾难未尝不是因祸得福。他想，经过这么大的乱子，正好可以掩盖掉拜尤的问题。他希望拜尤宣布巨额亏损，即便如此，也没人能公然指责他们。亏损额将包括马克斯和萨姆实际损失的1 200万美元，以及虚构的那部分业绩。拜尤可以将剩下的钱还给投资者并向他们道歉。投资者们会很恼火，但其它对冲基金遭遇了同样的下场。萨姆不同意，因为那样他至少得背上200万美元的债务。他将不得不宣布破产，大房子保不住了，他自己也会身败名裂。

111

"对一名交易员来说，你经营的对冲基金破产，那就好比是判了死刑，"马里诺说，"永远别想再干这一行了。萨姆他恳求我给他一次机会，他觉得自己有理由得到吉米·马克斯曾有过的机会，继续交易，把亏的钱赚回来。他说，亏空这么大并不是他的错。什么时候两架飞机撞上过世贸中心？什么时候证交所连续5天都关门歇业？恐怖袭击这种事完全是随机事件，没有理由归咎于他的交易系统。"

"萨姆接下来又说，如果我们向投资者报告重大亏损，那表示我们不得不承认自己破坏了基金有关限制风险的规则。我们的隔夜敞口只能占基金资产的10%至15%，这次这么大的损失我们该作何解释？报告损失和关闭基金实际是一码事。我认为萨姆说的很有道理，我同意了。我们有义务为投资者赢回损失掉的资金。"

"亲爱的拜尤成员，"萨姆2001年10月17日在给投资者的一封信中写道，"面对9月11日发生的悲剧，我们必须记住，生活仍将继续。我们的公司也要继续向前走下去，这是我们义不容辞的责任。"萨姆没有声称自己完全躲过了"9·11"造成的影响。拜尤损失了4%，拜尤基金本年度仅上涨了1.21%，他写道。鉴于当时的环境，拜尤的业绩简直是个奇迹，只不过，奇迹只存在于纸面上而已。"能以如此强势的地位结束这一年，我们感到很幸运，"萨姆写道，"我们将尝试尽可能地保持流动性，并且加强警惕，为应对灾难导致的下侧风险提供足够的保障。"

查尔斯·庞兹 美国金融史上著名的骗子，出生于意大利，以欺诈后来投资者的投资支付早期投资者的"庞氏骗局"而著称。

"9·11"事件彻底改变了拜尤。除非奇迹发生，通过交易弥补亏损已经根本不切实际。恐怖袭击已经把拜尤变成了一个庞氏骗局，当然技术上有所差别。查尔斯·庞兹虽然用"国际邮政回复票据"诱骗投资，但他从未进行过这种交易，而萨姆的拜尤由一直都在这么做。庞氏骗局的本质在于金字塔结构，而为了向赎回基金的投资者进行偿付，拜尤需要从新投资者手中借钱。当时人心

112

惶惶，举国上下都害怕再次遭到恐怖袭击，因此拜尤需要在极短的时间里弄到大量资金。

这次灾难性的损失变成了萨姆发现自己天才的机会。多年来，他已洞悉人性，不愉快的童年赋予了他非比寻常的情商，虽然他并不总是把这一点表现出来。通常，出身卑微的骗子需要多年时间来学习如何着装打扮和举手投足，学得像个有钱人，而萨姆是衔着金汤匙长大的。他和富家女约会，和富家子玩橄榄球，在富人聚居的韦斯特切斯特县的时髦派对上抽大麻，然后喝得醉醺醺地开车回家；他深知那貌似幸福美满的家庭背后隐藏着什么样的真相，了解他们的不安和焦虑；他可以轻松自如地游走在他们之间，因为他也是其中的一员。吹牛拍马、自我嘲讽还有诙谐幽默的自我吹捧，完全不需要他刻意而为。萨姆的伶牙俐齿令人叹服，他能用成百上千种方式传递最令人安慰的信息：我们是同类人，我们是朋友，我们可以互相信任。他知道他们想要什么，因为那也是他想得到的；他也了解自己，知道什么是自己虚构的。

"每次有投资者走进来的时候，我首先想知道的是他对市场了解多少，"萨姆回忆道，"在他们面试我之前，我会先面试他们。我让他们谈论自己。我会提各种问题引导他们，没有比谈论自己更让人喜爱的事了。如果他们开始谈论自己，就不会谈论我的事情。接下来我就会说，我可以跟他们讲一个精彩的故事，告诉他们我的交易系统有多么的神奇。我可以跟他们说我毕生的工作，但首先我需要知道他们是否能看懂交易图表。在一些投资者面前，我表现得谦恭有礼，但通常我会表现得很强势。拜尤的地位本身就非常强势，极具说服力。而我从小又在花旗集团前董事长桑迪·韦尔和哥伦比亚广播公司前首席执行官拉里·蒂施这样的富豪们身边长大，知道如何镇住他们，怎样从他们那里得到自己想要的东西。但是我也清楚，家族财富并非理想的资金来源。那些富家子弟们有大把的时间来骚扰你，他们希望直接参与基金管理，因为那样很酷；他们的钱是爸妈给的，这些爸妈多半非富即贵，他们的祖辈是乘着'五月花号'来到美国的。他们希望让父母感到骄傲，所以会横加干涉。这样的资金并不稳定，富家子弟的反复无常是出了名的。"

"我喜欢有市场经验的人，他们知道交易是怎么回事，只是没有时间亲力亲为。最好的资金来源是那些投资像拜尤这种小型基金的大型基金公司，也就是所谓的'基金的基金'。小型基金跟这类大型基金公司的投资者没有直接的关系，只跟'基金的基金'的管理者保持联系。这样我就不必焦头烂额地去应付40个不同的人。这些基金可能一下子投入大量资金。我也不想要那些不该投过来的钱，从一开始，我就不想让任何人的生活因为我的成败而被改变。我不想要大学基金。还有一点，投到我这里的必须是可自由支配的资金。一开始的最低投资限额是10万美元，然后我们增至25万美元，接着是50万美元。"

在拜尤船库初次会面后，萨姆会邀请投资人上楼，"去看看我们工作的地方"。二楼有一间豪华办公室，这里是萨姆的领地。办公室经过精心布置，散发着男孩子气的古怪气息。四周陈列着各种纪念品：一艘古董赛艇和数个球星签名的橄榄球，因为萨姆家族曾部分拥有新奥尔良圣徒队；最显著的位置留给了一个旧头盔，那是一个"二战"时期的美国士兵头盔，激发了萨姆祖父以及同样使用这个名字的人的英雄气概。此外，这里还有你能想象到的最新的装备和高科技的玩意儿。这间办公室可不是谁想进就能进来的，有点像大学里的兄弟会，这也是宣传说辞的一部分。

想成为拜尤的投资者，必须填写几份表格，声称自己是一名"经验丰富的投资者"，这绝大多数时候是一种与真相背道而驰的自我吹嘘。长岛海湾的景色美丽壮观。像格雷伯一样，萨姆喜欢在向他的经纪助理高喊订单时大声播放音乐，保罗·西蒙的《泡沫中的男孩》(*The Boy in the Bubble*) 是他的最爱。他高喊狂叫的模样特别像神经错乱时的巴顿将军。交易繁忙时，萨姆会让四名助手忙得团团转，而他则以令人应接不暇的速度买卖股票。墙上挂着16台可以通过开关操作的计算机显示器，显示着他跟进的不同股票和行业的大量数据，包括石油、天然气、汽车和期货。萨姆是一个喜欢找乐子的人，当有火箭要进入太空时，他会将一个显示器留给美国国家航空航天局发射基地的现场直播。

有一个特定屏幕是萨姆时时关注的，那就是"前推"交易系统。他告诉投资人，他通过像 1/4 点或 1/8 点这样的股市小幅变化赚钱，就像菲尔·拉特纳在黄金时期做的那样。每天上午，他将数百万美元投入股市；到了晚上他就出清头寸，收回现金。

人们认为，萨姆的交易程序赋予了他预测未来的能力，并不是长期的未来，而是一个"跳动点"时间内的未来。按萨姆的说法，"前推"交易系统 86% 的时间预测精准。计算机也不是万无一失的，他知道那种认为计算机绝对可靠的想法很荒谬，但在华尔街，86% 的成功率简直不可思议。这个精确的数字，这个萨姆"妙手偶得"的统计数据似乎赋予了计算机上帝般的力量。

萨姆现在向投资者许诺绝对回报，他并不需要借助相关指标来证明他基金的价值。给拜尤成员的信写得越来越长，里边会出现宏观经济趋势这种技术型交易员通常并不关注的内容。基于个人感觉和经验，萨姆对未来 10 年的经济前景持怀疑态度，他的欺诈伎俩如此轻易就能得手，这让萨姆相信美国正处在泡沫之中。他一直认为，市场已经被扭曲了。他自己就是这隐匿真相的活生生的证据。

在给投资者的一封信上，萨姆将标题写为"皇帝的新衣"。这封长达 4 页的信对未来几年的总体趋势进行了预测。萨姆写道，股市总市值高于国内生产总值的价值，这种不平衡状况已远远超过了 1929 年股市暴跌前衰退时的情形。**股票的市盈率大大偏离正常，房地产行业充满了泡沫，政府债务和个人债务水平皆不可持续，另外还有严重的能源问题。**一场世界范围的衰退已现出端倪。

和华尔街上为数不多的聪明绝顶者一样，萨姆看到末日已近在咫尺，但要将这种认识变成金钱却是难上加难。萨姆一边买卖着各种股票，阿里巴公司、百事公司、维格耐特公司，一边努力琢磨如何运用他的洞察力拯救拜尤。美国即将陷落，萨姆要做的，就是想出一个办法趁机大捞一笔。

✳   ✳   ✳

与此同时，马克斯在停车场对面的那个小办公室里埋头苦干，看着漂亮的船库日进斗金。他依然拥有半个拜尤，也想凭借自己拥有的权益分一杯羹。他提了一个建议给萨姆。马克斯没有直接威胁要揭露萨姆，但大家心知肚明：想着我点儿，不然……

马克斯对基金的所有权用行业术语来说就是"附带权益"。在谈判伊始，马克斯就说他可以"只"拿拜尤 20% 的资金作为报酬，将实际的股东权益降了大半，以此展现自己的善意。从他在拜尤的失败过程中发挥的作用来看，这似乎是谦逊的退让之举。"但什么方法才能准确评估我在拜尤的附带权益呢？"马克斯问，"这取决于你跟谁谈，或者你想说明什么观点，拜尤的 20% 对某些人来说价值不菲，对某些人来说又可能一文不名。我们可能皆大欢喜，也可能两败俱伤，这都取决于从今往后有关问题怎么来解决。"

370 万美元是马克斯开的最低价。萨姆先是拒绝，但随后就妥协了。说到底，他别无选择。作为协议的一部分，萨姆还将拜尤资金中的 360 万美元投到马克斯推销的一个名为 KFX 的清洁煤炭公司中。KFX 的股票长期来一直表现疲软，该公司声称他们生产的清洁煤炭具有商业可行性，但市场对这一点颇为怀疑。马克斯当时在 KFX 公司担任顾问，让拜尤购买这只股票可以使他双向盈利。而萨姆纯粹是为了摆脱马克斯。

岁末将近，拜尤管理的资产逼近 8 000 万美元。骗局进行得如此顺利让马里诺心烦意乱。如果基金增至 5 亿美元该怎么办？10 亿呢？马里诺得出结论，拜尤并不仅仅是个骗局，还是一个天才的商业模型。通过股票经纪人支付给对冲基金的佣金回扣，拜尤基金在支付工资和开销后可以合法获得 9% 的年回报率。如果萨姆作为交易员每个月能赚上 1%，基金就能报告 21% 的年回报率；只要投资者不同时赎回，拜尤就能有足够的现金流，无期限地维持下去。马里诺相信，唯一能扼杀基金的，就是拜尤的成员突然同时决定撤资，但这种事情发生的可能性微乎其微。在如此令人惊叹的业绩数据面前，他们有什么理由这样做呢？

这就是拜尤的会计打的如意算盘。吊诡的是，骗局越大，销售反而越容易。萨姆唯一要推销的就是他有关技术型交易的那一套理论。他对潜在成员说，价值投资已经过时了，未来属于那些关注股价小幅波动的短期交易员。从某种意义上来说，拜尤正在变成一个小型美联储。马里诺想出的会计花招为基金打造了一个印钞机，通过返还佣金和虚构回报印刷钞票。同美联储一样，这个系统运转良好，前提是没有人掀开帘幕一探背后的究竟。

拜尤的船库已经成为 20 世纪 30 年代行骗专家所谓的"大商店"，那里的一切看上去都像是一个合法的交易大厅。办公场所颇具艺术气息，布置得如电影场景般精致，像《骗中骗》里的投注站一样，令人印象极佳。唯一不同的是，在电影里，参与其中的人知道那是个玩笑，而拜尤的雇员没人知道这是个骗局，没人知道他们只是一出精心炮制的骗局中的小角色。这一切都让拜尤员工的表现更加令人信服：他们并不是在演戏。

随着基金的成长，萨姆对投资者的态度也起了变化。他不再和蔼可亲，而变得态度冷漠。萨姆会简单问候在场的潜在投资者，之后便对他们视若无睹。大家都理解，他是一个重要的人，一个忙人，无暇闲聊。萨姆让大家都知道，他不交易的时候就是拜尤没有赚钱的时候，如果他不交易就是损害拜尤现有投资者的利益。可是有时他会在上午突然宣布他已经完成了当天的交易，而原因则一如既往地不可思议。萨姆会说，他的数据显示现在市场活动不够正常，或者他的计算机预测到现在是大量交易发生之前的寂静，又或者他感到市场将弱势盘整。他的行为让人摸不着头脑，但这正是他的用意所在。

"别理会幕后的人，"萨姆会在拜尤的投资者离开办公室后对马里诺小声嘟哝。

"我们有说有笑，"萨姆回忆道，"你必须在这件事上保持幽默感，你必须要表现出自己人性化的一面。"

马里诺的想法却正相反。"他笑的时候我就会跟着笑，他难过的时候我也会表现得很伤心，这是我的小手腕。但这一切都是为了让他全心全意扑在业务上，解决问题。我对萨姆印象不坏，他聪明，潜力无限。我希望看到拜尤成事儿，它是我发家致富的手段。萨姆本来就出身于巨富之家，我必须和他保持良好关系，不然最终会一无所有。除了这里之外我别无去处。"

2001年底，根据里士满 - 费尔菲尔德事务所做的审计，拜尤公司拥有85 354 183美元的净资产。这包括了拜尤在清算所的1 070万现金存款，以及1 000万美元的有价证券，包括标普存托凭证、德州仪器和美国国家半导体公司。"经纪人往来"的总额为64 499 627美元，从这个数据可以看出这个骗局的规模如何在转瞬之间急剧膨胀。

这些资金中有将近700万美元是萨姆的，这是马里诺虚构的一个数字，好让大家以为"带头大哥"也在用大量的自有资金进行冒险投资。行业公认，将大量自有资金投入自己基金中的对冲基金经理，在财务诚信方面似乎更有保障。毕竟，谁会让自己亏钱呢？

对行家而言，不难看出拜尤伪造结果的蛛丝马迹。根据在清算所斯皮尔·利兹·凯洛格公司的记录，拜尤实际上在2001年亏损了1 750万美元。SLK收到了拜尤经审计的业绩报告，因此，如果他们稍稍费心去看看那些数字，他们本应该能发现公司的实际亏损和那份荒谬的业绩报告并不相符，但马里诺赌准了他们不会。SLK关心什么？SLK及其母公司高盛通过为萨姆的交易提供清算服务获得的数百万美元的进账，这才是他们所关心的。监管机构所表现出的监管不力也同样令人匪夷所思。作为年底尽职调查的一部分，全国证券交易商协会（National Association of Securities Dealers，以下简称 NASD）曾审查过拜尤。他们发现了一系列违反规定的做法，但都是些细枝末节的小事，比如没有及时跟进继续教育，或是没有以适当方式保存客户交易确认书的副本等。唯一发现的财务方面的不当是关于拜尤证券的净资产报表的。NASD 发现拜尤将经纪自营商的资本少报了 4 730 美元。"这一差异并非重大事项，"NASD 在一封信函中写道。

拜尤巧妙地将监管机构的诫勉之词转变为营销卖点，它将 NASD 的信函融入其推销辞令之中。NASD 逮到的这些微不足道的不端行为说明，这个公司曾接受了非常细致的审查，尤其是和那些没有经纪自营机构的对冲基金相比。

＊　　　＊　　　＊

月复一月，萨姆开始相信他自己说的谎话，至少是部分地相信了。他知道拜尤负债累累，但拜尤的雇员对他深信不疑，投资人对他深信不疑，他又有什么理由不相信自己呢？他们也有很多非常好的时候。萨姆是一名优秀的交易员，经常能超常发挥。

在拜尤挣钱的时候，萨姆并不觉得自己是个冒牌货。"前推"交易系统确实可行，萨姆知道，特别是当他足够自律并且遵循指令的时候。那时亏空的窟窿日渐缩小，回归正途貌似不再渺茫。萨姆正在他船库的交易室中实现儿时的梦想。

"我就是大宗师，"萨姆回忆道，"我挣到了钱。空手套白狼。我把他人的感觉转变成现实。我每天都在这样做。我能营造出对某只股票的印象，将这种认知传播出去，然后将它变成现实。实现的方法多种多样，比如交易量。华尔街上很多所谓的预言家都是以股票交易量为基础设计自己的计算机程序，计算机告诉他们买卖的时机。所以我会买进某一只股票，如英特尔公司或阿彻丹尼尔斯米德兰公司，制造出一种该公司将有什么动作的假象。"

"一旦我在市场上营造出某种印象，我会打电话给一个媒体界的联系人，告诉他貌似有一种新型芯片将要问世，这种芯片很厉害，或者阿彻丹尼尔斯米德兰公司将有新的杀虫剂上市。我会打电话给美国全国广播公司财经频道的鲍勃·皮萨尼或者丹·多尔夫曼。电视人会将这个消息作为坊间流言传播出去。我从未要求主持人在电视上谈论我的消息，这是他们自己的选择。但这看上去像是我帮了他们的忙，让他们显得机智过人并且知悉内情。"

"我做过上千次这种事情。我制造出来的传言有好有坏，任君选择。我总是非常小心，确保我的谎言中有那么点真实的成分。传言也要看起来可信才行。"

"每天我都在创造历史。我会选择像麦当劳或者新泰莱鞋业这样的公司，然后在某一天控制这只股票。我的一举一动影响深远。我会影响公司雇员，养老基金，还有股东。我可以在一天内拉低可口可乐公司的股价，然后是百威英博公司，接下来是好时公司。我会让人们觉得这家公司有什么不对劲。现实有 90% 是认知造就的，而我只是这样做的小人物之一。这感觉棒极了。我不像有些交易员那样，人云亦云。但这样做有个致命缺点，我什么都没创造，除了金钱。我没法指着一栋房子告诉他这是我造出来的，我创造出来的只不过是幻觉。"

第 **7** 章

骑虎难下的拜尤

支撑骗局的压力使萨姆身心俱疲，滥用药物更是让他生不如死。2亿美元的新资金注入无法阻止拜尤的亏空进一步扩大，这时，有人向他推荐了一个能获得100%收益率的交易系统，价值500万美元。是陷阱还是救命稻草，萨姆该如何抉择？

7

我是华尔街上最卑劣的人。从踏上华尔街的第一天起，我就学会了欺骗。华尔街就是建立在欺骗的基石之上的。（本书主人公萨姆）

萨姆并不是一个成功的对冲基金经理，但他知道怎么才能装得像是一个成功的经理。对他而言，这就是一个角色，而他天生就适合这个角色。以事后之明观之，伯纳德·麦道夫相比之下不过是一个道行粗浅的骗子，行事诡秘、躲躲藏藏，阴险都写在脸上。但萨姆不是这样。萨姆从不搞阴谋，从不要求别人保密。他不会跟人咬耳朵，也不会旁敲侧击。萨姆·伊斯雷尔是一本打开的书。在行为处事上，他就是他自己，一个越来越故作夸张，越来越难以预测的人。他行事乖张，但不矫揉造作，是一个处于半疯狂状态的人。他不把自己当回事，也不把别人或别的任何事当回事。他在穿着方面很随意，经常穿着大短裤或宽松的运动裤就上班了。他开会常迟到。他会因无聊而坐立不安，然后大步冲出房间，一句解释也没有。他不是一个衣冠楚楚、正襟危坐的银行家式的人物，相反，

伯纳德·麦道夫　前纳斯达克主席，其操作的"庞氏骗局"诈骗金额超过600亿美元。于2009年被判处150年监禁。跟萨姆相比，他只是一个把欺诈都写在脸上的阴险小人。

萨姆会想方设法引人发笑，用嬉闹的把戏来打破沉默，或是分散他人的

注意力。没有人不喜欢萨姆，他的笑容，他眼中的光芒，他不可思议的赚钱的能力都让人无法拒绝。他对于自己所做的这些撒谎和欺诈的事，有一个特殊的称谓，这个称谓是他用来描述自己这一类人的，他们既痛恨自己，又无比傲慢。

"我称之为'卑鄙之行'，"萨姆说，"我是华尔街上最卑劣的人。从踏上华尔街的第一天起，我就学会了欺骗。你只能这么玩这个游戏，或者完全不碰这一行。华尔街就是建立在欺骗的基石之上的。这里什么都没有，除了欺骗。这就是华尔街，纯粹得一点杂质都没有的卑鄙之行。"

虽然他这种虚假的自我意识让人觉得很讽刺，但如此恶劣的行径，是会产生真实的后果的。那几年，萨姆因为背痛和颈痛动了几次手术，备受折磨，常常一连几天不露面，谁也联系不到他。可就连这种事情，也成了别人把他视为一个饱受折磨的天才的又一个理由。马里诺以及拜尤的其他人看着他日复一日的古怪行为，意识到想要跟上萨姆的节奏不但让人筋疲力竭，而且常常无所适从。

不过，就对冲基金经理这个行当而言，萨姆的所作所为也不算太出格，这么说是有些奇怪，但事实就是如此。这个行当里的人既有疯子，也有自大狂，还有天才的白痴。他这样不修边幅的样子和傻里傻气的态度在这群人里并不是最典型的。跟那几千个正运营着相当成功的对冲基金的经理人（整个行业里成功的对冲基金经理人也就这么多）一样，萨姆属于那极小的一部分掌握了赚钱秘法的人。吊诡的是，萨姆的行为越怪异，他的名气也就越大。他有时候会突然中止交易，去长岛海湾钓鱼。他前一秒还与人热情寒暄，下一秒就一个人独处不与任何人交往，一会儿情不自禁地笑出声，一会儿又忧愁沮丧一副抑郁的样子，一会儿是个疯子，一会儿是个自大狂。

"我不喜欢跟人交往，"萨姆说，"当我跟一帮人在一起的时候，我不知道自己什么时候会突然离开。珍妮丝经常叫人来家里玩儿，我都会走到一边去。我会很有礼貌，给他们做晚饭，然后我就去楼下打电话，或者出去走走，抽几口大麻烟。别人总想跟我聊天，聊钱，聊股市。有一个叫约翰的人，是珍妮丝的朋友。一天晚上吃完饭，约翰问我他买的那些科技股该怎么处理。我说，全卖掉。卖掉，卖掉，卖掉。后来科技股泡沫破灭了，他向我抱怨时运不济。我对他说，我告诉你卖的时候你就应该卖掉啊。可他说他没卖，因为一时起了贪念。我说：'如果你不准备听我的，就别他妈的征求我的意见。'因为这个我跟珍妮丝闹了不少矛盾。"

萨姆年轻的时候，曾经深深地为"国王"弗雷迪·格雷伯所折服。在之后的年月里，格雷伯度过了非常艰难的日子。离婚、破产，现在他60多岁了，酒喝得非常给出厉害。如今的格雷伯已经沦落到给老朋友打电话借钱的地步。有一天一起吃午饭的时候，格雷伯说他要做一个手术，需要4 000美元做医学检查。这笔钱数目虽然不算少，但也没有大到让萨姆拒绝。很明显，格雷伯是在说谎。这些钱根本不是用来看病的，而且永远也不可能还给他。

格雷伯身上的衣服很紧，小了差不多两号。当年呼风唤雨的国王身边曾聚集过不少崇拜者，可现在他却得靠那些人的施舍来生活。格雷伯的沉沦让萨姆非常痛心，但他并没有从格雷伯的不幸，即过分地沉迷于自己的幻觉最终身败名裂中吸取教训。在格雷伯看来，这个世界不过是一艘载满了傻瓜的船，萨姆也是这样看的。但他既没有看到他们之间的相似，也没有看到这其中的危险。

新的投资者不断地来到船库跟萨姆见面。基金的规模越来越大，他见的人的层级也越来越高。由于市场陷入停滞，那些实行"买入并持有"策略的基金都惨遭打击，"交易员"这一概念的内涵也已经发生了变化。对老派的人物比如伊斯雷尔的前老板库珀曼来说，做一个交易员意味着要了解公司的基本价值。而对萨姆来说，这家公司做的是什么根本无关紧要，真正重要的，是下一秒这家公司的股价是上升还是下降。轩尼诗集团曾问库珀曼怎么看伊斯雷尔这个人，这是他们在考虑投资拜尤之前所做的尽职调查的一部分，此时他们被告知，他不知道如何选股，但从了解如何买卖股票这个意义上来说，是一个好的"交易员"。在股市人物里，没有人比超级明星库珀曼更有权威了。轩尼诗集团开始向客户推荐拜尤，对拜尤而言，这是又一次意义重大的变革。

*　　　*　　　*

为了筹集更多资金，萨姆飞到了加利福尼亚。在洛杉矶，他见到了杰夫·辛格（Jeff Singer），后者为他的高净值投资者管理着 3 亿美元的资产。辛格在 80 年代就认得萨姆，当时萨姆还在格雷伯的办公室里见习。在辛格看来，那时候萨姆就在一个法力无边的小圈子里。现在，萨姆的对冲基金看起来非常不错。辛格想要找的是一种"低 β 高 α"的策略，β 衡量的是投资组合相对市场的风险，α 指的是基金经理的策略带来的附加值。萨姆的说辞非常合辛格的心思，他对市场的分析也获得了辛格的认同。辛格把客户的钱拿出了 100 万美元投到拜尤。

萨姆后来又回到洛杉矶和辛格的一群投资者见面，其中有一名汽车经销商，一名牛仔服分销商，一名牙医，还有出演了《老友记》（Friends）的马特·勒布朗派出的一名代表，萨姆建议他和辛格带着各自的妻子去墨西哥的圣卢卡斯角度假，顺便商量一下辛格全职加入拜尤的事。

"萨姆知道怎么逗我笑。"辛格回忆说，"他知道怎么能让我着迷。他对市场也非常了解。他年轻的时候曾数次破产，也学到了教训。他还有自己的一套理论，他把这些理论称作'萨姆主义'。比如他说，我不会告诉市场该怎么做，市场会告诉我该怎么做。他说他的目标是每月 1% 的回报率，或者是 2%，这样算起来每年就是 15% 的回报率。他的故事棒极了。我全信了。"

在辛格来之前，拜尤从未有过一个那么高效的专职资金筹集员。辛格加入之后，给萨姆的业务开拓了另一个维度。接下来的 3 年里，辛格每月至少筹到 100 万美元，很多时候还要多得多，最多的一个月筹了 2 000

125

万美元。他是拜尤筹钱最多的人，计逾2亿美元。这份工作对辛格来讲相当轻松，在他安排萨姆与投资者见面的这段时间里，拜尤的业绩非常亮眼。

"我在宣传自己的时候总是说我是个安全第一的人，"萨姆说，"对那些比较天真的投资者，我会给他们解释什么是空头交易。我告诉他们说，大多数对冲基金都不是什么对冲基金，他们跟我们不一样，他们不会做对冲交易。我告诉他们，不要相信他们的经纪人。华尔街是他们的敌人，经纪人并不会提供有价值的研究。经纪人和投资银行家都是我们的竞争对手，他们囤积股票。高盛会让他们的客户去买进那些他们认为股价即将下跌的股票，并赶在自己的客户前面交易。这就是为什么我们有自己内部的经纪自营机构。你不能信任华尔街，但可以信任拜尤。我们是一起的，共同对抗这个世界。"

随着拜尤的业务日渐兴盛，萨姆也不再沉迷于华尔街成功者所醉心的那些放纵挥霍的享乐了，比如汉普顿的海滩大宅、私人喷气式飞机和艺术品收藏。萨姆喜欢的奢侈品并不是那些触手可及的东西。从十几岁的时候起，萨姆就喜欢南方的摇滚乐，他喜欢的乐队包括林纳德·斯金纳德、马歇尔·塔克和阿尔曼兄弟。有人把阿尔曼兄弟乐队的鼓手布奇·特拉克斯介绍给他，萨姆简直喜出望外。

"当时布奇正想筹钱成立一家唱片公司，"萨姆回忆说，"一个共同的朋友介绍我们认识。我们在一个牛排店见面吃午餐。按原计划这次见面只谈1个小时，但我们从下午1点一直谈到凌晨1点。我们根本停不下来，一直说，就好像失散多年的亲兄弟一样。布奇送给我一套鼓，那是我拥有的第一套真正的好鼓。从那时候起，我一有空就练习打鼓。对我来说，这是放松的一种方式。夜里很晚的时候，我会在我家的地下室里玩上几个小时。打那以后，布奇就会给我安排纽约灯塔剧院的后台票，随便什么时候要都有。我经常和阿尔曼兄弟乐队一起演奏。我和B.B.金一起演奏过，和内维尔兄弟还有约翰博士也一起演奏过。每次阿尔曼兄弟乐队来这边演出，我都跟他们一起在台上演奏。"

特拉克斯当时正在推广一项名为"莫古斯"的业务。所谓莫古斯，是他蹒跚学步的儿子发"music"（音乐）这个词时发出的声音。他本来想建立一个虚拟的在线布鲁斯俱乐部，这样粉丝们就可以在全国通过网络观看他们在不同俱乐部里的表演。萨姆从拜尤拿出了 15 万美元作为前期投资，后来又继续投入了 79 万。这项业务或许有一定的意义，但这个项目就从来没有真正发展成为一个赚钱的生意。

有关萨姆获得成功的消息沿着巴卡特路传到了哈里森镇和其他地方，所有人都羡慕他。朋友、邻居和素昧平生的陌生人都来敲伊斯雷尔家的房门，向他寻求投资建议。"人们开始拿着一袋子一袋子的现金来找我，"萨姆说，"袋子里有时候装 5 000 元现金，有时候装 1 万。他们想让我帮他们交易。他们说，他们的儿子需要一辆新车，希望我把这些钱变成 2 万元，他们还想让我帮他们解决孩子上大学的钱。这一切简直让人难以置信，太他妈难以置信了。我成了赚钱天才了。"

但萨姆的婚姻已经陷入了麻烦。他诡异的行为和对违禁药品的痴迷让他的妻子不堪忍受。让萨姆感到惊愕的是，珍妮丝加入了一个女性支持小组。萨姆认为，这个小组不过是一帮女人聚在一起数落各自的丈夫怎么怎么不好，而这只能让婚姻关系进一步恶化，但珍妮丝坚持要参加。在精神病医生的建议下，同时也是为了反击珍妮丝，萨姆参加了一个男性支持小组，每周一晚聚会。这些人的状况都跟萨姆差不多，都是富有的商人、外科医生、风险投资家或穿着白色皮鞋的律师。

* * *

"组里的这些人都很聪明，"萨姆回忆道，"我算是有钱的了，可是组里有一些人才是真正的有钱人，身家超过 1.5 亿美元。这些人在赚钱方面很有天赋，但也麻烦最大。有一个名叫杰克的医生，他给自己开方子，让自己在周末服用一些乱七八糟的东西，比如安定或是液体海洛因什么的。他的家族很有钱。每次在他的住处聚会时，我们都会在他的篮球场上打球。比赛有时相当激烈，有人用手肘撞人，有人大喊大叫。不过总的来说，那无非是一群中年白人男性释放愤懑之情的游戏罢了。"

"这个小组并不奉行精英主义。晚餐我们会叫比萨饼外卖。有些人或许认为自己与众不同，但小组里的人会把他的这种自我感觉抹杀殆尽。我喜欢这种氛围，一群男人互相敞开心扉。你知道男人通常都不会这样干的，他们不想表现出脆弱的一面，也不愿意在别的男人面前痛哭流涕。当然，我不能说出困扰我的真正原因。不过我可以说我的背痛，还有吃那些止痛药给我带来的巨大恐惧感。我跟他们说我在工作上很不顺心，员工不听话。那时候拜尤大概有十几名雇员。一个互联网公司的家伙，他手下有100多人，在管理上给我提了些建议。他不知道该怎么花自己赚来的10亿美金，他做梦也没有想过自己会有这么多钱。每次他公司的股价上升100个点，他就会做一些蠢事，比如喝上一瓶伏特加，然后砸毁一辆汽车，当然这也没什么大不了的，他会把那辆车丢在那儿，然后再买一辆新的。"

"这些人在美国都属于大权在握的人物。在别人的眼里，他们都正在实现自己的美国梦。但也正是这些人，常常在一起讨论他们怎么打老婆，怎么因为在某个酒店跟妓女鬼混连续两周不回家，结果两人大打出手。大多数人都已经离婚或者是分居了。一个金黄色头发的家伙，大概有30岁吧，是个交易员，每天晚上都会回到妻子身边，扎上一针海洛因，早上收拾停当仍然去工作。凭着我自己的经验，我知道有很多酒鬼和瘾君子都还能担当社会职能，他们会去工作，安分守法，但同时他们的脑子也真的是一团糟了。"

"可是我呢，无论吃多少药，背痛总也好不了，最后我的大脑还因此而受了损伤。可我不让任何人分担我的心事。我不可能跟他们说，我正在犯罪，而且是重罪。这会让我的声誉毁于一旦，我的生活也会毁掉。这事儿能跟谁说呢？"

萨姆心理上的焦虑也开始在身体上显现出来。秋天的时候，他的神经科医生给他的脊柱里注射显影剂时发现，有一个间盘严重突出。躺在病床上的萨姆偶尔还能在家里进行交易，或打电话到办公室发出指令，但他在拜尤的控制力已经每况愈下了。为了能让骗局继续下去，他还得假装自己正在一步步达成想要的结果，但他越来越缺乏说服力了。后来，丹·马里诺告诉他，有一个计算机交易系统能够每年获得 100% 的收益率。马里诺说，他亲眼看到过这个系统，而且非常简单明了，可以说万无一失。

本来萨姆应该是第一个出来质疑这种说法的人，但此时的他已经不顾一切，拼命要抓住一根救命稻草。马里诺去了洛杉矶，跟运作这个系统的交易员见面。巴兹尔（Basil，他只给出了他的名字，没透露自己的姓氏）是一个来自伊朗的流亡者，马里诺询问这个程序的原理时，他拒绝解释。即便如此，马里诺还是把 500 万美元打到了巴兹尔的账户里，让他做交易。几周之内，巴兹尔亏了 410 万美元。这样一来，拜尤的亏空就更大了。

萨姆知道，如果想要重新掌控自己的生活，必须迅速地停用任何药物。他住进了希尔顿酒店，把这里当作自己的戒毒室。第二天去接受婚姻咨询的时候，珍妮丝注意到了萨姆的身体状况。一下子停用所有药物让他连话都说不清楚了。咨询结束后，珍妮丝跟着他到了酒店，苦口婆心地劝他寻求医生的帮助。萨姆的医生说，如果突然间停用所有药物，可能引发心脏病。萨姆一时间进退维谷：药物让他发疯，但没有这些药物会让他生不如死。他感觉脚下有一个大洞在朝他张开大嘴，似乎要把他吸入无底深渊。他一睁眼就能看见这个大洞，别人谁也看不到。

"我的心里有一个黑洞，"萨姆说，"我每天都生活在这个洞里。我有 1 亿美元的钱可以交易，我告诉别人我跑赢了市场。我可以一直交易一直交易，然后一切就都会好的。我会赚上一些钱，比如 3%。但我仍然还缺 700 万块，我必须拿出我承诺的 10% 的收益。大多数时候，真正

129

的亏损并没有那么多，但真实的资金和虚构的业绩之间的差异让我痛苦万分。虽然我是在赚钱，但赚到的数量还远远不够。我无时无刻不为此倍感煎熬。这压力压在我的肩上，我的心上，我的思想上。我只觉得自己陷入了无边的黑暗。"

第8章

特朗普庄园

　　将基金一分为四，就能吸引更多资金？选择周五下午将财务报表寄到审计机构，就能轻松过关？高盛花费 65 亿美元收购的清算所，再度被萨姆玩弄于鼓掌之中……

　　萨姆搬到了一栋极致奢华的庄园，在里面纵情享乐。然而，他已经三次被抬入急救室了。

8

　　若要让一个骗局维持下去，你所需要的东西只有一种，那就是现金流。如果萨姆和马里诺已经熟知如何维持他们的基金骗局，那别人有什么理由不知道呢？

2003 年 1 月，萨姆进行了背部手术。这项手术危险性极高，可能威胁到生命。先要给他的腰椎减压，在椎骨打上螺丝；休养一周之后再将他翻转过来，接受修复受损神经的手术；紧接着是第三次手术，取出碎骨片，这次是通过萨姆的胸腔对手术区域进行处理。一想到萨姆可能会死，马里诺就感到焦虑不安。不过在萨姆看来，死亡倒是从这种折磨中解脱出来的一条途径。

　　拜尤前一年的业绩简直就是一场灾难，基金又亏了 2 770 万美元。这已经不是第一次了，但马里诺制作的审计报告却完全是另一幅图景。里士满 - 费尔菲尔德事务所称，拜尤的资产已经接近 1.5 亿美元，这只基金吸引了 5 500 万美元的新投资。财务报表中"经纪人往来"一项已经暴涨至 103 923 506 美元。

　　然而同以往一样，没有人问这个数字背后隐藏着什么，也没有人问"经纪人往来"到底是什么意思。

　　马里诺的"计划"进行得很好，在他看来，如今的拜尤已经是一个有能力持续发展的企业。关键的关键在于现金。传统的庞氏骗局总是借新债还旧债，但对拜尤来说，他们无须向"旧的"投资者还钱。2002 年被赎回的基金只有 1 100 万美元，而且还都不是因为对拜尤的业绩感到不满。把钱放在拜尤，看着钱随着每季度净资产价值报告的出炉而增值，投资者感到非常满意。

马里诺发掘出的，其实是现代金融一个埋藏最深、让人不寒而栗的真相：若要让一个骗局维持下去，你所需要的东西只有一种，那就是现金流。对马里诺而言，似乎整个体系就跟拜尤的情形差不多。这其中的隐含意味令人难以置信。如果萨姆和马里诺已经熟知如何维持他们的基金骗局，那别人有什么理由不知道呢？还有多少只基金在干同样的事，几十只？几百只？还是几千只？

马里诺相信，这种诈骗伎俩所涉及的资金规模可能正以几何级数的方式扩大。只要拜尤有足够的现金，有能力在交易方面保持表面上的一派繁荣景象，这种账面花招就是一个很好的业务模式。按照马里诺的算计，一旦拜尤的资本基础达到 3 亿美元，拜尤每年就可以合法地获得逾 2 000 万美元的利润，这还是在提取 20% 的所谓盈利奖励之前，如果算上这 20%，那又多了几百万美元。马里诺的算法实际上没有什么道理，但这个金融体系也同样没有什么道理可言。

萨姆的背伤逐渐康复，在此期间，马里诺趁着交易活动不多的时候对基金进行了重组。按照金融法，拜尤所能拥有的投资者的最大数目是 99 人。但就像跟对冲基金有关的大多数事情一样，绕过这条法律也是非常轻而易举的事。拜尤需要做的，就是再设立另外一只基金。新基金可以采取与拜尤完全相同的交易模式，使用同一批人员和同一间办公室；它也可以跟之前的拜尤一样，不受监管，神秘莫测。

为了增加吸引到的资金数量，马里诺决定把拜尤分割成 4 只不同的基金。谁要想发现其中的阴谋，就得把 4 只基金放到一起来比对才行。这使得整个骗局更加神不知鬼不觉。但是，不管做出任何改变，其中都存在着风险。最让马里诺担心的是，如何向清算机构 SLK 提供支持文件。过去，SLK 的作风非常懒散，但近期该公司被高盛以 65 亿美元收购，萨姆和马里诺都担心他们会采用更高的调查标准。不过，他们根本就不需要紧张。当拜尤开立新账户时，SLK 要求提供以前提供给投资者的发行文件。这么干无疑是一种自杀行为，拜尤声称的业绩数据跟 SLK 账户内的数字天差地别，就连最低级别的办事员都能看出其中的不一致。马里诺这次在时间上玩起了名堂。

"我能看出人们的行为模式，"马里诺说，"我能看出人们是怎么循常规行事的，常规之中存在很多缺陷。我从自己的经验知道，如果我周五的下午收到一个联邦快递送来的包裹，我会把它跟别的东西扔到一起，等到周一早上再拆开。可是下周来的时候又忙着开始一周的工作，顾不上拆这个包裹，最后可能要拖到一周之后才会想到拆开。在做会计时，经常要寄送财务报表或报税，我知道这种事经常发生。预测人们的行为非常容易，一想到这一点我就觉得好笑。因此，当 SLK 依照惯例打电话来要拜尤的财务报表时，我就告诉他们我会通过邮件寄过去。这个过程用时一个半月。最终，我通过联邦快递把材料寄过去了，到那边的时候正好是周五下午。我知道这个包裹会被堆在一边，下周才会打开，而且只会被匆匆地扫一遍。"

跟预测的一样，假的财务信息 SLK 只是草草看了一眼就存档了。在很多人的眼中，高盛是无所不能的，可是这次高盛也被拜尤骗了过去，或者说，是被它自己骗了过去。作为高盛的分支机构，SLK 甚至连马马虎虎的本职调查都没有做到位，而高盛的另一个分支机构 Pedigree 则开始相信拜尤是一个值得向客户推荐的、很有潜力的基金。得到高盛的瞩目确是一个意外之喜，但马里诺却不想跟高盛打任何交道，无论他们多有钱。

"我知道，总有一天，高盛会想要看更详细的信息，而我又不能给他们。"马里诺说，"所以，当他们打电话过来的时候，我没有回。他们一再坚持追问，我就只回答他们直接提出来的问题。对于提供文件或是安排与客户会面等要求，我回应的速度都很慢。我的这种做法让所有人都感到困惑，包括拜尤的销售人员和理财顾问。他们没法理解为什么我们不积极与高盛合作。我知道我们不能跟他们来往。"

证券监管机构也根本不是萨姆和马里诺的对手。监管机构偶尔问过几个跟对冲基金有关的问题，马里诺和萨姆都用看跌期权、互换、衍生品等有关行业术语搪塞了过去。监管机构连这个市场是如何运作的都不了解，更别说厘清复杂的现实了，何况他们根本不愿坦承自己的无知。萨姆深知这一情况。当波士顿的金融监管机构要求拜尤提供与经纪自营商有关的记录时，萨姆感到了一丝欣慰，他知道 SEC 检查的目的是确保拜尤证券没有多收拜尤基金的钱。就算给他们真实的数据，SEC 也不可能发现收费过高的情况。不过，如果他们审查得仔细些，拜尤基金账上数目的巨大亏损也会立即暴露。马里诺想要伪造这些数字，萨姆却说没必要冒这个险，数字该怎么样就怎么样把。他说，SEC 永远都不会发现的。

"我给波士顿的监管机构打电话，问他们是不是要所有的文件。"萨姆说，"我说如果全部要的话，那可得装很多个箱子。丹已经有些坐不住了，我告诉他要冷静。我们最后把所有的交易记录都运过去了，而他们呢，根本就不知道该怎么核对这些数字。因为他们的目的就是看看拜尤证券有没有多收拜尤基金的钱，至于别的，我知道他们是看不出来的。从数字来看，基金中实际的资金数目与应有的数目其实对不上，但他们只是看，又不知道该怎么看。即便他们发现了有什么不对的地方，他们也会认为是自己出了错，而不是拜尤犯了错。他们什么都不会讲，因为他们不想让自己看起来像个傻瓜。所以，我的策略就是把一切都摆到明面上，完全不用采取其他的办法。"

❋　　　❋　　　❋

虽然萨姆在工作上表现得相当冷静、临危不惧，他的私生活却是一团糟，理不清头绪。背部手术又一次失败后，他开始对另外一种更强效的止痛剂上瘾了。不过，萨姆终于同意进行康复治疗。治疗所在一个绿化非常好的大型综合医院里，条件非常豪华。这里只有 5 间病房，每间病房的陈设都像豪华酒店一样，不但配备了一个管家，还提供美食配送服务。对萨姆这样的对冲基金交易员来说，这是一个完美的隐居之地。他可以利用这个机会静悄悄地杀死内心的恶魔，而且不必担心会被投资者发现。

萨姆只坚持了 20 天，出来之后立刻故态复萌。他自愿的尿检里检出了可卡因、可待因和大麻。有一次，萨姆拿到了阿尔曼兄弟乐队的演出门票，当晚，他走进了主卧室，问珍妮丝要不要去。她对萨姆说自己不想去，她不喜欢阿尔曼兄弟。随后，她问他当天有没有做尿检。"你要尿？"萨姆问，然后就拉开拉链，在卧室地板上撒起尿来。

已经无可救药了。珍妮丝要求他离开这个家。萨姆不想走，珍妮丝坚持要求他走。他最终不得不搬出去，不过两个人都明确表示会试着复合。萨姆在白原市的多拉阿劳伍德酒店住了下来，把这里作为寄身之所。他要了一间顶层套房，从房间的窗户望出去，哈得孙河的美景一览无余。

"我从高中起就跟珍妮丝在一起，"萨姆说，"现在我想要体验别的女人，越多越好。我很大方地给酒吧侍者和酒店服务员小费，请他们帮我留心漂亮的姑娘，帮我说点好话，说我是个身价不菲的对冲基金交易员。他们很乐意帮我干这事。"

珍妮丝陪萨姆去看精神病科医生。她想要找一个安全的地方告诉他，她准备向法院申请保护令，禁止他接近她和她的房子。萨姆暴跳如雷，就像小时候他父亲做过的那样。"是我让你摆脱了贫穷，"萨姆大声吼道，"我一手成全了你，现在我也可以毁了你。我要把你这个臭娘们送回到布朗克斯维尔去。"

2003 年的感恩节简直就是一场灾难。抱着言归于好的愿望，萨姆和珍妮丝举办了一次聚会，由于过度劳累，萨姆在准备吃火鸡时当场晕倒。珍妮丝把孩子送到了她姐姐的家里。萨姆的行为已经完全没法让人接受了。一天，两名警察来到家里，当时他还在地下办公室里进行交易。这两名警察他认识，是他执教过的橄榄球队两个孩子的父亲，萨姆热情地迎接了他们，但这两个人的脸色都很阴沉。他们让萨姆先坐下，保持冷静。这一刻，萨姆突然从心底感到了一种恐惧。他们是不是来逮捕自己的？是不是拜尤的欺诈事件东窗事发了？两位警察说，他们有一个坏消息。法院已经下达了保护令，他必须立刻离开这幢房子，他有 20 分钟的时间收拾自己的东西。萨姆并没有把属于自己的东西装进行李箱带走，他觉得这样太有失身份了。他有钱，如果他愿意，他可以买个新衣柜，或者跑鞋、运动短裤、棒球帽，只要他想。

"我的婚姻并没有四分五裂，而是戛然而止了。"萨姆说，"珍妮丝本来非常崇拜我。她把我当父亲来看，认为我是个商界奇才，但后来她对我丧失了信心。她看到了我的软弱，我从神坛上摔了下来。原来我不管做什么事她都觉得有趣，现在我成了一个混蛋，不管做什么她都觉得不对。"

人生的新篇章开始了，萨姆需要一个能够常住下去的地方。作为一个生活在变幻不定的世界里的人，不是什么样的房子都能让他满意。他是对冲基金英雄，他的房子必须要适合他的社会地位。萨姆想要一栋豪宅，他想象自己就是蝙蝠侠布鲁斯·韦恩，在豪宅里过着花花公子的生活。

在汽车沿着芒特基斯科俄勒冈路 52 号大宅的私人车道盘旋而上时，萨姆就已经知道，心仪的房子找到了。这所大宅与其说是公馆，不如说是一座奢华无度的纪念馆。宅子的所有者是唐纳德·特朗普，这个颇擅自我推销的大亨一度曾在这里住过。跟特朗普本人一样，这座宅子不管从哪一个方面来讲都超过了正常的界限，颇有些让人感到不可思议。一个人住这样大的宅子不但太过奢侈，也表明主人心中有着巨大的不安全感。

特朗普庄园　萨姆从美国地产大亨唐纳德·特朗普手上租来的豪宅，内有一个灌满 3 000 公升海水的鱼缸和一个关满珍稀爬行动物的动物园。

宅子坐落在一个小山的山顶，山坡上树木成林，山脚的一侧有一个苹果园，另一侧是草场。房子正前方是一个院落，院子里的喷泉上有一个巨大的"撒尿小孩"石雕。这座都铎王朝风格的庄园总面积约合740平方米，落成于1913年，为海因茨家族修建。如今，特朗普以每月22 000美元的价格把这座庄园租了出去。特朗普曾以他特有的过于艳丽的风格对宅子进行了翻新，室内有尺寸巨大的枝形吊灯，浴室里用的是大理石和玻璃，偌大的厨房配备的是最新式的不锈钢灶具。走过一小段人行道，隔壁是一个私人小教堂，海因茨家族常在这里召开正式舞会。

萨姆把这间小教堂变成了一个成人版的"儿童游乐室"。一直以来，萨姆就是一个乐迷，对打鼓情有独钟。为了准备即兴演出，他买了不少高端乐器，已经足够装备整整一支乐队了。每次阿尔曼兄弟乐队来纽约市演出，乐队的鼓手都会和萨姆一起即兴表演。

萨姆还在这里建了一个交易室，跟他在船库的那个一模一样，就连16块屏幕的排列方式也跟办公室里如出一辙。他还在拜尤与私室之间建立了实时单向监控，方便他监视那些经纪助理的一举一动。其他部分改造成了派对房，室内配备了弹球游戏机、一个巨大的平板电视，以及一个酒品丰盛的吧台。他买了一个能装3 000公升海水的鱼缸，在里面养满了各种珍稀品种的鱼，还建了一个"动物园"，里面豢养了一些爬行动物，有变色龙、鬃狮蜥、壁虎、南美角蛙，还有两只硕大的非洲陆龟。

萨姆·伊斯雷尔在他的办公室。

"我最喜欢的是一条4.27米长的网纹蟒，我做交易的时候它会盘在我的键盘上，"萨姆说，"它的名字叫赫曼，我把它当人一样看待。我非常喜欢爬行动物。这种蟒出击迅猛，能在很短的时间内杀死猎物。他们不喜欢让猎物慢慢地死去，这一点跟蜘蛛不一样。而且他们捕食有度。"

但在特朗普庄园的生活也并非一帆风顺。在三个礼拜的时间里，萨姆因为右腿和右手无法动弹进了三次急救室。他的腰胝部疼得非常厉害，尤其是在小便的时候，简直无法忍受。他想要撒尿时，常常不得不在马桶上坐很长时间，但很多时候一滴也挤不出。感情上也不够顺利。萨姆与一名迷人的年轻女友之间几乎陷入僵局，她与另外一名男人有瓜葛，他们因而吵了一架。

在某次争吵后，萨姆给她写了一封邮件："你知道，我非常非常善于体察他人的态度，评估其所处的环境。我每天都必须要对市场进行测度和评估，动辄数亿美元的盈亏，我必须要保证总能作出正确的决定。我认为我在这方面干得相当不错。"

萨姆写道，直觉告诉他，这个女人要跟前男友重修旧好。"我很烦恼，但我只能听天由命，不会问你有关他的事，不管发生什么。所以我决定开新买的保时捷出去兜风。没有开太快，你知道的，因为刚刚已经开始下雪。在我看来，这样的天气是个坏兆头。晚上 10 点，我突然以我敏锐的洞察力意识到，你已经跟他干了那事儿，绝对他妈的不会错。当然那是你的权利。这时一辆卡车突然出现在我的前面，我手忙脚乱，开着保时捷撞上了一堵墙。"

第9章

奇怪的好莱坞演员

为了拯救拜尤，萨姆开始涉足风险投资。在这个过程中，他结识了一位神秘的演员，对方宣称自己手里掌握着肯尼迪遇刺的真相，萨姆被深深地吸引住了……

"前推"交易系统出现重大失误，2003年高盛清算所的"十大绩差基金"名单上，拜尤赫然在列。面对3 500万美元的巨亏，高盛为何仍然没有对拜尤展开调查？

正常交易将永远无法拯救拜尤，带来急需的
天降横财。萨姆必须加大赌注，必须找到一种掷骰
子的方法。他在为他的自由而赌，萨姆知道，这
弄不好会要了他的命。

到 2003 年底，问题真的成了问题。萨姆屁股上纹的小恶魔似乎
活了过来，摇身一变，成了一个坐在他肩膀上喋喋不休的小鬼。萨姆满
脑子想的都是找到什么途径，在极短的时间内搞到 1 亿美元。

拜尤现在坐拥近 1.5 亿美元的现金。根据马里诺的"业务方案"，目
前的现金流足以让基金无期限地运转下去。但是萨姆并不像马里诺那样
胸有成竹，认为这个骗局可以一直继续。只要一名雇员、投资者或监管
人不小心撞破真相，他们就完了。萨姆的身体承受不了这样的压力。

萨姆知道，如果想解决这个问题，他得采取一些非同寻常的做法。
他没有把这一领悟告诉马里诺，萨姆知道，正常交易将永远无法拯救拜
尤，带来急需的天降横财。萨姆必须加大赌注，必须找到一种掷骰子的
方法。他开始将投资在他对冲基金里的资金看作一种筹码，一种自己在
高赌注扑克牌游戏中的筹码。他在为他的自由而赌，萨姆知道，这弄不
好会要了他的命。

风险投资是获得巨额回报的一条途径。这需要花时间，萨姆知道，
但总比什么都不做强。萨姆有一个在风投行业工作的朋友，约翰·埃利

斯（John Ellis），他是萨姆儿子的同班同学的父亲。和大部分哈克利学校的家长一样，埃利斯也来自一个背景显赫的家庭，但他的出身格外引人注目，他的舅舅是总统老布什，总统小布什既是他的表兄弟，也是他的至交好友。他是总统亲信团中的一员。多年来，伊斯雷尔家族和布什家族也因为石油和华尔街的关系有所往来。萨姆相信，埃利斯是真正统治世界的那一小撮精英中的一个，他们是"被选中的人"。

"如果你向我介绍公司，你得保证它至少会涨 10 倍，而不是仅仅几个点，"萨姆对埃利斯说，"我要的是能把 2 000 万美元变成 2 亿美元的生意。"

"了解你的客户外包服务"（Know Your Customer Outsourced Services，以下简称 KYCOS）就是这样一个公司，埃利斯说。"9·11"事件之后，《爱国者法案》要求银行和企业对其客户进行尽职调查，确保他们不是在为恐怖分子洗钱。KYCOS 的业务就是向在马恩岛和开曼群岛这两个避税天堂注册的公司提供数据库使用权限。根据萨姆的指示，埃利斯对马里诺说，这个新公司具有全球扩张的潜力。最近一个类似的公司以 7.75 亿美元的价格售出。只需区区 1 000 万美元，萨姆和马里诺就可以获得 KYCOS 的多数股权。

萨姆对这个想法产生了兴趣。但是他没有直接参与这个风投的提案，他没有那个时间和精力。萨姆让马里诺代替他运营这套投资策略。马里诺兴致勃勃地接受了这份工作，组建了一家名为"IM 合伙人"的公司，公司开头的英文字母取自他们的姓氏。他们最开始向 KYCOS 投资了 100 万美元，随后又追加了 450 万美元。作为一名新投资人，马里诺去马恩岛参加了董事会会议，这是他一生中的首次海外之旅。公司的经营者是一群操上流社会腔的英国人，他们对马里诺奉承有加。

在招待晚宴上，有个美国商人来和马里诺套近乎。他正在推广一个名为"直接借记"（Debit Direct）的公司。这名男子真是个巨人，身高差不多有两米，有着巨灵般的手掌和其他巨人症患者独有的特征。他说他叫杰克·奥哈罗兰（Jack O'Halloran）。奥哈罗兰所推销的公司的性质并不十分清楚，他说"直接借记"公司要将马恩岛打造为美国网络赌徒的保险柜，还将同西联汇款公司和速汇金公司（MoneyGram）一争高下。这个计划同这个人一样庞大。马里诺说他现在没时间谈这个，不过奥哈罗兰可以在下次去美国时联系他。

杰克·奥哈罗兰 美国拳击手和演员。出生于 1943 年，曾在《金刚：传奇重生》(1976)、《超人》(1978) 等电影中作为特型演员演出。他是把萨姆带入阴谋世界的引路人。

几周后，奥哈罗兰从纽约打来电话。马里诺邀请他到康涅狄格州来，来拜尤的办公室坐坐。萨姆原本将和风投相关的会谈全权交给了马里诺，但是当萨姆顺道听了一会儿他们的谈话后，他就不肯离开了。奥哈罗兰可不是一个普通的西装革履的乞讨者，他的一切与别人"大"为不同。他握手的力量能把人的骨头捏碎，并且常常发出低沉洪亮的笑声。当萨姆听奥哈罗兰谈论他各式各样的经营理念时，他觉得对方看上去特别像早期 007 系列电影中的好莱坞恶棍大钢牙。那瘦削的下颚、分得很开的双眼、突出的眉毛，整张脸不知为何看起来似曾相识。

会谈结束后，萨姆邀请奥哈罗兰上楼去看看他的交易室。奥哈罗兰慢步走过不停闪烁着数据流的电脑屏幕，脸上满是惊奇之色。

"这就像是在一艘宇宙飞船里，"奥哈罗兰说，"你的办公室看上去像我曾经出演过的一个电影里的布景。"

"什么电影？"萨姆饶有兴致地问道。

"《超人》。"奥哈罗兰说。

"你演过《超人》？！"

"我在里面演一个激光眼经常失灵的大块头笨蛋，"奥哈罗兰说，"那个角色名叫诺恩。"

萨姆恍然大悟。他的确见过奥哈罗兰，虽然不是通过 007 的电影，但也是一个典型的巨人恶棍的角色。

"你还演过《天罗地网》(Dragnet)，对吗？"萨姆说。

"是的，" 奥哈罗兰说，"和汤姆·汉克斯一起。我在里面还冲丹·艾克罗伊德吐过口水。"

萨姆开怀大笑起来。奥哈罗兰说他还在 1976 年的《金刚》里演过一个小角色，一个被巨猩猩扔下悬崖的水手。奥哈罗兰的故事非常精彩，一个比一个令人匪夷所思。作为一个靠认识大腕来炫耀自己的行家里手，奥哈罗兰告诉萨姆他还睡过一些女演员，比如法国美人凯瑟琳·德纳芙。他还说他曾经是一名重量级拳击手，70 年代早期，作为一名崭露头角的挑战者，人们将他列入和拳王阿里较量的候选名单中。但比赛最终没有打成。奥哈罗兰还在 1970 年和乔治·福尔曼在麦迪逊广场花园打过比赛，他挺到了第五个回合。

"我是个拳击迷，"萨姆说，"我见过阿里两次。"

奥哈罗兰讲着一个又一个离奇荒谬的故事，这些故事令人难以置信。这名巨人慢慢地把对冲基金交易员带到自己的轨道上来，他们很快就找到了共同点。奥哈罗兰说他曾在 60 年代早期为达拉斯牛仔队打职业橄榄球，而伊斯雷尔家族曾拥有新奥尔良圣徒队的少数股份长达几十年，萨姆的父亲和很多著名的国家橄榄球联盟（NFL）球员都是朋友。

奥哈罗兰这种洋洋自得的风格让萨姆感到亲近。虽然有时候你很难分辨哪些话是他信口开河编出来的，但萨姆并不十分在意，这些故事本身就已经值钱了。

好比奥哈罗兰说自己是艾伯特·阿纳斯塔西亚的私生子一事。阿纳斯塔西亚是甘比诺黑手党家族的老大和臭名昭著的暗杀公司的头领。这一说法显然荒谬可笑：奥哈罗兰看起来一点也不像那个被称为"疯子哈特"的黑皮肤暴徒，但这也很难去反驳。

1957 年，阿纳斯塔西亚在纽约一张理发椅上被射杀，这一典型的谋杀案在《教父》中略有影射。没人能证实或推翻奥哈罗兰的说法，不过话说回来，谁在乎呢？

✳　✳　✳

　　萨姆建议他们当晚共进晚餐。他带奥哈罗兰去了一家昂贵的牛排和海鲜餐厅"威利特之家"。萨姆点了龙虾，配了几扎冰茶。奥哈罗兰继续力荐"直接借记"公司。离开了 KYCOS 集团后，奥哈罗兰表现得非常强势。网络赌博能赚到几十个亿，他说。萨姆半信半疑，但过得很愉快，他享受一切不用考虑"那个问题"的时候。

　　晚餐时，奥哈罗兰告诉萨姆他正在写一本关于总统约翰·肯尼迪遇刺的书。而且此书并不是随便写写，作为目击者，奥哈罗兰用第一人称叙述了肯尼迪遇刺那天的故事。奥哈罗兰说，1963 年 11 月他正好在达拉斯，黑手党派他去执行秘密任务。萨姆兴奋不已。和许多人一样，他也对有关肯尼迪总统之死的种种阴谋论非常着迷。萨姆相信，这是世上最大的未解之谜之一。

　　坐在牛排餐馆中，奥哈罗兰对萨姆说，他知道肯尼迪之死的真相。多年来他一直对自己那天看到的事守口如瓶，他怕因此丢了性命。但是现在，他终于要解开谜团了，要对美国历史的一些最基本假设提出挑战。奥哈罗兰说，他知道是谁，以及为什么杀了肯尼迪。

　　"我读了不下 40 本关于肯尼迪之死的书，"萨姆回忆道，"我对这些书籍如饥似渴。我的祖父和黑尔·博格斯（Hale Boggs）关系密切，他是唯一一个对华伦委员会（Warren Commission，1963 年为调查肯尼迪被刺而设。——编者注）和单颗子弹理论持异议的人。他死于一场'飞机失事'。"说到这里，萨姆将手指弯曲，以示强调，"李·哈维·奥斯瓦尔德在肯尼迪遇刺前的最后一份工作，是为我叔叔的赖利咖啡公司效力。在赖利咖啡，有 6 名员工为美国中央情报局工作，所以别跟我说什么这是巧合。我的家族跟新奥尔良渊源深厚，那个地方同谋杀肯尼迪的整个阴谋脱不了干系。"

　　当天晚上，萨姆坐下来阅读奥哈罗兰这部小说的提纲。这本书名叫《马赛克：肯尼迪总统被暗杀的经过和原委的真相，作者是了解整个事件的六名尚存者之一》(*Mosaic: The Definitive Account of How and Why President John F. Kennedy Was Assassinated, by One of the Six People Still Living Who Knows the Full Story*)。整个故事将奥哈罗兰置于肯尼迪被谋杀那天所发生之事的中心。奥哈罗兰写道，大名鼎鼎的黑帮大佬迈耶·兰斯基(Meyer Lansky)亲自将他派到达拉斯。为了掩盖他任务的真实目的，他参加了达拉斯牛仔队的选拔。肯尼迪遇刺的前一天，牛仔队教练邀请奥哈罗兰和众球员去球队老板的豪宅参加一个派对，派对的主题是"埃及一夜"。当晚的贵宾就有后来成为美国联邦调查局局长的埃德加·胡佛，理查德·尼克松也出席了派对，和一个名叫乔治·H.W.布什的年轻石油商一起。深夜到访的还有副总统林登·贝恩斯·约翰逊，他和情妇挽手而至。那些要人在一间密室里悄悄碰头。当约翰逊再次出现时，他脸色红润，显得非常兴奋。

"过了明天，那些该死的姓肯尼迪的再也不会给我添麻烦了，"约翰逊低声对他情妇说，"这不是恐吓，这是承诺。"

奥哈罗兰声称他无意中听到了这些话。第二天早上，根据他的叙述，他出去晨跑时，碰巧看见一个名叫约翰尼·罗塞利的匪徒从检修孔溜进了达拉斯的下水道系统。罗塞利潜入地下，在迪利广场的一条排水管中设置了一个狙击点，那里可以清楚地瞄准总统车队。关于那天到底发生了什么，几十年来有许多疑问，这些疑问都能在奥哈罗兰的大作中找到答案。奥斯瓦尔德是个懦夫，德州教科书仓库所听到的枪声只不过是空包弹。罗塞利首先从排水管向肯尼迪射击，然后第二个神秘枪手最终完成任务。这场暗杀是一个阴谋，阴谋策划者是一群暗中控制着这个世界的人，一个由黑道罪犯伙同白道精英组成的阴谋集团。

历史记载，一个名叫亚伯拉罕·泽普鲁德的男子通过他的家用摄影机捕捉到了这一幕。奥哈罗兰称，泽普鲁德公布于众的影像是被动过手脚的，里面删去了七帧画面。那些画面确定无疑地拍到了杀害肯尼迪的凶手：美国特勤局的特工威廉·格里尔，也就是给肯尼迪开车的那个家伙。在罗塞利的第一枪击中总统后，坐在司机位子上的格里尔转过身来，掏出装有消音器的手枪开了一枪。"这才是致命的一枪，"奥哈罗兰写道，"正如永远记录在泽普鲁德影像中的那样，那颗水银弹在总统的脑袋中爆裂开来，鲜血混合着脑浆和颅骨碎片喷射而出。"

萨姆喜欢这个故事。第二天，萨姆告诉马里诺，"IM 合伙人"将投资 200 万美元到"直接借记"，立刻从 50 万现金开始。

马里诺没有立即答应，这名会计师想先研究一下这个方案。

但是萨姆绕开了马里诺，指示一名雇员给"直接借记"拨款 50 万美元，而且没有就自己挪用拜尤公款具体何用签订任何合同或者协议。

奥哈罗兰接着告诉萨姆，他只需花区区 50 万美元就可以买下《马赛克》50% 的版权和影视改编权。萨姆把这个想法告诉了马里诺。马里诺读了《马赛克》，觉得这本书糟透了，完全不可信。萨姆本人也不是完全相信奥哈罗兰的故事，但那又如何呢？又有 50 万飞进了萨姆新朋友的银行账户里。作为这本书的半个所有者，萨姆现在俨然成了一个文稿代理人。他写了一封投稿信，准备寄给曼哈顿的图书编辑。"杰克·奥哈罗兰将颠覆你看待这个世界的方式，"萨姆这样写道。

但是，分神去推广这本书并没给萨姆暗淡沮丧的现实处境带来任何曙光。2003 年的圣诞节，萨姆第一次被迫离开家人，这件事让他觉得非常难过。尽管少了萨姆，萨姆的家人们还是和以前一样过这个节，珍妮丝还请了当地一个名叫德布拉·瑞安的装饰艺术家来进行节日布置。过去 4 年一直是由她负责，她还为拜尤的船库做过大面积粉刷。这些年来，瑞安和萨姆一家就像朋友一样。瑞安身材高挑，金发碧眼，有一种假小子般的俊俏。她从容幽默的性格倒同萨姆的敏感挺相配。当瑞安过来开始工作时，珍妮丝说她和萨姆正在闹离婚。但是萨姆会来家里接儿子出去玩，她说。

瑞安和她的助手去屋外用大幅红色缎带装饰房屋的时候，外面正在下着冷冷的雨。瑞安听到远处有人喊她的名字。萨姆站在车道尽头，向她打招呼。他在栅栏外侧踱步，一起来的还有一个身材高大的非洲裔美国男子，他是法庭为萨姆探望儿子特地派来的监督人。萨姆抽着烟，身子冷得直打颤。

"我不能靠近这幢该死的房子，"萨姆说，"她想和我离婚，让我的生活凄惨难堪。她觉得哪里还藏着 5 000 万美元。她不肯接受 1 000 万。他妈的 1 000 万美元啊。"

"我很抱歉。"瑞安说，看到萨姆沦落到这般可怜境地，她不由得心生怜悯。

"我没有威胁她，"萨姆说，"我发誓我没有威胁她。在纽约，一个女人要把男人赶出门去的最好办法就是说男人威胁了她们。"

瑞安感同身受。萨姆一直对她很好，何况她又不忍心看见任何人遭这样的罪。两周后，她接到萨姆的个人助理打来的电话，他想让她给新住宅做装饰，以备孩子节日时过来看他。瑞安觉得萨姆现在肯定过得很凄惨，就像大多数刚与妻子分开的男人一样。可当她开车来到萨姆的新住所特朗普庄园时，惊得目瞪口呆。喷泉中巨大的希腊风格雕像、私人小教堂还有成排的豪车真是极尽奢华，即便是习惯为富人工作的瑞安也没见过这种阵势。一名女仆引她入内。

"见鬼，老兄，你应该住在破棚屋里才对呀。"瑞安说道。

"我知道，"萨姆微笑着说，"唐纳德·特朗普给我找了这个地方住，我就租下了。""你要这么大的地方干什么？"瑞安问，"真是庞然大物。"

"既然能住为什么不住呢？"萨姆说，"当你有了一定地位，拥有一家对冲基金公司，你就不能再住在小棚屋里了，那样全世界的人都会认为，你的基金不行。"

萨姆带她参观了住宅，并说明自己想要一棵大约 6 米高的树放在私室里。这棵树要经过最好的修剪，并挂上圣诞花环。萨姆的预算是 15 000 美元。瑞安和她助手一直忙到深夜，最后就在这座豪宅中过了一夜。

"那里有四间空卧室，"瑞安回忆道，"我从未睡过这么舒服的床，就像飘在云端。每间卧室里还有大浴室、桑拿设施和蓬松的羽绒被。我睡在曾属于唐纳德·特朗普的一张超级巨大的床上。我都不想走了。"

萨姆一直用他特有的滑稽且充满引诱意味的方式挑逗瑞安。她能成功抵挡住他动手动脚的企图，但她喜欢和他在一起。尽管看起来很成功，但萨姆依旧谦逊低调、脚踏实地。他刚买的那条德国牧羊犬幼崽很有趣，在房子里跌跌撞撞地跑来跑去，对陌生人又咬又叫。很多时候，萨姆因为背疼不得不躺在床上，但瑞安能感觉到，他的精神因为她的存在振奋了起来。

"我能看出来他是真的病了，"瑞安说道，"他是个让人心疼的家伙，我为他感到难过。他的作息时间极不规律，整个人处在一种茫然困惑之中。我们会坐在他的卧室里一起看《海绵宝宝》。萨姆躺在一张大床上，就像猫王埃尔维斯一样。"

※　　※　　※

2003 年的最后一个交易日，萨姆的电脑程序像 2001 年 9 月 11 日那样亮了起来，所有的指标都指向同一个方向。上次"前推"交易系统做出此般预测时，萨姆因恐怖袭击铩羽而归，这次他终于能证明自己了。萨姆大量买入了以标普指数为追踪标的的标普存托凭证（SPDR），也就是"蜘蛛"，并通过杠杆操作最大程度地做多。接下来便是等待。漫长的等待。数天过去了，市场并未像"前推"交易系统所预测的那样出现大幅变动。为了满足 SLK 清算所追加保证金通知的要求，萨姆别无选择只能平仓。又有 2 000 万美元打了水漂。那年年末，SLK 列了一份该清算所十大绩差基金的名单。萨姆有三个基金榜上有名，其中包括拜尤超级基金，该基金以 3 500 万美元的亏损额位列榜首。

"请问，这些数字反映的是纯盈利和亏损呢，还是也包括了基金赎回的情况？"SLK 的董事总经理在一封邮件中问道。

"纯盈利和亏损,"萨姆回答。

"不可能。"

"是真的。"

但 SLK 并没有进一步调查,在亏损如此巨大的情况下,拜尤究竟是如何继续运营的。仅 2004 年 1 月,作为高盛一个部门的 SLK 就从拜尤的佣金中赚了 10 万美元。高盛的交易员纷纷猜测这个对冲基金有不当行为,并通过电子邮件讨论过此事,但也仅此而已。

"交易怎么样?"SLK 的一名员工问及拜尤的情况。

"亏损。"回答称。这人还描述了萨姆让人抓狂的交易风格,"他简直就是奥兹国的大法师。"

"拜尤这个宝贝真让人生气。"

"让人又爱又恨,唯一的问题是拜尤到底是昙花一现还是货真价实。"

2003 年,根据审计结果,拜尤基金总共吸引了 323 000 549 美元的投资。净收入为 34 527 736 美元,萨姆的奖金为 8 631 935 美元,"经纪人往来"的总额为 117 960 120 美元。马里诺并没有费心"计算"出如此精确的数字。"真实的"亏损额已达 5 000 多万美元,其余的都不过是"假钱"。所有这些加在一起,看起来就只有晴天霹雳能解决这个问题了。

萨姆的情绪波动得越来越剧烈。他的恐惧感不断加深,仿佛自己陷入了一片流沙。离婚期间,虽然知道成功的希望渺茫,但他仍尝试和孩子们保持联系,并为此挣扎着爬下床去看心理医生。

在医生的办公室里,萨姆突然严重地惊恐发作,不能呼吸,无法言语,觉得自己就要死了。

当他去看心脏专家时,他又被告知患有严重的病态窦房结综合征。经营这个骗局带来的焦虑让他的身体新陈代谢变慢,而不是应该有的变快。他有发生大面积中风的危险。

"我的身体正在垮掉,"萨姆说,"但我不能告诉投资者,不能告诉任何人,否则他们会惊慌不已地撤出资金。医生给我做了心内直视手术,植入了一个心脏起搏器。我暂停了工作，但我不能将自己的健康状况告诉任何人。我必须让这个秘密烂在肚子里。"

　　萨姆又做了一次手术。当他从这次手术中康复过来后，他父亲打来电话说，家里将对他们在新奥尔良的一处不动产进行开发，将原有的耕地变成住宅区。为了筹措资金，所有伊斯雷尔家族的人都必须填写财务披露表。萨姆填写了表格，称他前一年的收入为 800 万美元。萨姆将表格交回去后，他父亲立即警觉地打来电话。老伊斯雷尔很担心，萨姆是怎么挣到这么多钱的？到底干了些什么能赚到 800 万美元？这个数目太大了，萨姆父亲的语气带着一种担心和疑虑。这本在情理之中，但在萨姆的耳朵里，就只剩下批评的意味了。

　　"这是我一生中最重大的时刻，"萨姆回忆道，"我终于功成名就，证明了自己。我终于向我的老父亲证明了，我可以凭自己干出一番事业。但他始终不肯表扬我半句，只说了句'钱太多了。'我他妈的正处在巅峰时期，而我父亲却依旧不肯为我感到骄傲。"

第10章

章鱼阴谋

　　萨姆听说了那个专门替联邦干脏活儿的黑色特工。华尔街谣传的章鱼党究竟是什么？为什么许多人认为是它在控制着整个世界？

　　一款监控着全世界银行资金流动的软件引起了萨姆的注意，独具慧眼似乎中发现了拜尤的救赎之道……

10

萨姆的精神备受折磨，女友带他去见一位通灵师，通灵师说一个叫"罗伯特"的人会改变他的生活。

"投资于拜尤基金是一件有一定风险的事。"拜尤在 2004 年发放的营销材料中写着这样一句话。投资者被告知，他们实际上是把钱委托给了萨姆·伊斯雷尔这个人。"拜尤的四只基金都只有一个经理，"坊间传闻称，"这使得观点和专长多样化的可能性被消灭了。再加上以下两个事实：交易策略和战术基本上都是萨姆·伊斯雷尔一个人确定的；这些策略和战术都是以他对市场的判断为基础制定和实施的。"如此一来，其中的风险就更大了。

从营销材料来看，把自己在金融投资方面的命运与萨姆的判断力绑在一起，是再明智不过的决定。1997 年的一笔价值 1 000 美元的投资，到了 2004 年初就变成了 4 000 美元。跟麦道夫的"价差执行转换套利策略"（split-strike conversion）一样，萨姆的前推系统另辟蹊径地得出了极完美的"庞氏骗局"业绩：18%。在投资者看来，这一业绩不仅难以置信、非常可靠，而且不可抗拒。

萨姆和麦道夫还有其他一些相似之处，比如两个人所运营的基金公司内部都有一个经纪自营机构。看着交易大厅里人头攒动的景象，萨姆和麦道夫都感觉自己仿佛是在运营着一项运转良好的正常业务。但这两个人又有本质上的不同。

麦道夫从未尝试去解决自己的问题，他的对冲基金从成立之初就是为了进行诈骗。麦道夫志得意满地吞噬着很多投资者的毕生储蓄以自肥。跟查尔斯·庞兹一样，他几乎终身从未进行过交易。萨姆不是这样。在身体条件许可的时候，萨姆一直在交易，不停地交易。他持续不断地想要找到一个办法来解决自己的问题，不管什么办法，只要有用就行。但他越是花力气去找，就越是感到迷惘。他不仅仅是身陷于一个缠结不清的网，更是在一个他自己设计的迷宫里徘徊。这个迷宫的繁复程度跟传说中最富有技巧的设计师代达罗斯的古希腊迷宫相差无几。这个迷宫的结构如此精巧，连他自己也找不到出来的路了。

离婚的过程漫长而残酷，萨姆所承受的折磨变得更加令他难以忍受。他再也不能肆意享受违禁药品给他带来的快慰了。只要一次尿检不合格，他就将失去探视孩子的资格。因为背伤，萨姆不得不坐着撒尿，这一简单动作带来的巨大屈辱感和危险，完美地阐释了他所处境况的错综复杂。同样能说明这一点的，还有他藏在冰箱中的干净尿样，那是一个拜尤的员工自愿提供的。

德布拉·瑞安看着萨姆的精神状态每况愈下，心里非常悲伤。她并不知道他这种痛苦的根源是什么。一天晚上，她建议萨姆跟她的通灵师谈一谈。这位灵魂咨询师是一个英国人，名叫伯纳德·伊尔斯利。两人安排了一次电话交谈，他们不方便见面，因为伊尔斯利人在伦敦。伊尔斯利对萨姆说，他与美国本土一个名叫"银云"的灵体有沟通，而且他还有一个东方人的化身，叫做陈博士。在电话中，伊尔斯利说，伴随着离婚而来的愤怒和相互指责将永无止息。"但在你的职业方面，接下来的一两个月之内会有好事发生，"伊尔斯利说，"我看到，3月或者4月的时候你将交上好运。一个金钱方面的机会将不请自来，这可能给你带来巨大的改变。"他说，一个名叫罗伯特的人会进入萨姆的生活，并且产生很大的影响。银云所说的关于罗伯特的情况他没有全部听清楚，灵体的声音非常微弱。不过萨姆应该为罗伯特的即将到来作好准备。

完事后，瑞安急切地问他，这次谈话进行得如何。

"全是狗屁。"萨姆翻了翻白眼说。

几天之后，一个叫罗伯特的人真的进入并且永远地改变了萨姆的生活。是杰克·奥哈罗兰把这个预言中的罗伯特介绍给萨姆认识的。一天晚上，萨姆和奥哈罗兰正在吃中餐，萨姆说到了华尔街和交易员的生活。运营拜尤已经不是一件有意思的事了，他说，对冲基金业务既无聊又繁重。他想要找一个能够改变这种局面的交易策略，让他能变成亿万富豪。

"华尔街上每 10 年就会发生一次范式转移，"萨姆说，"我在 80 年代早期开始干这行的时候，内幕交易和软美元骗局大行其道，然后就是 IPO 和互联网泡沫。现在是高频交易，银行都疯了一样赶在市场前面交易。我正试图弄清楚接下去要来的是什么。"

"我听说过一种技术，可能会对你的交易系统有所帮助。"奥哈罗兰说，"不过掌握这种技术的那个人行事非常诡秘。或许我连提都不该提他，他跟中情局的黑色特工有很深的关系。"

❋　　　❋　　　❋

萨姆的兴趣被勾起来了。奥哈罗兰说这个人名叫罗伯特·布斯·尼科尔斯（Robert Booth Nichols），朋友们都叫他"鲍勃"。他是现实世界中的杰森·伯恩（Jason Bourne，电影《谍影重重》主角。——译者注），一名黑色特工，是美国的"国家安全资产"。为了美国的秘密行动，他干黑活已经干了几十年了。按照奥哈罗兰的说法，尼科尔斯是一个铁石心肠的杀手，一个听命于政府绝对高层的特工。

"鲍勃（即罗伯特）是全球秘密的守护者，"奥哈罗兰说，"他知道这个世界实际上是被谁操纵的。正是因为这个原因，他才能活到现在。一旦鲍勃发生什么不测，这些秘密就会被捅出去。"

午夜过后，萨姆一个人在寂静的黑暗中沉思。他打开电脑，在搜索引擎里输入了"Robert Booth Nichols"这几个词。数百个结果出现了，尼科尔斯在互联网上似乎是个名人，他参与的各项行动让他成了阴谋论中的超级明星。有些信息把他和"章鱼"以及多宗未决谋杀案联系到了一起。关于尼科尔斯与不法黑色特工以及有组织犯罪之间的关系，网上有很多猜测。萨姆点击了一个链接，链接指向的是一本名为《最后一圈》(*The Last Circle*)的书。这是一部没有出版的手稿，作者是一个业余作家。为了保护自己的真实身份，她用的是笔名［这本书的作者是谢里·西摩(Cheri Seymour)，于 2011 年出版上市。——译者注］。

跟大多数阴谋论文献一样，《最后一圈》也是用晦涩的、前后不连贯的散文体写成。时间顺序极其周详，而且叙事手法复杂，各种事件交织在一起，很难厘清其中的思路。但很明显的是，要相信这本书中所写的内容，读者需要的不仅仅是"姑妄信之"，还要用一种全新的眼光来看待这个世界。这本书是在宣称，任何事都不像表面看上去那么简单。美国秘密的对外政策、刑事司法体系、计算机技术的覆盖面，所有这些都是一个欺骗之网的一部分。而这张网的编织者就是一个隐秘的、能够决定他人生死的精英团体：章鱼。

故事的中心就是罗伯特·布斯·尼科尔斯。按照《最后一圈》的叙述，尼科尔斯是中情局的一名刺客，一个不法武器贩子，一个帮派分子以及一个行骗行家。书中说，他举手投足就像是老派的好莱坞演员克拉克·盖博，只不过没有蓄须。他是一个游走于各国的神秘男人，手腕圆滑，精明强干，神鬼莫测，嘴里总是叼着一支香烟，说话带英国腔，喜欢用"老兄"这样的词。

书里还说，过去 30 年，美国政府执行的任何一次邪恶的阴谋行动，几乎都有尼科尔斯的参与。伊朗门事件、"十月惊奇"（指投票前的意外事件戏剧性地改变大选的航程。——译者注）、中情局代号为"MK Ultra"的大脑控制计划。他简直就是阴谋论世界的变色龙西力。20 世纪

80 年代，为了筹集与贝鲁特真主党作战的款项，中情局进行了海洛因交易，尼科尔斯曾参与其中；当菲律宾的马科斯私下里把价值数十亿美元的金条存进瑞士银行的户头时，尼科尔斯曾为他穿针引线；1981 年夏天，棕榈泉外面卡巴松印第安人保留区发生三人被杀的命案时，尼科尔斯正在那里向尼加拉瓜的反对派提供违禁生化武器、一枝激光枪和和机关枪等装备。

　　卡巴松那起悬而未决的三人被杀案构成了《最后一圈》这本书的缘起。曾有一个名叫丹尼·卡索拉罗的自由职业记者调查过这宗命案。在 90 年代初期，卡索拉罗曾经为一本构思中的书做过一些报道，这本书讲的是中情局盗窃了一个名为 PROMIS 的电脑程序的故事。这个程序是 10 年之前有一个名为因斯劳的公司为司法部开发的，用意于把联邦法院系统中的档案整合为数据库，以便进行搜索。这个程序取得了巨大的成功，于是美国的情报机构就偷偷地把它弄到了手，秘密地使用。中情局重新调整了一下代码，把软件安装在一个 32 位数字设备公司生产的DAX 型小型计算机上。而且，中情局还假借幌子公司，把这种新技术卖给了银行和美联储等大型金融机构。这款软件设了一个"后门"，情报机构利用这个后门可以神不知鬼不觉地以数字的方式监视金融机构，这在历史上还是第一次。这一名为"跟钱"（Follow the Money）的高度机密的计划使得里根政府追踪到了利比亚，发现利比亚政府正秘密向一个恐怖组织提供资金，该组织曾于 1986 年在柏林制造了一起舞厅爆炸案，导致一名美军士兵丧生，另有 200 多名平民受伤。在鲍勃·伍德沃德撰写的《面纱》（Veil）一书中，前中情局局长威廉·凯西说，这个秘密的资金追踪系统是他最引以为傲的成就之一。

　　但盗用软件这件事本身是违法的，因斯劳公司因此提起了诉讼。卡索拉罗认为盗窃 PROMIS 软件只是一个巨大阴谋的一小部分，而这个阴谋则是由美国情报界的一些极端主义分子操作的。这个阴谋集团杀人、盗窃、贩毒无所不为，但却能一直逍遥法外。尼科尔斯就是这个无法无天的集团成员之一。按照《最后一圈》的叙述，尼科尔斯在里根主政期间与白宫的关系非常密切，他还是甘比诺犯罪家族与好莱坞制片公司、美国音乐公司交易的中间人。尼科尔斯往来于世界各地，为实现这个集团主宰世界的目的充当杀手。接下来，《最后一圈》声称，泽普鲁德拍摄到了刺杀了肯尼迪总统真正凶手的胶片就在尼科尔斯手里。

独自坐在黑暗之中，萨姆感到自己的脑袋好像要爆炸了。真的有所谓的泽普鲁德的胶片吗？这可能吗？阴谋论很对萨姆的胃口，在他看来，世界就是按这种潜规则运行的。他相信华府的人和华尔街上的人一样腐败贪婪，权力和金钱一样肮脏。丹尼·卡索拉罗还给这个阴谋集团起了个名字"章鱼"，它的触手已经触碰并缠绕住了这个社会的方方面面。萨姆觉得这个名字起得太好了。

他自己曾亲眼目睹过高盛这只"吸血大王乌贼"是如何操纵市场的。章鱼和乌贼差不多，只不过这只章鱼是由美国情报界豢养。高盛赶在市场之前交易，并创造出了多种具有欺骗性质的金融衍生品，而中情局干的则是贩毒和刺杀肯尼迪总统这样的勾当。到底尼科尔斯这样的人是不是存在，为那些操纵着整个世界的少数几个精英干脏活，这一点可以存疑。拜尤的欺诈案让萨姆觉得，全球每一个角落所能见到的欺骗都和这个差不多。

❋　　　❋　　　❋

就这样，萨姆进入了罗伯特·布斯·尼科尔斯的疯狂世界，一个满是哈哈镜的房间，一个上下颠倒的宇宙。跟这个世界相比，拜尤的阴谋不过是沧海一粟。在《最后一圈》中，萨姆读到，卡索拉罗相信他将要揭发的巨大阴谋足以解开现代历史上那些最大的谜团。丹尼·卡索拉罗想要写的这本书的名字就叫《章鱼》（The Octopus）。

但是卡索拉罗没有办法把自己的故事编得圆满，不管是在纸面上还是在自己的头脑里。仿佛章鱼的巨大触手已经紧紧地缠住了卡索拉罗的脑子，束缚了他的想象力，把他拖到了海底，他就那样沉溺在自己的妄想里了。

卡索拉罗在这个深不可测的章鱼阴谋中越陷越深，越来越为尼科尔斯这个人的魅力所倾倒。根据《最后一圈》的描述，这位情报界的特工是一个头脑控制大师，不仅受过催眠术的训练，而且擅用威慑的力量。这是他在做诈骗生意时发展出来的一项技能，当卡索拉罗说他要揭露出章鱼的内幕时，尼科尔斯告诉他，你再继续调查的话，小命恐怕不保。谋杀会做得相当漂亮，没有人会因此被抓。这表面看起来是一个警告，但实际上就是一种实实在在的威胁。卡索拉罗大为惊恐，并转向司法机关了解尼科尔斯的情况。他发现，原来某种程度上，尼科尔斯真的是中情局人员。有关尼科尔斯的行动和联络人等全都是保密信息，因此过去调查过他的联邦调查局特工和联邦检察机构都无法知悉他的情况。检察机构对卡索拉罗说，尼科尔斯曾两次向中情局申请"最高梯队"身份，这种身份只授予中情局的那些最高层级的线人。卡索拉罗由此知道，尼科尔斯过去曾经是一个告密者。这个信息如果被尼科尔斯的那些帮派朋友知道的话，尼科尔斯就可能被杀。

在书的最后，丹尼·卡索拉罗被发现死于西弗吉尼亚州的一家汽车旅馆。当时是 1991 年 8 月，事发前的几个星期里他跟尼科尔斯交往非常密切。他曾对自己的兄弟说，如果他发生了不测，那一定不是什么"事故"。卡索拉罗的两只手腕被砍得面目全非，布满了十多道深深的伤口，这样的伤不太可能是自杀造成的；他的脖子上缠有一根鞋带，浴缸里有一个剃须刀片，还有一罐"旧日密尔沃基"啤酒。边桌上放着一张纸条，上面写着：在心底最深处，我相信上帝会让我进去的。

萨姆读这本《最后一圈》时，不时会张大眼睛。丹尼·卡索拉罗的神秘死亡当时在媒体上引发了轰动。《时代》杂志问道：是这个人知道得太多了吗？《名利场》、《华盛顿邮报》和《村声》（Village Voice）都刊出特稿对当时的情境进行了诸多猜测。CNN 的卢·多布斯对这个故事非常着迷。HBO 开始根据此案推出一部电视剧。《间谍》（Spy）杂志刊登了一篇分成三部分的文章，强烈暗示尼科尔斯谋杀了此人但却得以逍遥法外。《最后一圈》的作者明确指出，尼科尔斯是一个极度危险、崇尚暴力的人。

黎明来到特朗普庄园时，萨姆已完全被故事迷住了。卡索拉罗真的是自杀吗？还是"被自杀"了呢？或者说，是他故意把自杀现场搞得像是他杀一样，借此向他人证明他的阴谋论信念？罗伯特·布斯·尼科尔斯从未因此受到过指控，尽管他很明显有杀人动机。虽然尼科尔斯几十年来都是一个参与非法交易的武器贩子和从事可疑金融活动的国际杀手，事情就摆在那里，但他从未受到过任何刑事指控。萨姆相信这就是证据，证明了尼科尔斯跟中情局、跟章鱼的确有关联。萨姆决定要见一见尼科尔斯这个人。他一定要看一看泽普鲁德的胶片，并用自己的双眼来对真实性做出判断。

但是他想要找尼科尔斯还有另外一个原因，这个原因与拜尤有着直接关系，而且对拜尤来说可解燃眉之急。卡索拉罗和《最后一圈》的作者并没有理解他们追逐的这个故事的真正意义。萨姆的脑筋转了一转，想到了利用 PROMIS 来超前进行股票交易的主意。这款计算机软件当时正在追踪全球各银行内部的资金流动状况，它在不被任何人察觉的情况下，已经打入了美联储和全球各大领先的金融机构的内部。萨姆意识到，如果他能把 PROMIS 搞到手，他就能实时监控资金转移情况，就能看到美联储是如何秘密地把流动性注入到市场并如何从市场上回收流动性的。如果能把这个程序整合到他的交易系统当中，萨姆就不需要内部信息了，因为他已经有了一线情报。他就是只有一个人的国家安全局，他可以领先市场几分钟、几小时甚至是几天。他就能真正做到他所声称的"前推系统"能做到的那些事。他能直接观测到未来。

"就像在茫茫大海的黑夜里突然亮起了一个灯塔，"萨姆回忆说，"我所怀疑的所有问题，PROMIS 成了唯一的答案。我看到过 1987 年崩盘后市场是如何被操纵的，但我不知道他们是怎么做到的，不知道资金到底是怎么流到市场里的。如果那时候我有了 PROMIS，我就能追踪到资金的流向，看清楚美联储是如何行动的。如果我知道资金即将进入半导体行业，那我就能赶在市场之前交易。还有消费品、石油或是天然气等行业，道理都是一样的。我能盯住涨潮点，在股价开始变动前看到流量上升的情况。如果我能弄到这个东西，我就能所向披靡了。我清楚地知道这一点。我会把整个市场玩弄于股掌之中，我会赚很多很多钱，而且那时候赚钱对我来说已经没什么意思了。这将是终极版本的内幕交易。"

关了电脑，躺回到床上，萨姆决心要找到尼科尔斯，拿到 PROMIS。章鱼的确很危险，萨姆明白，丹尼·卡索拉罗是被干掉了，那个蠢蛋竟敢威胁这个阴谋集团。尼科尔斯肯定牵涉其中。某种意义上，他是一个骗子，而且极度危险。但萨姆不会被这个吓住，他愿意冒这个险。他有种，非常非常有种。

第11章

影子市场大冒险

美国联邦政府已经破产了？美联储只是一家私人公司，世界经济其实掌握在全球13个神秘家族手中？

萨姆和几位神秘人物正面交锋，他被带入地下金融市场进行交易，前提是萨姆需要拿出1.5亿资金……

11

人们认为美联储是由联邦政府运作的。其实
不然，美联储是一家私人公司，由数家银行所有，
它是一个俱乐部。

位于伦敦市中心的多切斯特酒店，是萨姆·伊斯雷尔第一次见到罗伯特·布斯·尼科尔斯的地方。杰克·奥哈罗兰负责安排见面事宜。萨姆借口请尼科尔斯帮忙，为 KYCOS 公司正在开发的身份识别卡获取中情局在指纹识别方面的最新技术。奥哈罗兰之前对萨姆说，只要花上50万美元现金，尼科尔斯就可以安排将一个装有绝密生物识别软件的公文包留在拜尤基金的门阶上，其它概不过问。但萨姆坚持面对面会谈。萨姆没有告诉奥哈罗兰他的真正目的，他是冲 PROMIS 来的。尼科尔斯曾和奥哈罗兰打过交道，但生意没有做成，因此他坚称必须预付 25 000 美元的费用。萨姆对此并不知情，但是从他抵达伦敦的那刻起，他就迈入了另一个时空，一个充斥着尔虞我诈、背信弃义和错觉妄想的虚拟世界。

在多切斯特酒店，6个人围坐在大堂的玻璃长桌边。KYCOS 的两名工程师从布拉格飞过来，负责为指纹身份识别系统提供技术咨询。奥哈罗兰也在，带着一个为他工作的爱尔兰年轻人。作为 KYCOS 最大的投资者，萨姆代表着资金。当尼科尔斯到达时，奥哈罗兰像老朋友一样跟他打招呼。彼此介绍后，萨姆在桌子末端的沙发上坐了下来，紧挨着这个神秘人物。

尼科尔斯本人和萨姆想象的相差无几，浑身散发着一种神秘而危险的气息。当他坐下时，萨姆瞥见了他别在挂肩枪套中的手枪，这在武器管制非常严格的伦敦极为罕见。尼科尔斯身高 1.92 米，90 多公斤。当时他年届 60，肤色苍白、大腹便便，声音里透着老烟枪那种低沉沙哑的味道。几十年来的生活经历，使他的眼角眉梢、颊边颚下和谨慎戒备的神情中都透出一种厌世弃俗的神色。他身着一件不算破旧但也谈不上讲究的蓝色西服，袖口还有磨损。在《最后一圈》中，尼科尔斯被描述为"大耳朵版克拉克·盖博"。萨姆觉得，虽然没能将这名中情局特工散发的那种危险气息表达出来，这描述倒也恰如其分。在苍白的肤色和谨慎得体的态度下，尼科尔斯把一切都掩藏得很深，但看得出他能干出极度暴力的事来。

会上，尼科尔斯笼统地说了如何将中情局的技术应用到拇指指纹身份识别系统中去。在座的人一眼便能看出，尼科尔斯绝非什么内行。两名年轻的捷克程序员感觉到尼科尔斯对电脑的了解并不深入，于是开始提出质疑。尼科尔斯向各人保证说，他在情报圈认识相当可靠的人，可以跟他们去谈。

在工程师们谈论"模态"时，萨姆凑到尼科尔斯耳边小声说："我想和你私下谈谈。"

"你跟他们不是一伙的吗？"尼科尔斯问道。

"这跟他们没有关系，"萨姆说，"我来见你是为了别的事情。"

"什么事？"

"PROMIS，"萨姆说，"那个电脑程序。"

尼科尔斯看上去很吃惊，但仍点头会意。他小声对萨姆说他们外头碰面，让他过 5 分钟找个借口出去。之后，尼科尔斯称他有约在身，告辞离去；萨姆则严格按照指示，5 分钟后从多切斯特的前门离开。公园

165

路上，他看见了在出租车中等他的尼科尔斯，连忙钻了进去。尼科尔斯在讲电话，示意萨姆等一小会儿。萨姆注意到尼科尔斯手上拿了一张纸，纸上写着一列一列的数字。他能听到电话另一头的声音，但听不懂他们在谈论什么。尼科尔斯挂了电话，然后飞快地把那张纸放回公文包中。

"你住哪儿？"尼科尔斯问。

"克拉里奇酒店，"萨姆回答。

"我们可以去那儿谈。"尼科尔斯说。

"我想要 PROMIS，"萨姆迫不及待地道明来意。"我知道你跟这个电脑程序有关。我知道你，我想要 PROMIS。"

萨姆没有提他读过《最后一圈》的事。他想制造出一种自己能够接触到机密甚至绝密信息的印象。

"为什么要给你？"尼科尔斯问。

"我可以付钱，"萨姆说，"我不在乎钱。为了它，付什么代价我都愿意。"

"你要它干什么？"

"交易。"萨姆说，"我经营一个对冲基金。有了 PROMIS，我就能跟踪市场，看到美联储是如何转移资金的，然后超前交易。"

"你是谁？"尼科尔斯问。

"我经营着一个叫拜尤的基金，"萨姆说，"我是个交易员。"

"不，我问的是，你到底是谁？"尼科尔斯问，"你和哪个情报部门有什么瓜葛？在华尔街干了多久？家里有些什么人？有什么背景？"

"我也有问题要问，"萨姆说，"但我的问题不那么愉快。"

"问吧。"尼科尔斯说。

"你杀没杀丹尼·卡索拉罗？"

"没有。"

"你没说实话。"

"我不会骗你，"尼科尔斯说，"我的确杀过人，但没杀丹尼。你问我问题，我会回答你。但有些我能回答，有些回答不了。"

尼科尔斯的手机响了。他接起电话，压低声音，以防萨姆听到他在说什么。这个电话挂断后，又有一个打了进来，他又低声说了几句。萨姆能辨认出"支出"和"程序"这两个词，但是听不出谈话的主要内容。

这次挂断后，萨姆问他都和人谈了些什么。尼科尔斯支支吾吾不愿回答，只肯透露说他正在和沙特阿拉伯的一名亲王做生意，是有关交易程序的生意。伦敦的交通陷入了停顿。

尼科尔斯的手机又响了，这次他在说话时打开了公文包，寻找之前看过的那份文件，扫了一眼那页纸又迅速合上了公文包。就在那一瞬间，萨姆看到了那几列数字。

"那是什么？"萨姆问。

"没什么，"尼科尔斯说。

"让我看看，"萨姆说。

尼科尔斯很不情愿地打开他的公文包，然后递过那份文件。"一份支出表，"他说，"一个交易项目上的。"

萨姆看着那页纸上的数字。左边一列数字表示资金投资额，都是几百万的数字；右边一列代表的是盈利额，那简直是天文数字。500 万美元的投资经过这个"交易项目"后，短短几天就变成了 2 000 万美元。纸上没有写交易内容和交易地点。这样的收益令人瞠目结舌。

"这是收益？"萨姆不敢相信地问道。

"我目前正在和沙特人做这个交易，"尼科尔斯说。

"你们交易什么？"

"债券。"

"哪种债券？"

"那种能让你大笔获利的债券，"尼科尔斯回答，"但进入这个市场很难，几乎不可能。"

"什么市场？"

"高收益率债券买卖交易项目，"尼科尔斯说，"这个市场只对最大的玩家开放。"

"那我怎么才能进去？"萨姆问，"不管什么交易我都能做。"

"你有1亿美元现金吗？"尼科尔斯问。

萨姆认为，尼科尔斯抛出这个大数目不过是想让他知难而退。但他并未却步。他探身过去。

"我有，"萨姆说，"我有1亿现金。"

"那你有1.5亿吗？"尼科尔斯问。

"有。"

"有两亿吗？"

"这算是得寸进尺了吧！"萨姆说。

"你应该忘掉PROMIS，"尼科尔斯说，"因为我知道如何把你的钱派上用场，我知道怎么让你大赚一笔。"

✳　✳　✳

拐上布鲁克街后，出租车抵达了克拉里奇酒店。穿过旋转门进入大厅，萨姆和尼科尔斯步入了伦敦世故和浮华的中心所在。皇室成员、各界名人和社会名流经常光顾这座装饰派艺术风格的酒店，在出自奇休利（Dale Chihuly，世界知名玻璃工艺大师。——译者注）之手的、巨大的枝形吊灯下品茶聊天。

伊斯雷尔家族几代人都是克拉里奇酒店的常客，萨姆从容地穿过了豪华气派的大厅。他住在三楼的一个套间。陈设高雅的起居室中摆着一张咖啡桌，桌边配有一对软椅，正好方便这两名男士谈话。他们叫了客房服务后便进入正题。接下来的3个小时中，萨姆和尼科尔斯逐渐了解了对方。尼科尔斯问萨姆是如何知道

克拉里奇酒店　伦敦最著名的四大酒店之一，是萨姆·伊斯雷尔和尼科尔斯第一次正式会面的地方。

PROMIS 的，萨姆说起了伊斯雷尔家族和他在华尔街做交易员的历史。

之后，他又描述了拜尤基金的交易系统。86% 的情况下，"前推"交易系统都能帮助他做出正确选择，萨姆说。拜尤采取的是市场中性策略，所以股市上涨或下跌并无多大关系。整个系统是围绕他专有的计算机程序和多年的交易经验来运转，没有一定之规。

尼科尔斯被萨姆的才干吸引住了，尽管他对华尔街以及运营对冲基金的复杂性并没有多少了解。尼科尔斯说，萨姆的交易技能对他们设法进入那个秘密交易项目一事有着不可估量的作用。

"接下来我问，是否可以问他一些问题，"萨姆回忆道，"他说他会尽可能开诚布公地回答。我问了他关于从事情报工作的历史，伊朗门事件、贩卖武器的经历和卡巴松印第安人保留区里的命案。我没有提到《最后一圈》，似乎他对有这样一本书毫不知情。我对他了如指掌这事使他看起来有些吃惊和不舒服。我想向他传递这样一个信息：我同样也有情报来源，因此不会落了下风。结果发现，我们都认识相同的人。那些和我的家族有往来的权势人物。像菲律宾前总统马科斯、篡改了泽普鲁德胶片的得州石油商克林特·默奇森也都是他的旧相识。尼科尔斯当时和罗伯特·马休（Robert Maheu）一起工作，马休是霍华德·休斯（Howard Hughes，美国著名航空家，工程师、企业家、电影导演、慈善家，以及当时世界上最富有的人之一。——译者注）的左膀右臂。我们有许多共同点。"

尼科尔斯解释了那个秘密债券市场是如何运作的，他描述的那个世界让杰克·奥哈罗兰和《最后一圈》描述的阴谋论都相形见绌。据尼科尔斯称，我们所认为的现代世界基础机构，比如美国政府、美联储、国际货币基金组织都只是幌子。现实远比他所能想象的一切都更黑暗、更危险，这样的真相恐怕不是萨姆所能承受得了的。

"在世界政府之外，实际上另有一个秘密政府在操控一切，"尼科尔斯对萨姆说，"他们掌控着这个秘密交易项目：高收益债券市场。只有少数几个被选中的人才能参与其中，而回报则大得令人咋舌。这些收益成为秘密特工行动、战争以及收买外国政府的资金来源。此外，这些钱也被用来在第三世界国家干一些好事，比如建医院、修建水处理工厂、治疗某种疾病等。这便是这个世界维持秩序的方式。这些项目属于最高机密，获准在这一市场中交易比登天还难。我不知道这事能否办成，但我认识的人或许可以试试，看看能不能让你进入这个圈子。"

尼科尔斯说，和他在出租车上通话的沙特阿拉伯亲王正在交易中期票据，但他只拿到了作为中间人的一小笔费用，而没有得到帮助沙特人进入那个市场理应得到的佣金。尼科尔斯说，他已经厌倦了被客户占便宜。他不仅仅是一名经纪人而已，他还是通往影子市场这条险象环生之路的向导。尼科尔斯说，他能带领萨姆进入他所谓的"上层世界"这一迷宫。

"尼科尔斯向我介绍了那个市场是如何真正运作的，"萨姆回忆道，"众所周知，美国国债是美联储创造出来的。这些债券以折价方式发行，比如说88%的折扣。美联储将这些债券卖给被他们称为一级交易商的少数几家机构，如高盛、德意志银行、日本野村控股公司、瑞士银行和法国巴黎银行等。全球最大的这几家金融机构可以获得上市前的美联储票据，美联储会给予他们一定的折扣以激励他们购买。折扣高低不等，但通常为两三个点。他们基本上是稳赚不赔、毫无风险的。这些一级交易商属于进行'私单交易'的内部人士。接着，这些债券被这几家大型银行以93%、94%的折扣投放市场，并流入小规模交易商手中。之后，债券的价格再上涨1%或稍多点儿，这时便是平头百姓购买美联储证券的时候了。此前银行已经万无一失地分完了一杯羹。"

"这是众所周知的那个市场。人们认为美联储是由联邦政府运作的。其实不然，美联储是一个私人公司，由数家银行所有，它是一个俱乐部。这就是为什么它的一举一动都如此神秘，所有事情都被挡在了门后。公众不知道是谁真正操控着美联储，或者说，不知道谁是美联储的真正拥有者。尼科尔斯说，如果你了解美联储背后的势力，你就能看到这个世界的真正主宰者。归根结底，是金钱驱动着这个世界。美国联邦政府事实上已经破产，在 1972 年尼克松使美国放弃金本位时，美国就已经大难临头。美联储没有足够的黄金来兑换政府发行的全部美钞。所以美国就换了玩法，这就是所谓'法定'货币的由来。美元的实际价值连印它的那张纸都不值。"

"我知道鲍勃是对的，这种事我从不会看走眼。这是我知识领域内的东西，这些东西是 80 年代弗雷迪办公室的那些交易员教我的，他们是真正的'主宰者'。成长过程中，我亲眼目睹了这些事情是如何操作的。秘密债券市场就是这么来的，鲍勃说，为了保持系统的偿付能力，美联储秘密以超低折扣发行国债。1 美元的国债不到 50 美分就能买到。接下来，这些国债进入影子市场，各大银行都有特设部门专门负责处理这种交易。利润巨大，数额也惊人，数以十亿计。但是没人告诉公众存在这样一个市场，因为一旦他们知道全球经济体系已是这般风雨飘摇，便会引发巨大的恐慌。"

"但是有一点需要注意。如果你在这个市场交易，你不能拿走全部收益，这是不允许的。如果我想方设法进入了这个市场，鲍勃说，我只能拿走一部分收益。可能是两成，也可能是一成，这取决于交易结构，其它的要捐给掌权家族指定的慈善机构。这些钱将被用来在非洲治愈艾滋病，或在巴基斯坦修建水处理工厂。这便是这个系统运转的方式，整个世界金融体系实际是这么运作的。"

"起初我对鲍勃所说的内容并不完全明白，但觉得核心部分真实可靠。我知道美联储在操纵股票市场。美联储实施的所有'量化宽松'政策都只是为了使标准普尔指数上升，取悦普通百姓，好让他们别问出什么让他们难堪的问题。我告诉鲍勃，我想知道更多。如果他所说属实，那么这一切对我意义非凡。要进入影子市场，我就得留在伦敦交易。鲍勃说第二天他会把我介绍给他的同事，他们就是这个市场的经纪人，能针对业务中有关慈善的那部分做出解释。"

"鲍勃说他会和我形影不离。从那天起，我们一直在一块儿。他尽其所能地让我远离其他人，用他的话说，他是我的'训练员'，从那以后他将对我进行培训。"

欺骗大师萨姆终于找到了一个气味相投的人。尼科尔斯说谎时一副煞有介事的样子，而且不断重复，让人很难判断他到底是否知道自己在说谎。比如，尼科尔斯曾经对萨姆说，不要将他们私下会面和秘密债券市场的事告诉奥哈罗兰，让萨姆第二天上午对奥哈罗兰说谎。尼科尔斯不想奥哈罗兰干涉他们的新计划。为了将《马赛克》改拍成电影，奥哈罗兰在伦敦安排了一次和电影制片人的会面，那天上午，萨姆按照之前答应的和奥哈罗兰一起去了，但心里却迫不及待地想走。他喜欢奥哈罗兰，喜欢《马赛克》，也认为它可以改编成一部好电影，但萨姆满脑子想的都是高收益投资的事。他必须将这件事瞒着自己的这位朋友。

"从一开始鲍勃就让我发誓保密，"萨姆说道，"他不想让杰克知道秘密债券市场的事，不想让杰克知道我们私下偷偷见面。鲍勃想让我离杰克远点。他跟杰克说自己正在关注指纹技术的事，会再回头和他联系，但实际上他什么都不会做。鲍勃想让杰克相信，我没有和他做任何生意，虽然这和事实相去甚远。信口开河对鲍勃来说从来不是难事。他说谎的本事相当高明，有时候故意给出错误提示，有时候则故意不透露某些信息。他是个手段娴熟的江湖骗子。"

✳　✳　✳

在萨姆第二次见尼科尔斯之前，他和奥哈罗兰在克拉里奇酒店一起吃了顿午餐。大厅对面，影星汤姆·汉克斯和他妻子，演员兼制片人的丽塔·威尔逊正在办理酒店入住手续。虽然不是什么疯狂的追星族，但萨姆还是立刻就认出了汉克斯。奥哈罗兰也是一样。让萨姆惊奇的是，奥哈罗兰走过大厅和汉克斯握了手，并将跟着的萨姆介绍给了汉克斯和威尔逊。"杰克曾和汉克斯一起演过戏，"萨姆说，"他们很熟。这太棒了。如果不是奥哈罗兰，我只能像其他影迷那样，傻傻地站在大厅里盯着电影明星无话可说，但我却和他握了手，问了好。他们甚至到我们的餐桌边和我们一起用了午餐。从这方面来说，杰克是个有意思的家伙，我喜欢和他在一起。"

午餐后，萨姆起身离去，尼科尔斯让萨姆在格罗夫纳公园酒店和他见面。这是公园路上的另一座豪华酒店，和克拉里奇酒店只隔几个街区。酒店七楼是为客人准备的私人商务中心"皇家俱乐部休息室"。鲜为人知的是，任何人花上一点钱都能买到这个俱乐部的黄金或白金会员身份，这样非酒店住户也只需花极少的钱就能在休息室洽谈业务。服务台边 24 小时都有女招待，会员可以享用免费点心，免费阅读报纸和杂志，平板电视可以收看有线新闻台和金融广播电视网的节目。这儿既安静又干净，还地处市中心，对一名出门在外的高管来说，是再好不过的见面之所了。既廉价而又能凸显尊贵是这儿的另一个好处，简直是一个骗子能找到的最理想之所。

尼科尔斯将所谓的资深情报人员约翰·卡西迪和奈杰尔·芬奇介绍给了萨姆。他说，这两人是进入那个债券市场的关键人物。卡西迪是中情局香港站的前负责人，越战期间曾担任美国空军飞行员，而且他还是美国狂野西部臭名昭著的罪犯布奇·卡西迪的后代。他属于中情局里和里根总统以及老布什总统走得比较近的那一派。90 年代初，随着亲克林顿政府派系的进入，卡西迪渐渐失宠，两方势力为了掌握秘密市场中的最高权力争得你死我活。结果，卡西迪被迫流亡。

"鲍勃并不完全相信卡西迪，"萨姆说，"但他说，要进入那个市场就非得靠卡西迪不可，他已经让许多人进入了高收益债券市场。会面前，鲍勃警告我，卡西迪是个反复无常的危险分子。他曾在柬埔寨的一次坠机事故中受过伤，被毁容了。鲍勃让我小心行事，不要盯着他看。但他的外貌实在怪异。眉毛是纹的，瘸得厉害，走路一拐一拐的。他身材矮小，牙齿也乱七八糟。这位老兄的外表很吓人，让人不盯着他看都难。"

"相比之下，芬奇则是个温文尔雅的英国男子。据鲍勃说，芬奇是英国秘密情报机构军情六处的一名老特工，同时还经营着一家古董店，专门负责修复金属制品和雕塑。作为英国皇家艺术学会的成员，芬奇除了为大型博物馆和商人工作外，还为皇室提供服务。鲍勃常拿芬奇的良好教养取乐，说这样一个男人竟然趟这浑水，和'男孩们'做生意，简直不像是他的做派。"

四个男人在一间私人会议室坐下。四五把椅子摆放在会议室靠窗的一张小桌子周围，俯瞰海德公园。这次会议本可以在任何一个会议室中进行，但这里布置得颇似一个可以做数十亿美元交易的地方。实际上这个会议室是免费的，咖啡和甜点由酒店提供，"高端金融"的氛围不过是一种视觉幻象。

"我们今天的日程有好几项内容，"当仁不让地担任会议主持的尼科尔斯说，"我们会讨论债券的事，另外，萨姆还想要拿到 PROMIS 这个计算机程序。"

但中情局秘密的"后门"电子监督系统这一话题再也没被提起。萨姆已经完全失去了对它的兴趣，影子市场才是他关心的内容。尼科尔斯解释道，这些年来他们三人已经介绍多名富人进入这个市场进行交易，但却只赚到了经纪人佣金。他们不能用自己的账户进行交易，没法获得数十亿美元的收益。现在，终于，事情将有所改变。有了萨姆的 1.5 亿美元，他们就有机会作为委托人进入这场游戏。他们将形成自己的派系，成员包括萨姆、尼科尔斯、卡西迪和芬奇。做交易并不是件容易的事，可以说是相当不容易。就算萨姆愿意接受，这项任务也几乎是不可能完成的。仅仅是尝试进入这个影子市场就意味着萨姆必须承担随时被敌对派系干掉的风险。萨姆庄而重之地点了点头。

他们接下来讨论了债券的运作方式。尼科尔斯解释说，投资高收益市场没有任何风险。拜尤基金的数百万美元将被放在一个"零损耗账户"中，这是一个由萨姆和被指定的、经认证的慈善机构联合的账户。但除了萨姆，没人能动用里面的钱。这个账户的唯一用途就是为交易提供资本，它仅为影子市场中交易的证券作担保。如果交易没能发生，不管是什么原因，萨姆都不会有分毫损失。

尼科尔斯说，这些交易将改变世界。卡西迪和芬奇经营着一个名为"人道主义联盟"的机构，慈善是交易结构中必不可少的一个环节。人道主义联盟是一个经过认证的慈善机构，在英国政府部门注册，免税，并且随时能把即将从交易项目中获得的数亿美元捐赠出去。这些钱"据说"将被用来治疗艾滋病。卡西迪和芬奇向萨姆展示了一种他们开发的锌基矿物质营养品，说那种营养液已被证明能大幅降低艾滋病病毒的水平，从债券市场获得的慈善捐助将被用来在撒哈拉以南的非洲地区派发这种灵丹妙药。

短短几分钟的时间里，萨姆从考虑如何成为亿万富豪，到发现可能为此搭上性命，接下来又是要治疗艾滋病。整个谈话荒唐透顶。卡西迪和芬奇有什么资质能治愈艾滋病？如果真能治愈，这件事为何从未见诸报端？难道诺贝尔奖委员会没有注意到这个突破性进展？尼科尔斯和他的同事一脸严肃、面无表情，好像他们向萨姆传达的这种逻辑跳跃完全合乎情理。这种药物目前还买不到，是因为现在的制药公司能从销售抗逆转录病毒的药中赚大把大把的钱，同时还受到美国政府内部强大而暴的派系的保护。对治愈艾滋病的百般阻挠正好说明了他们所面对的势力是多么残酷无情。

萨姆饶有兴致地检验了那些药物，其他三个男人一脸期望地看着他。萨姆可以坦言这件事十分荒唐然后拂袖而去，回到拜尤基金和自己的问题；也可以暂时抛开疑惑，考虑一下尼科尔斯实话实说的可能性有多大。但鉴于对冲基金深陷巨亏和绝望，萨姆实际上别无选择。伊斯雷尔家族一直都积极参与慈善工作，他母亲将一生都献给了慈善事业。赚钱拯救拜尤基金的这个想法使萨姆心潮澎湃，还能同时帮助许多人的这一念头也使他激动不已。这个三人组对萨姆说，这种锌基矿物质营养品还能提高性欲和性能力。萨姆服用了三滴这种妙药，然后咧嘴笑了。

"上百万条生命可能将因为它得到拯救，"尼科尔斯说。

萨姆觉得卡西迪在盯着他看。那目光凌厉而意味深长，似乎能看穿他的心思。萨姆感到有点不自在，于是转向他，但卡西迪的目光并没有移开。

"有什么我能帮你的吗？"萨姆问。

卡西迪依然目光坚定地注视着他。尼科尔斯已经明显有些暴躁。

"你对我有什么不满吗？"萨姆问。

"我认识你。"卡西迪说。

"我不记得。"萨姆回答。

"我很确定我在哪里见过你，"卡西迪坚持道，一边仍目不转睛地盯着他。

"没准你正通过布奇·卡西迪的眼睛看我，"萨姆开玩笑说。

卡西迪没有笑，尼科尔斯也没有笑，然后卡西迪非常突然地离开了。他刚离开，尼科尔斯就让萨姆注意自己的态度。但萨姆说，他才不会去在意一个神经病的胡言乱语。几分钟后，卡西迪去而复返。

"我就知道，"卡西迪一边说一边重新在桌子边坐下，"你是摩萨德（Mossad，以色列情报和特殊使命局。——译者注）的人。"这一说法让萨姆大笑起来。

"你简直昏了头。"萨姆说，并使用了西班语来说"头"这个词。

"他是摩萨德的人，"卡西迪又说了一遍。

"这不可能，"尼科尔斯平静地说，"我彻头彻尾地调查过他。"

卡西迪哼了一声。"你最近是不是心脏有问题？"他问萨姆，"你是不是得过心脏病，做过心脏搭桥手术，或是安装过心脏起搏器？"

萨姆大惊失色，他从未向任何人提起过自己的心脏问题，从来没有。伦敦的某个陌生人是绝不可能知道萨姆的健康状况的。除非他可以接触到机密信息，那种特工间谍才能获得的机密信息。

卡西迪观察到萨姆目瞪口呆的反应。"我早就知道，"他说，转向尼科尔斯和芬奇，"他是摩萨德的人。"

萨姆环顾四周，不可置信变成了怒不可遏。"我说了，我不是什么摩萨德的人，"他说，"我说我是什么我就是什么。我是一名交易员。我经营一个名叫拜尤的对冲基金公司。你可以去查。"

"我的确查了，"卡西迪说，"我做过背景调查，你上了一个叫什么'国家智识威胁'的名单。中情局对你下了毒，并让这看起来像是心力衰竭。有人想要置你于死地。要么你就是运气好，要么你就是身体好。"

萨姆一下子慌了。国家智识威胁名单？摩萨德？难道他已经引起了黑暗势力章鱼集团的注意？难道萨姆也卷入了曾吞掉丹尼·卡索拉罗小命的同一个漩涡？医生一直未能就他这种罕见心脏病的病因做出解释。难道这就是他差点没命的原因？

卡西迪让萨姆不要害怕，从此以后不必再担惊受怕了。卡西迪可以安排让萨姆的名字从那个名单上永远消失，如今的萨姆是在身怀绝技的刺客尼科尔斯的羽翼之下了。眼下，最关键的是保证萨姆生命无虞，这样他们才能着手进行高收益债券的项目。萨姆现在完全相信，坐在他面前的这些人大有来头。至于什么样的来头，是善还是恶，他并不确定。然而萨姆是不会因恐惧而止步的。

* * *

回到克拉里奇酒店的房间，萨姆给在拜尤基金办公室的马里诺打电话，满怀兴奋地告诉他，他们的"问题"有了解决方案了，他希望马里诺立刻启程来伦敦。萨姆说，这件事情不方便在电话里讲，这个消息太具爆炸性，电话有可能被窃听。马里诺满腹狐疑，但依然连夜乘坐飞机抵达了伦敦。一起吃午餐时，萨姆向马里诺大致描述了尼科尔斯的背景以及在美国国家安全局和影子市场的关系等。

"这对我而言简直就是天方夜谭，"马里诺后来回忆说，"如果萨姆所说属实，那么我就要成为亿万富豪了。我激动不已，就像这一切都是真的一样。"

那天下午，在格罗夫纳公园酒店的皇家俱乐部，尼科尔斯给马里诺看了一张图表，上面显示了 1.5 亿美元投资所得的回报。即使拜尤基金只分得这笔意外之财的一小部分，利润也是非常可观的。马里诺不解地盯着那些数字。尼科尔斯说，仅第一年拜尤就可获得 62.5 亿美元。但这些数字对马里诺而言没有任何意义，他不能理解尼科尔斯这种表述的逻辑。但萨姆对此深信不疑，于是马里诺抱着一丝希望继续听了下去。萨姆才是要进行交易的那个人，所以也许这里面有些东西是马里诺不能领会的。

"这个市场并不为众人所知，仅有极少数人能够进去，"尼科尔斯说。

这件事属于绝密，萨姆和马里诺都必须签署保密文件，文件规定，一旦透露这个市场的存在，就要受到 30 年监禁的惩罚。这份协议要求绝对保密，整个过程中，尼科尔斯都未指明谁将把他们关进监狱，或是被关在哪里的监狱。大概是"章鱼"在关塔那摩湾沿岸什么地方有个秘密基地吧。

"有许多人假装自己有渠道进入那个项目，"尼科尔斯说，"我可以助你们一臂之力，我是一名可以帮你们引荐合适的人的推手，我可以保证不让你们受骗上当。这里有许多试图仿造交易的骗子。那都是圈套，不是真的。我可以让你们进入真正的市场。"

"我信任你，鲍勃。"萨姆说。

"这个市场极其危险，"尼科尔斯说，"即使只是尝试进入都有可能招来杀身之祸。""我不在乎。"萨姆回答。

"我可以保护你，"尼科尔斯说。

"我知道你是个铁石心肠的杀手，"萨姆对尼科尔斯说，"但如果你偷了我的 1.5 亿美元，我发誓我一定会杀了你。"

"很公平，"尼科尔斯说。

　　萨姆和马里诺离开休息室乘电梯下楼，两人都没有说话。马里诺的脑子正转得飞快。

　　"你怎么看？"萨姆问。

　　"为什么有钱人要这样做？"马里诺机警地问道，"为什么他们要让你赚那么多钱？"

　　"因为他们知道这个世界已经破产，"萨姆说，"如果不让这个金融之轮继续运转下去，它就会脱轨。到时候世界各地就会纷纷爆发革命，平民百姓就会掌权。但如果这样做，他们就能控制现状，并继续维持他们的超级富翁的地位。"

　　从理智上说，马里诺明白萨姆的观点。但美联储背后究竟隐藏着什么？现在不存在金本位，因此美联储也没有黄金来兑付它印发的钞票。如果算上美国政府的所有债务，联邦债务、社保和联邦医疗保险，按照会计方面的标准，这个国家确实已经破产。美元和全球经济都可被视为一个无比巨大的庞氏骗局。但这事听起来还是太好了，好得不像真的。这个市场存在的真凭实据是什么？如果这一切都是一个骗局又该如何？

　　"然后呢？"萨姆问道。

　　"你想让我评判一下刚遇见的这个人？"马里诺不耐烦地说，"我没做过尽职调查，我也不知道他们是谁。"

　　两人走出格罗夫纳公园酒店的后门，朝克拉里奇酒店走去。

　　"我相信鲍勃，"萨姆说，"我想干这件事。"

　　"我不知道是真是假，"马里诺说，"但我知道，如果这件事是真的，那么你所说的就是一个比刺杀肯尼迪更大的阴谋。"

　　"我们不得不做，"萨姆说，一边在人行道上停了下来。

　　马里诺也止住脚步。

　　"光靠交易，我没法让拜尤走出困境，"萨姆长叹一声说，"真的没办法。"

马里诺不可置信地盯着萨姆。

"谢谢你现在告诉我这些，"马里诺说，"你给了我选择的余地吗？"

萨姆没有回答。

"如果你想干这个，必须确保让钱一直都在拜尤名下，"马里诺说，"不能把钱放在任何其他人的名下。而且你必须呆在这里全程关注。"

"我会的。"萨姆发誓道。

"我没法阻止你，"马里诺说，"如果你想试，千万记住，把钱放在拜尤名下的账户中。"

萨姆和马里诺走完五六个街区回到克拉里奇酒店，一路上没有再交谈。马里诺觉得心神不宁。尼科尔斯的故事让人难以相信，可万一他说的是真的呢？万一拜尤的问题真能因此快速解决呢？萨姆和马里诺经营着拜尤，一路走了这么远，现在他们已经到了一块遥远的陆地，一块只有他们知道其存在的陆地。也许影子市场真的存在，马里诺想。也许他们真能获救，也许还有一线希望，也许……

❋   ❋   ❋

2004 年 4 月 14 日，拜尤基金将 150 999 847.42 美元汇入伦敦巴克莱银行的一个账户。根据萨姆签订的"受益管理协议"，他现在被称作"捐助人"。萨姆自认为已经仔细阅读了协议条款。律师对这份文件进行了公证，确认了它的合法性。"双方同意，将每 10 天 1 次百分之百地向捐助人支付其财务收益。"协议上如此写道。

令人遗憾的是，萨姆的谨慎小心远远不够。结果证明，这笔钱并没有如他向马里诺郑重承诺的那样，进入萨姆名下的账户中。这超过 1.5 亿美元的现金存入了"人道主义联盟"的账户中。

这是个不详的开始。唯一能弥补这个不足的，似乎就是这个账户为"零损耗"账户。

也就是说，没有萨姆的签名就无法取出或转移账户中的钱，除非尼科尔斯和他的同伙足够狡诈，能说服巴克莱银行的职员让"人道主义联盟"把钱取走。萨姆完全不知道自己冒的是怎样的风险。他相信自己的警惕之心，相信自己的直觉。

"我们出去举行了一个庆祝晚宴，"萨姆回忆道，"鲍勃说现在我们在一条船上了。鲍勃带我去了丽兹私人赌博俱乐部，他是那里的会员。出租车在俱乐部门口停下，一个身穿红色制服、头戴高顶礼帽的门卫为我们打开车门。通往地下赌场的楼梯铺着红色地毯，两侧是华丽的黄铜扶手。装饰豪华却不招摇，这是个漂亮而且让人印象深刻的地方。"

"前台的那名女子认识鲍勃，显然他和这个赌场的老板很熟。鲍勃为我做了介绍，称我是美国来的大金融家，即将加入丽兹俱乐部。我们走过门厅来到一扇厚重的黄铜大门前，走进了一间餐厅。这是我见过的最漂亮的餐厅之一，小时候我见识过许多这样的地方。天花板装饰得像西斯廷教堂，下面挂着两盏巨大的水晶枝形吊灯；椅子上铺着饰有花朵、镶有银边的豪华织物。"

"一切都是最高级的。鲍勃对领班说，他希望我在这里受到和他一样的礼遇。我们在壁炉前的一张小桌子旁坐下，点了一瓶好酒。这里的酒单超级棒。"

"我问鲍勃，他所说的'一切都不是看上去那么简单'到底是什么意思。我想让鲍勃详述我们在克拉里奇酒店中讨论过的问题。他对我能否保密非常非常在意。我说既然我们现在是合伙做生意，就应该彼此信任。我已经投入了巨额资金，这证明我非常相信他。他也应该同样信任我。"

"多年来，政府一直将这些事情瞒着公众，"尼科尔斯说，"那些公众眼中的掌权之士，政治家、银行家、外交官，甚至都到不了这条食物链的中层。"

"你指的是谁？"萨姆问，"光照派（Illuminati）？彼尔德伯格集团？"

"关于这些，你知道多少？"尼科尔斯问道。

"我听说有 5 大家族控制着这个世界。"萨姆回答。

"是 13 个,"尼科尔斯说,"13 个家族掌管着这个星球。这些家族虽然赫赫有名,但圈外人并不知道他们真正的所作所为。戴比尔斯家族、中国的美华(Mai Wah,音译。疑为杜撰。——译者注)家族、罗斯柴尔德家族,他们就是所谓的'男孩们'。他们就是用黄金支撑着美联储的人,真正拥有美联储的人。这个结构已和时间一样古老。即便是最富有的美国人也顶多是二级或三级玩家。"

"这就是控制世界的唯一方式,如果对人类社会放任自流,那只会是一片混乱。事出必有因,疯狂的表象下亦有秩序。各国总统都是这些家族指定的,发动战争将受到制裁。"

"鲍勃说,美联储只不过是个幌子,"萨姆回忆道,"这便是秘密交易项目存在的原因。我告诉他,从我母亲一方的家谱来说,我也是罗斯柴尔德家族的一员,但并不是涉足这个市场的罗斯柴尔德家族。那个家族的人有偿付能力,和其他家族一样,他们有着价值数万亿美元的黄金储备。他们发行债务、支持债务,授权美联储印刷钞票。"

"鲍勃一边喝着酒,一边告诉我一国元首不听话会怎么样。肯尼迪就因为他在越南一事上的立场而被杀。古巴导弹危机后,肯尼迪和赫鲁晓夫曾秘密会面,决定逐步降低冷战级别。冷战可是一桩大生意,许多人都通过武器交易大发其财。鲍勃和我说了有关肯尼迪胶片的事,就是我在《最后一圈》中读到过的那段胶片。他说那段胶片一直放在他那儿保存着。我问是否可以让我看一看,他说不行,太危险了。"

"我们都处于他人掌控之中,和以往我们被教育灌输并深信不疑的生存之法完全背道而驰。总统只不过是金融家们的马前卒这一理念似乎言过其实,但是即使富兰克林·罗斯福都明白,自托马斯·杰克逊(Thomas Jonathan "Stonewall" Jackson,又被称作石墙杰克逊,美国内战期间著名的南军将领。——译者注)的时代起,一直是'金融元素'在控制着美国。"

"鲍勃一边说,我一边记笔记。他向我说起一本书,名为《悲剧与希望：我们时代的世界史》（*Tragedy and Hope: A History of the World in Our Time*），由卡罗尔·奎格利（Carroll Quigley）教授撰写。这本书写了一个亲英网络是如何操纵这个世界的，他们的做法和激进的右翼分子毫无二致，基本上就是一个阴谋集团。不过这个集团很隐秘，由全球金融家所组成。他们创建了一个由私人金融家控制的世界体系。他们私下召开会议并签订秘密协议，通过各个国家的中央银行控制财政贷款和汇率变动，从而主宰着政治格局。"

萨姆和尼科尔斯谈成了一份附属协议，同意支付给这名中情局间谍5% 的收益，算起来也有数亿美元。他们这个刚刚成立的派系有一名指定交易员，只需萨姆和这名交易员见过面，他们就可以开始交易了。埃米莉·哈德威克身高约 1.65 米，金发碧眼，40 岁出头。尼科尔斯说她是这些项目的专家。会议在尼科尔斯的行动基地——格罗夫纳公园酒店的皇家俱乐部休息室举行。

哈德威克讲一口带英国上流社会口音的英语，穿一身保守的职业套装。她脸上长满雀斑，声音沙哑得像酒鬼。他们对萨姆说，她之前因为酗酒而被迫离开市场，现在她回归了，并且将用萨姆的钱进行交易。萨姆一看就知道她精通债券。哈德威克阐述了她的基本原则：在任何情况下她都不希望透露自己的真实名字，不允许拍摄有关她的任何照片。保密是重中之重。

午夜时分，萨姆、尼科尔斯和哈德威克前往伦敦市金融区隆巴德街 54 号的巴克莱银行办公室。尼科尔斯以保镖、低级合伙人及训练员的身份陪同。尽管已是深夜，这三人还是通过了安检。办公室楼上有一间大交易室，室内设有三四十张桌子，里面空无一人，电脑也都关了。他们穿过交易室，走进了后面另外一个房间，这便是影子市场的秘密交易室。交易室天花板很高，摆放着深色的木质家具以及风格庄重的装饰品，颇像一间董事会议室。一面墙上铺着许多屏幕，桌子上放着一堆债券以及饰有压印浮雕花、盖着印鉴并带美联储标记的密封文件。

183

萨姆翻了翻这些债券，看上去像是合法的。尼科尔斯将美国证券库斯普（CUSIP）号码指给萨姆看，这是一串 10 位数的债券安全认证码，萨姆没有怀疑。

"他们给了我一张交易桌，"萨姆说，"桌上有一台电脑，上面显示夜间市场上的债券交易正有条不紊地进行着，另外还有一台电脑显示着这些债券交易的地点。埃米莉是一名独立交易员。她已经和美联储进行了多年的交易。她就是一只密探松鼠，永远都不希望被人知晓。于是我和埃米莉开始押注债券。"

"交易室中除了我们别无他人，但我可以在屏幕上看到其他交易员。德国邮政银行正在交易，还有汇丰银行和纽约梅隆银行。一共有 16 或 17 家银行获准参与，他们被称为夜间交易员。并不是因为他们在夜间交易，而是因为他们的交易是无形的，外界没人知道这里正发生着什么。埃米莉在线上介绍了我，称我是一名新的夜间交易员。我为我自己的项目，为我自己的 1.5 亿美元进行交易。"

"这和常规交易有些相似。有报价，有买方价格和卖方价格。交易额可高达数十亿。我只是这个市场中的一个小角色，但我也在买进卖出。市场从 44 点上涨到了 50 点，利差很大，所以有很大的交易空间。鲍勃一直和我呆在同一个房间中，寸步不离。"

晨光初露，交易终止。萨姆拖着疲惫不堪的身躯回到自己的酒店房间。他很高兴开始在这个新市场交易。但他迫不及待地想看到实实在在的结果，那些能拿回去给马里诺的真正收益。债券市场的夜间交易进度缓慢，每三四个晚上才进行一次。萨姆想加快步伐，但哈德威克坚持要耐心行事。

按照协议，哈德威克要每周就她的交易行为进行汇报。4 月 29 日，在哈德威克开始交易一周后，她说她所交易项目的收益为 9.42 亿美元。萨姆听了后几乎不敢相信，又惊又喜。在向人道主义联盟和哈德威克进行支付后，萨姆可以得到剩下的三分之一。

这个数额意味着，加上巴克莱银行账户返还给拜尤基金的 1.5 亿美元，萨姆一共就有了 4.5 亿美元。这些钱用于解决拜尤的问题绰绰有余。拜尤基金可以重新盈利了，萨姆欣喜若狂。"问题"终于解决了，折磨了他多年的恶魔就要被消灭了。

"我知道，只要我把钱弄到手，没人会在意骗局的事，"萨姆说，"**这是美国。没人关心你的钱是怎么来的，只要你能挣到。**我知道没人会有任何问题。就我而言，我会关闭拜尤基金，彻底了结这事。这个市场可以有机会赚到数十亿美元。事情的进展和鲍勃所说的一模一样，我不会再通过拜尤交易了，我要在这里用自有资金交易。"

萨姆迫不及待地想和马里诺分享这个天大的好消息，于是打电话给他。拜尤得救了！萨姆在电话里吼道，影子市场是真的。马里诺一开始还心怀疑虑。他清楚交易细节，不清楚它是怎么操作的，如何结账的，或者资金又是怎样运转的。但萨姆是交易的行家，连他都深信不疑。萨姆的热情极富感染力，马里诺简直不敢相信这个 180 度的大转弯，他们终于可以关闭拜尤，结束这场噩梦了。同时，两人一致同意，萨姆应该继续呆在伦敦，等着交易结束然后拿到他应得的钱。

"萨姆说，我们将富有得超出想象，"马里诺回忆说，"从每人分到 1 亿美元的现金开始。萨姆的神态基本上是'我早就告诉过你'，并混杂着忘乎所以。我也有些飘飘然。我太想相信他了，我还和一名女性朋友一起出去庆祝。我们去了曼哈顿的'波斯特之家'吃牛排，我请酒吧里所有认识的人喝了酒。我还买了雪茄，那天晚上一顿饭我就轻轻松松地花掉了 1 000 美元。"

几天过去了，哈德威克并没有把钱交过来。她销声匿迹了。尼科尔斯、卡西迪和芬奇愤怒不已。或者准确地说，是假装愤怒不已。他们被哈德威克摆了一道，这三人对萨姆说，她利用巴克莱银行账户中的钱作担保大赚了一笔，但却拒绝分享收益。

卡西迪给哈德威克发了一封措辞严厉的通知函，强烈谴责她违反了协议。"兹正式通知，请提供一份涵盖全部交易，包括所有私募买卖交易的详细账单。"卡西迪写道。但通知函石沉大海。萨姆兴高采烈的心情开始一点点消失。到那时为止，据萨姆估计，哈德威克已经赚了数十亿美元。卡西迪对萨姆说，哈德威克因为遇到了一些"女人的问题"，做了子宫切除手术，所以才会不见了，萨姆却觉得她肯定是故态复萌，重新酗酒了。她说赚的那些钱全都没了，没有人就此做出解释。萨姆崩溃了，他别无选择，只能又打给马里诺告诉他这个令人震惊的消息。

"当他说交易没有成功时，我大失所望，弄不明白到底是怎么一回事。我感到伤心欲绝，"马里诺说，"他没法在电话里告诉我具体细节。他只是说，那个做交易的女人简直疯了。我一直都不怎么明白，她为什么发疯了，交易为什么急转直下，下一步该怎么办？"

萨姆倍受打击。但尼科尔斯不打算放弃，至少拜尤基金的 1.5 亿美元依然安放在伦敦的账户中。尼科尔斯对萨姆说，他们仍然可以在秘密市场里交易。没有了哈德威克，尼科尔斯建议萨姆亲自上阵。他之前做的交易都是在哈德威克的授权下进行的，但尼科尔斯相信，萨姆够资格成为他们派系的指定交易员。萨姆上钩了，之前他花了足够的时间来研究影子市场及其运作方式，他也曾在哈德威克身边进行过交易。他认为自己完全可以胜任。

"于是我以交易员的身份走上了她的位置，"萨姆说，"我开始转变成那个能掌握一切的角色。我知道这有可能是个骗局。在交易室中，我止不住四处看。这的确是一处高级场所，一个真正的交易大厅，而非什么野鸡机构。"

因为高收益市场变幻莫测，萨姆开始自己交易的那天晚上只有其他两名交易员在线。其中一个在德国，另一个在法国。在交易债券时，萨姆通过电话和他们交谈。但他们并没有互相交换名字，至少没有交换真名。在一个无名行业之中，没有人会使用真名实姓，否则太过危险。他们都使用代号。

"我给自己起名为代达罗斯（Daedalus），"萨姆说，"他是希腊神话中伊卡洛斯（Icarus）的父亲，用蜡和羽毛为儿子造了一双翅膀。我觉得这名字很合适。我就是飞得离太阳太近了，我知道很可能我的翅膀也会被太阳熔化。"

第12章

基金诈骗犯 VS 国际骗术大师

中情局给全世界的骗子提供了温床？自称黑暗特工的尼科尔斯究竟是什么身份？基金诈骗犯遇到了国际骗术大师，为了将萨姆拉进骗局的深渊，惊心动魄的较量正式拉开帷幕……

12

对于像影子市场这类童话剧般的骗局，似乎只有傻瓜才会上当。但实际情形恰恰相反，目标越聪明、越狡猾，就越能够看到其中蕴藏的机会。

骗术大师并不是贼，至少不是传统意义上的贼。真正的骗术大师是艺术家，既有即兴演出的喜剧天赋，也有头脑控制和模仿编造的能力。他对人类本性一个最基本的洞察就是，让一个诚实的人上当受骗毫无可能。他需要抓住的是受害者心灵中若隐若现的那一丝侵占他人财物的动机。这句话用在萨姆身上再贴切不过。他知道投资者们的非分期望，并用美丽的幻觉来满足他们。这句话对罗伯特·布斯·尼科尔斯也同样适用，这位骗术大师提出来的交易简直太吸引人了，听起来都不像是真的，但同时让人深信不疑，让人相信这个可以大发横财的机会百年难遇而且必须高度保密。心思缜密、擅作大局的骗术大师的行事手段就像是一个小说家，为他的目标人物，用行内的话说就是那些肥羊、野人、蠢蛋，创造出一个完整的世界。

现代美式骗局是在 19 世纪 90 年代被发明出来的，地点是在边境地区的沙龙还有河船上，发明人是一些鼎鼎大名的骗子。他们主持的通常都是操纵赛马或是职业拳击赛结果的骗局。这类骗局都要按照一定的步骤精心编排：讲故事，让目标上钩，收线，脱钩，收尾。肥羊通常都出身于富有的家庭，或者是一个白手起家的没受过什么正式教育的暴发户。他们通常对自己的成就和智商抱有过高的认知，对自己的赚钱能力过于自信。骗术大师出没于最高档的酒店和酒吧，随时准备和那些腰缠万贯的人物交朋友，还得保证日后拿到的钱能对得起他花大量的时间和精力来布的局。大师最喜欢的猎物是那些自以为高瞻远瞩甚至是自以为天才的人物，尤其是那些可能操纵一宗对冲基金诈骗案的家伙。

对于像影子市场这类童话剧般的骗局，似乎只有傻瓜才会上当。但实际情形恰恰相反，目标越聪明、越狡猾，就越能够看到其中蕴藏的机会。他的心灵中隐藏的贪念越多，就越有可能放下原本的戒备，被这种快速发家致富的承诺吸引。"很快，受害者就如堕五里雾中了。"戴维·W.毛瑞尔（David W. Maurer）在 20 世纪 40 年代出版的《大骗局》（*The Big Con*）一书中写道，"他生活在一个戏剧的世界中，分不清戏剧与现实的区别。他生活在一个荒诞的、奇异的世界当中，这个世界与现实世界如此相似，他无法搞清其中的差别，于是成了骗局当中的被骗者。"

而成为被骗者就是萨姆·伊斯雷尔三世的命运。行骗的人被人骗了，这样一个诡异的转折足够好莱坞拍一部电影。多年来，萨姆精心运营着自己的长线骗局，而这最终让他毫无戒备地钻进了另一个骗局。萨姆出生于富贵人家，他真诚地认为自己就是一个才华出众的交易员，一个为这一行而生的人，在多年的华尔街生涯中历经磨练。可是他无法通过诚实的手段打造一只属于自己的对冲基金，这使得萨姆无法理解获得真正的成功需要怎样的技能和勤奋。反过来，这又恰恰让他相信，生活中总有捷径可循。弗雷迪·格雷伯曾经教导过他，这个世界无非是一艘载满了傻瓜的大船，只有头脑不好使的人才会选择循规蹈矩依正路而行；聪明的人会交换内幕信息，大勺大勺地吃鱼子酱，把赚到的钱都存到瑞士银行。萨姆已经学会了如何玩这个游戏，因为这的确就只是个游戏而已。但是，前提是你不是"被玩"的那个人。

如果说尼科尔斯和他圈子里的人都是骗术大师，那么围绕萨姆所发生的这一连串令人头晕目眩的事件突然之间就都可以解释了。一个经典的骗局所需的所有要素都齐备了。萨姆被人牵着鼻子巧妙地带到了一个有关秘密市场的骗局之中，卡西迪和芬奇都是技术高超且经验丰富的"托"，骗界的顶级龙套，为骗局提供背景和细节，以加强其可信性。骗局一般都有保密的要求。同样，这些人做的事肯定是不合法的，这也是骗局的一个要求。危险性、诡秘性和紧迫性共同制造出了一种温室般的氛围，使目标失去理智还有钱财。

在电影《大商店》中，商店是整个骗局的布景，是为参演人士创造的一个表演舞台。巴克莱的秘密交易室也是如此。就好比电影《骗中骗》中的赌档，或是拜尤船库中的交易室一样，所有真正的交易室应该有的东西这里面一应俱全。不停闪烁的电脑屏幕、保安人员，以及实木装饰的墙壁。萨姆并不知道，当时巴克莱正准备把隆巴德街总部搬到伦敦金丝雀码头的新办公楼。尼科尔斯和他的一伙人给夜班警卫塞点钱，让他们睁一只眼闭一只眼，就能轻而易举地溜进去。但没有任何证据能证实这一怀疑，更何况当成萨姆根本不曾起疑。

骗术大师知道在哪些城市可占有"地利"。这些地方可能是法律有漏洞，或是执法不严，对他们的存在漠然置之。对操纵高收益骗局的白领犯罪人员来说，伦敦一直都是不二之选。作为全球性金融中心，伦敦一直都像是一个"狂野西部"，一个喧嚣的大都市，富有的欧洲人、阿拉伯人、亚洲人和南美人挤在这里。他们对于国际金融中的"黑魔法"几乎一无所知。这里是资本主义的滥觞之地，同样，资本主义的孪生兄弟金融欺诈也是在这里诞生的。有史以来的第一批证券，也就是为支付因战争积攒的钱款而设计出来的财政部证券于1694年在伦敦发行之后，造假就立即随之而来。股票经纪这个新兴行业开始出现的时候，伦敦的街头巷尾也马上出现了与之对应的另外一种人。他们衣冠楚楚，用巨额利润的承诺引人入彀。

对一个长线骗局而言，最重要的角色就是局中的主角：内部人。作为骗局的主持人，内部人负责"讲故事"。他是目标的训练者，也是目标的知心好友。他必须全盘掌控整个局面。在这个骗局中，扮演这一角色的是当年的影星，风度翩翩的罗伯特·布斯·尼科尔斯。他把"影子市场"这个观念以及与之相关的阴谋式"反现实"兜售给了萨姆。从进入多切斯特酒店外出租车的一刻起，他就以巧妙的手法引发了萨姆对支出表的兴趣。从那一刻起，尼科尔斯已经把萨姆拉到了他那幻想的世界中了。萨姆本人也是一个颇有些"成就"的行骗高手，但这一事实尼科尔斯并不知道。即便他知道，这位国家安全局特工也不会为这一颇具讽刺意味的事实感到惊讶。骗术大师全都生存在一个尔虞我诈的世界里，这也使得他们自己很容易成为别的骗术大师的目标。偷盗、贪婪、对个人智识的过度自信，这些骗子简直就是再好不过的肥羊。这一事实已经广为最出色的骗术大师们所熟知。

✳   ✳   ✳

尼科尔斯设下的这个骗局或许可以起这样一个名字：弥天大谎。从本质上来说，这跟那些老式骗局很相似，但这个骗局里多了一些后现代因素。尼科尔斯并没有操纵赛马，也没有操纵股市。相反，他利用了萨姆最深刻的信念，以及最深刻的怀疑。在这样一个对政府和社会化机构存在极大不信任的年代里，阴谋论已经形成了一个自足而完整的行业。数以百万计的人相信，一群手眼通天的人正通过复杂曲折的阴谋操纵这个世界上的一切事情。光照派、三边委员会（Trilateral Commission）、彼尔德伯格集团，如果把所有在秘密操纵这个世界的团伙列一个名单的话，这个名单几乎是无穷无尽的。尽管尼科尔斯的故事纷繁复杂头绪众多，但其核心思想却极其简单：13 个家族控制着这个世界，世间大事绝无偶然一说，任何事绝非表面看来那么简单。这个逻辑与萨姆长期在华尔街打拼学到的经验相吻合。如果说萨姆能且只能对一件事打包票，那就是这个世界是建筑在谎言之上的。财富因谎言而累积，战争因谎言而打响。高盛，还有美联储，他们都说谎成性，尔虞我诈，就像萨姆一样。

"我不停地问自己，这是否就是一场骗局。"萨姆说，"我每时每刻都跟鲍勃在一起，他看到的所有东西我都看得到。我知道要保证骗局滴水不漏有多难。我能看出来，有太多的人参与到了伦敦这件事中来。这里面有太多的随机因素。他有时候会喝醉，会整晚喋喋不休地谈论影子市场，但他从来没有说走嘴，从来不犯错误。我观察得非常仔细。要说鲍勃凭空捏造了所有的这些东西那是绝无可能的。鲍勃说的都是真的。"

那么谁才是真正的罗伯特·布斯·尼科尔斯？萨姆在伦敦与之交往的那个男人真的是网上盛传的那个阴谋论超级明星吗，或者他只是冒用了这个名字来骗萨姆？对于一个行骗高手来说，声称自己在中情局工作是一个很方便的门面，因为美国的情报机构对与这些组织有关的任何问题都既不会承认，也不会否认。这一政策产生的一个吊诡效应就是，一大帮冒用身份的骗子大行于世。

时间一周一周地过去，尼科尔斯也把自己的人生经历一点一点地透露给萨姆。他们有时一起在格罗夫纳公园酒店皇家俱乐部的贵宾室里坐着，有时在丽兹赌场玩21点，有时是在世界末端或其他尼科尔斯常去的别的伦敦酒吧共饮。在这段时间里，一个超级侦探的自画像渐渐呈现在萨姆的脑海里。在萨姆看来，尼科尔斯简直就是克林特·伊斯特伍德的意式西部片中的无名枪手。萨姆相信，几十年来，在这个地球的各个大陆上，"男孩们"一直不断地跟尼科尔斯交手，背叛尼科尔斯，甚至还差点杀了他。尼科尔斯能活下来的唯一理由就是，他手里握有这个世界的秘密，比如影子市场的存在。

这些数不胜数的欺骗和神话构成了尼科尔斯的人生。谁也没法分得清哪些是真实发生的事，哪些是他凭空杜撰出来的，或许就连尼科尔斯本人也分不清了吧。他自己声称，他曾以学徒身份进入一个由国家安全特工组成的精英团体，这个团体人数极少，他们自称是"被选中者"。

这些人都是中情局或国家安全局的特工，为美国执行秘密任务，例如发生在柬埔寨的"刺凤行动"。尼科尔斯称自己是一个"推手"，也就是这一行里的"多面手"。

尼科尔斯的人生故事中，能够得到证实的内容十分有限。部分原因在于他的刻意伪装，还有部分原因在于他罩着"国家安全"这层面纱。几十年来，他已经留下了自己的足迹，尽管这足迹模糊难辨，存在多种解读方式。他是洛杉矶一个富有的外科医生的儿子，他在洛杉矶就读过好莱坞职业高中，这是一所专门培养影星的学校。尼科尔斯并没有像他的很多同学那样成为一个职业演员。但他的确掌握了所有表演艺术中最美国式的一种：自我塑造。

二十岁出头时，尼科尔斯就已经是夏威夷街头的一个骗子，跟着一个自动贩卖机经销商当学徒。这名经销商和日本的黑社会有联系。一天晚上，在威基基的冲浪者酒店，一个自称"肯"的人问尼科尔斯，想不想跟坐在酒吧另一边的一个姑娘搭讪。肯说，弄清楚她是干什么的。尼科尔斯为此拿到了 50 美元的酬劳。肯自称是给中情局干活的，没多久，尼科尔斯就开始经常性地帮肯打掩护。对这个年轻的骗子来说，这件事相当容易。随时为自己创造一个身份，随时丢掉已经创造的身份，这就像蛇蜕皮一样轻而易举。

1978 年，一份秘密的联邦调查局报告声称尼科尔斯是一个职业骗子，但跟情报机构有那么一点说不清道不明的关系。他每年在洛杉矶住三个月，其余的时间都在世界各地奔走。联邦调查局说，尼科尔斯曾用过很多化名，比如罗伯特·纳尔逊、罗伯特·尼恩和罗伯特·伯特·尼科尔斯。他还有不少代号，比如"鳗鱼"。尼科尔斯已经得到授权，可以随身携带隐藏的武器，一支 9 毫米口径半自动瓦尔特手枪。他还拿到了一个许可，可以制造 G-77 轻机枪。

据联邦调查局称，尼科尔斯曾自称被派往瑞士深造三年，为情报机构了解"高端金融"的各种秘密。中情局和国家安全局经常用账外资金秘密给黑色特工提供支持,这些钱数以十亿美元计,全都存在瑞士的银行账户中。联邦调查局报告的结尾是一个相当不吉利的注解:尼科尔斯持有武器,是个危险人物。

到20世纪80年代中期,尼科尔斯开始常驻苏黎世。他跟一个叫埃伦·霍普科的女孩结了婚,这是他的第三任妻子。他还获得了本科学位和博士学位,全都是在英国的一所三流大学拿到的。他没有明确的谋生方式,但拥有几处房产。

据他说这都是他的住宅,其中包括一个价值数百万美元的别墅,位于意大利的度假胜地阿奎泰尔梅;一个庄园,位于蓝色海岸;他还有一套公寓,在伦敦高尚住宅区梅费尔的半月街上;另外有一所房子,在澳大利亚昆士兰州的圣卢西亚郊区,这可不是一般人能住进去的地方。尼科尔斯声称,他代表美国的情报机构在这些地方控制着数十亿美元的现金。正是凭借这一身份,他参与了秘密为尼加拉瓜反对派和黎巴嫩极端主义分子提供资金的活动。这些行为都是不为法律所允许的,但却受到了美国军工业内极端主义者的支持。

1986年伊朗军售丑闻曝光,尼科尔斯声称他被中情局驱逐了,跟奥利弗·诺思(Oliver North)的肮脏伎俩有关联的许多特工都被扫地出门。之后,尼科尔斯回到了美国,摇身一变成为好莱坞的一名电影剧本作者。尼科尔斯的第一部作品名叫《险中求胜》(Acceptable Casualty)。作品把艾滋病病毒描述成基因工程制造出来的生化武器,被中情局的野心家用来消灭同性恋人群;另一部作品《良知的抉择》(Decision of Conscience)讲述了一个大型金融诈骗案,苏联人印制了大量美元假钞,试图搞垮美联储。

这些故事都是以中情局的真实行动为蓝本的,尼科尔斯如是说。在诱骗重要人物跟自己见面这一方面,他是当之无愧的大师。很快,他就跟好莱坞具有传奇色彩的游说人士杰克·瓦伦蒂以及霍华德·休斯的心腹、前中情局特工罗伯特·马休走到了一起。尼科尔斯称,前中情局副局长、凯雷集团(Carlyle Group)的创始人弗兰克·卡卢奇也跟他有交情。

尼科尔斯给外人的印象就是，他是一个能从政府最高层获得敏感情报的人。这个最高层，用尼科尔斯的话说，还在国家安全局之上。

有一次，联邦调查局在执行一个有组织犯罪与美国音乐公司之间关联的秘密调查，调查人员看到尼科尔斯走进联合银行在洛杉矶的一个分行，开立了一个账户，声称自己将有一笔 250 亿美元的电汇款到账。这些人全都惊呆了。尼科尔斯对银行职员说，钱是从瑞士的一个慈善组织汇出来的，然而这笔钱从未出现过。他这样做是为了什么呢？他是要骗这家银行的钱吗？他是当真的吗？

"在好莱坞，跟我们谈过话的所有人都认为尼科尔斯是中情局的卧底杀手，"联邦调查局特工托马斯·盖茨回忆说，"在娱乐圈里，每个人都喜欢把各路大腕的名字挂在嘴边，但尼科尔斯的做法又比别人更高明。他爱吹牛，但却非常有说服力。他非常非常精明，看上去不像是善类。尼科尔斯有时候会话里话外透露自己又干了一件杀人的案子，但哪儿也找不到尸体。他总是在说什么人什么人又失踪了，但他的故事都前言不搭后语。我们跟他提到过的白宫人员谈过话，他们都说尼科尔斯乱吹一气。他们或许碰到过他一次两次，但和他并无往来，这都是他在行骗的时候为了树立自己的形象编造出来的。我们还调阅了他的企业记录，他的公司账上根本没有钱，我们发现他卖的东西几乎毫无价值。"

90 年代初期，尼科尔斯凭借口舌之利摇身一变，成了军火专家，为史蒂文·西格尔主演的电影《潜龙轰天》(Under Siege) 提供咨询。尼科尔斯在武器方面的资质十有八九都是伪造的，但对西格尔这样一个喜欢花架子的人来说，他是一个再好不过的陪衬。尼科尔斯出现的时候，手里拿着一个老款的卫星电话，这种东西所有人都没见过，于是这个电话成了电影中的一个重要道具。作为一个爱凑热闹的人，尼科尔斯也在电影里扮演了一个路人的角色。战斧导弹呼啸着袭向檀香山的时候，坐在五角大楼军情观察室内的一个办公室人员就是他。

"我们该怎么办？"惊慌失措的将军问道。

镜头扫到尼科尔斯的脸。他一身戎装，一本正经，看上去就像一个努力做出军人模样的好莱坞职业高中毕业生。

"不到一秒钟的时间内，大约100万人会陷入到华氏1 000度的高温之中。"尼科尔斯说。这是他的唯一一句台词。

罗伯特·尼科尔斯和他的妻子埃伦·尼科尔斯。

"尼科尔斯在片场讲的那些他是秘密间谍的鬼话简直荒唐极了。"一位前特种部队士兵说。这个士兵才是货真价实的军火专家，而且也曾给这部影片提供过咨询。"他总是说：'我不能告诉你我干的那些事，要是告诉了你，就得杀了你。'他还说他把知道他的秘密的人都杀了，可他讲的这些故事都没法得到证实。史蒂文·西格尔完全被他征服了。西格尔相信尼科尔斯讲的那些故事，还把这些故事转变成关于自己的神话。比如武术，比如硬汉式行为以及跟黑帮的关系。如果有人真的做过尼科尔斯说的那些事，他肯定不会是尼科尔斯那个样子。"

尼科尔斯还曾跟洛杉矶市对簿公堂。在他出庭作证时，法庭笔录员都对他的言辞瞠目结舌。他在西好莱坞的一个破旧的酒吧喝醉了，跟警察发生了争执，持枪证被吊销。于是他一气之下把洛杉矶市告上法庭，要求2 000万美元的赔偿，声称因为他失去了持枪证，某家武器生产公司背后的瑞士金融家不得不退出。

"庭审揭出隐秘世界的冰山一角"，《洛杉矶时报》的标题这样写道。报道称："经过4天唇枪舌剑的辩论，尼科尔斯给人的印象是，他就是一个敢闯敢干、全球游荡的商人，一个情报特工。"

"他出示的证件有带白宫抬头的信纸信封，还有他跟各外国政要和军方要员的合影。尼科尔斯对陪审团说，20年来，从中美洲到东南亚，他默默无闻、勤勤恳恳地为中情局内的神秘看护人不停奔波。"

"你确信这些年来中情局一直在付钱给你吗？"在交叉盘问的环节，尼科尔斯被问道。"不，我不确定。"尼科尔斯回答。

* * *

4 月过去，5 月来到。萨姆已经完全沉迷于罗伯特·布斯·尼科尔斯和皇家俱乐部休息室的居民们创造的世界。这个放荡无度、烟不离口的骗子就好像是从《爱丽丝漫游奇境》中走出来的人物一样，带领着萨姆进入了兔洞。他拿着那把金钥匙，但总也不让萨姆碰到。跟尼科尔斯来往的人也都是书中的人物，有红心皇后，有柴郡猫，有双胞胎兄弟。在萨姆看来，奈杰尔·芬奇真的就是一个能说会道的英国古董贩子，有军情六处的背景，彬彬有礼像个绅士；相貌怪异的约翰·卡西迪曾是一个秘密社团的成员，被另外一个社团驱逐出了美国。人道主义联盟的使命是让艾滋病在非洲绝迹。萨姆每天都服用神奇的营养液，满心相信里面富含的矿物质会增强他的性能力。

"对鲍勃那伙人来说，我就是个有钱人。"萨姆回忆说，"在等待交易发生的时候，我碰到了很多他那个圈子里的人。到了晚上，总有形形色色的人找到我，推销各种各样的交易。有一个家伙，穿着一件赛车服，看上去好像一个月都没洗澡了，脸也没刮，头发粘成了一团。他把手伸进一个邮件袋里，拿出一块石头，啪地一声拍在桌子上。他说，这是世界上最大的未加工蓝宝石之一。珠宝商都不敢加工，怕它裂开。他想300 万美元卖给我。"

为了鼓励萨姆的妄想，尼科尔斯告诉萨姆要随时保持警惕。危险无处不在，任何一个路人都可能是刺客。他还说，在丹尼·卡索拉罗死之前，他也曾经告诫过他。为了培养萨姆的恐惧心理，尼科尔斯可以说是无所不用其极。

"每次我做交易时，都有很多人跟着我，各自心怀鬼胎。"萨姆说，"有的派系的人想办法阻止我交易，有些用幌子公司向塔利班提供现金，还有些派系对美国不怎么友好。这种事并不仅仅发生在美国，这是一个全球性的交易项目，事情进行得非常神秘。不同的派系都在资助黑色特工，或是为政府的秘密项目出钱。如果有人发现我们在做这些交易，危险就会随之而来。我不能跟任何人说这个项目的事，什么人都不行。"

跟萨姆见面的时候，尼科尔斯都会选择在公共场所，这样的地方让敌方很难窃听或是录音，而他们谈的东西都是要保密的。按照指示，萨姆见面的时候要掩饰行踪，不停绕路，甩掉尾巴。格罗夫纳广场上美国大使馆南侧第二条长凳是他们最喜欢的一个约会地点。5 月份一个乌云密布的下午，萨姆赶着去见尼科尔斯，途中进了摄政街的一家麦当劳店，用了一次卫生间。他在进店门之前先转身看了一下，确认有没有人跟踪自己，这也是尼科尔斯教他做的。萨姆看到了一个人的目光，这人看上去似乎是在监视自己。一分钟之后，萨姆从店里出来，沿着人行道混入了熙攘的购物者人流，发现这个人仍在他不远处跟着。萨姆想和他对视，但这个人躲开了他的眼睛。很可疑，萨姆想。

"他当时是在跟踪我，"萨姆回忆说，"我能清楚地感觉到。按我的猜想，他甚至都可能想要杀了我。我没有选择，只有拼命跑。我回到刚才的卫生间，找了一扇窗户，踩着马桶爬上去，进了小巷。我跳下来的时候跌进了一个垃圾箱。当时我穿的是一套西装，刚买的"杰尼亚"。我沿着小巷跑下去，跳过了一个有尖枪头的铁栅栏。我的腿在过栅栏时挂住了，不过最终还是甩脱了跟踪者。我一路跑着到格罗夫纳广场跟鲍勃见面。我当时一心以为自己会被干掉。"

到了长凳处，萨姆挨着尼科尔斯坐下，大口喘着粗气。

"我被跟踪了，"萨姆说，"西装都他妈的刮坏了。"

"甩掉了吗？"尼科尔斯问。

"我觉得甩掉了。"萨姆说。他向街上望了望，没有一张熟悉的面孔。似乎并没有人朝他们这个方向看。萨姆浑身都被汗湿透了，他的背扭伤了。

"我告诉过你要小心的。"尼科尔斯边说边点着了一支香烟。

反间谍商店（THE COUNTER SPY SHOP）位于梅费尔南奥德利街

59 号，从克拉里奇酒店走过去不过是轻轻松松 5 分钟的路程。有过这样一次经验之后，萨姆到店里买了一些装备，开始采取反侦查措施。初级攻击系统包括一个强力红外相机和一个长距镜头，还配备了微波发射器。这个系统从表面上看就是一个塑料午餐盒，萨姆可以把它放在任何地方，车里、酒店房间里或是格罗夫纳广场的商务中心，用它来记录发生的情形。这个装置还有一个遥控触发器，整套售价 5 000 多美元。为了心理上的安宁，不管花多少钱萨姆都愿意。然而，在他身边这个斯文加利式人物（英国小说家乔治·杜·莫里耶笔下塑造的用催眠术控制女主人公、使其惟命是从的音乐家。——译者注）的影响下，想要获得安宁是越来越难了。

尼科尔斯告诉萨姆，他外出时总是带着一把枪，从无例外。在英国，携带隐藏武器是违法的，但尼科尔斯总是在肩套里装一把勃朗宁半自动手枪。他在伦敦有一个联系人，不管他需要什么武器，这个人都能搞到。这个人来自巴基斯坦，尼科尔斯叫他库马尔，他是巴基斯坦总统穆沙拉夫的一位表亲，跟巴基斯坦军方高层有联系。不管尼科尔斯在欧洲的什么地方，库马尔都能用外交邮袋把武器送到他手里。

尼科尔斯说，库马尔正在卡拉奇城外的一个水净化项目上工作。这是"被选中者"批准的项目之一，目的是拉拢巴基斯坦，让该国在反恐战争中站在美国一边。库马尔还跟巴基斯坦北部的部落族群有着广泛的联系，对基地组织的行动有很多了解。尼科尔斯曾暗示，库马尔知道本·拉登的下落，也知道为什么巴基斯坦军方拒绝把他交给美国人。声称库马尔知道本·拉登藏在什么地方符合尼科尔斯夸夸而谈的一贯做派，这个自称是间谍的人很擅长讲故事。在他的故事里，他处在这个世界的中心位置。整个美国情报界都找不到本·拉登，一个坐在伦敦酒吧里脸色蜡黄的醉鬼能知道他在哪里？

尼科尔斯的各种诡计让萨姆深为折服。不过时间一周一周地过去，却没有一桩交易能够得以实现。哈德威克计划一无所获。尼科尔斯说，影子市场的交易计划受到了限制，但他让萨姆放心，他的机会很快就会来的。不过，萨姆还是感到越来越沮丧。一个周末，他飞回纽约去看儿子，搭夜班飞机回到了伦敦。他对尼科尔斯说，他没有做交易的每一天，拜尤的投资者都在亏钱。投资者的机会成本已经以百万计了，这样毫无着落的等待他实在受不了了。

萨姆需要为自己制造一些优势。5月10日，万般沮丧的萨姆向拜尤在纽约花旗银行的账户汇了150 999 847.42美元。对尼科尔斯来说，这一消息几乎是灾难性的。把钱留住是这个骗局最重要的一个部分。尼科尔斯需要一个新的"大商店"，而且必须要快。

这样也就不难明白，为什么在萨姆把钱汇到美国去之后的第二天，尼科尔斯就宣称发现了另外一个进入影子市场的方法，一个比夜间交易更好的方法。在皇家俱乐部喝酒的时候，尼科尔斯向萨姆介绍了一个叫做乔治·卡查兰的人。尼科尔斯说，卡查兰是一个经验丰富的另类投资策略师，对高收益证券很有研究。卡查兰来自丹麦，55岁上下，看起来显得有些拘谨，待人接物一丝不苟。他大鼻子，黑眼睛，眼袋很大，看上去像是一个在总在各国奔走、总在倒时差、肩上扛着沉重负担的商人。

卡查兰英语讲得非常好，稍微有一点丹麦口音。他经常谈论自己交易的那些证券。中期票据太难搞了，卡查兰说。萨姆想要努力弄清楚具体细节，知道如此惊人的利润是怎么在这么短的时间内赚到手的。价差非常之大，有时候还不到面值的一半，因此套利的机会相当多。全球每一家银行、每一个对冲基金公司全都雇了大量的交易员，在市场上寻找价格便宜的资产。华尔街上的人都知道，大街上白捡100块钞票的事是不存在的，也就是说，天下没有免费的午餐。价格不到面值一半的债券会吸引到成群的交易员，这一点萨姆很清楚，正因如此，才需要保密。但这个市场到底是如何运作的呢？

卡查兰举了现实世界的一个例子。他当时正在跟德国邮政银行打交道，这是欧洲最大的零售银行之一。在德国，邮政银行是备受尊重的行业典范，拥有 1 400 万客户，资产总值超过 2 500 亿美元。但据卡查兰说，背地里邮政银行也是赶在市场之前进行交易的"上等银行"之一。他向萨姆证明了这一点。在卡查兰的提议下，邮政银行的一个区域经理写了一封信，收信人是萨姆，信的内容是关于中期票据的。据称，这封信意味着邮政银行已经承诺买入总值 20 亿美元的高级主顺位银行中期债券。该债券是一家欧洲的银行发行的，信用评级是 AA 级。"前述投资工具优质适销，目前已实际存在，期限 10 年，票面利率为每年 7.5%。"这名经理写道，"前述投资工具是为我们的几名客户买入的，将存在其各自的资产组合当中。请尽早给出报价，过时不候。"

从债券的折扣来看，用不了几天的时间，萨姆就能赚上 1 亿美元的利润。卡查兰解释说，要构建这样一个交易，有几种不同的方法。拜尤在纽约花旗银行的 1.5 亿美元可以为整个交易提供抵押，如果他行动得够快的话。但这种做法有一些不方便的地方，也就是存在一些在正常的商业过程中都会碰到的技术问题。这种结构不是最理想的。卡查兰偏好的一种方法是签订一份合资协议，协议的一方是萨姆和人道主义联盟，另一方则是一个名为国际证券有限公司（Intercontinental Securities Limited，即 ISL）的公司。萨姆被告知，这家公司不过是一个幌子，背后是一家秘密的情报机构。

"毫无疑问，我当即明白了卡查兰是和情报机构有关联的。"萨姆说，"很明显，有关债券的事，他和英国及丹麦的情报机构都打过交道，他在邮政银行内部，在这个项目上有人。有人才是最关键的地方。至于用什么样的结构，我并不怎么关心，只要交易能成就行。"

各方当事人被召集到一起开了一次会。邮政银行的那名人员从汉堡飞到了伦敦。萨姆、尼科尔斯、卡查兰和这名银行人士在多切斯特酒店举行的舞会上见面。多切斯特是一家五星级酒店，装饰多用金色和绿色，富丽堂皇。卡查兰说，这名德国人在邮政银行一直为高净值个人管理资产，已经做了很多年了。该银行人士最近刚获得提拔，负责影子市场的交易，有资格从事最高水准的"高端金融"。

卡查兰说，交易非常简单，直截了当。有了合资协议，一切就都不费吹灰之力。萨姆说，他已经准备好迅速采取行动。用影子市场的话语来说，他"反应敏捷、心甘情愿、办事得力"。

这群人吃过饭之后，卡查兰说他还要去赶另一场会议。萨姆看着卡查兰离开，又等了一会，然后说自己也得走了。他快步走过酒店大厅，却发现卡查兰从旋转门出去，走到了公园路上。萨姆随后跟了过去。多切斯特酒店离纳尔逊柱（Nelson's Column）很近，街上游客很多，摩肩接踵。卡查兰走了 6 个街区，招手叫了一辆出租车。萨姆也进了一辆出租车，继续跟着他。两辆出租车在午后的街道上一前一后缓慢行进。在切尔西，离泰晤士河岸不远的地方，卡查兰下了出租车，走进了一个大宅子。

"他自己有钥匙，所以我猜这是他住的地方。"萨姆回忆说，"我在外面等了几个小时。就在街上闲逛。后来卡查兰走出了宅子，跟另外一个男人挽着胳膊。很显然，他是一个同性恋。毫无疑问，他根本就不是他自己所称的那种居家男人。

"我尾随着他，因为我想知道所有这些'玩家'住在哪里，弄明白这到底是怎么一回事。我想知道我到底是在和什么样的人做生意。成为这样的一个偏执狂，我也是情非得已。鲍勃告诉我说有很多帮派想要搞我。被人暗地里捅刀子的恐惧感挥之不去，已经让我失去理智了。我走路的时候总是不停地往后看，怀疑是不是有人在跟踪我。我能感觉到有人在盯着我。"

既然萨姆已经完全不做交易了，他就需要想出另外一个办法来欺骗拜尤的员工和成员。假装他是在特朗普大宅的私室做交易，不够有说服力，所有员工都知道他人在伦敦，怎么能连续不断地出投资者报告呢？于是他指定拜尤的一位员工负责"创造"资产净值报告，他的工作就是从萨姆那里拿到数据，以及萨姆所做评论的简要总结，然后把收益率填到报告当中，再转发给拜尤的投资者。萨姆选来干这个活的人以前是个教师，态度谦和，萨姆招他进来的首要原因就是看中了他凡事听指挥的特点。萨姆要说服他，让他在明知资产净值报告是伪造的情况下仍把报告发出去。

"我打电话让他到我家来，"萨姆回忆说，"我把他带到私室里，我摆放了一排鼓的地方。我让他从架子上随便选一张 CD 播放，我和着音乐敲鼓。他选了'黑色安息日'（Black Sabbath）的一张老唱片，叫做《现实的主人》（*Master of Reality*）。我开始跟着乐队一起演奏。他一副不敢相信的表情。我竟然真的能敲这鼓，他简直惊呆了。"

"我随后关掉了音响，坐下来跟他说话。我告诉他生活中充满了变化，有时候变化来得非常之快。我把鲍勃和我在伦敦进行的交易告诉了他，并对他说，我们的生活都会变得更好。我已经签了一个合同，但不能告诉他细节，如果我泄漏了交易的底细，这个合同会让我坐 30 年大牢。我对他说我信任他，关心他，而且我知道他也是这么想的。"

"我说我们必须要伪造每周的市场评论。收益都是真实的，但我们不能说明这些收益是从哪里来的。我问他是否觉得这样做有问题。他会经常跟马里诺一起工作，因为我不会总在这里。他说如果马里诺同意不对他大喊大叫，不欺负他，他就愿意这样做，只要我们需要。当然，我并没有告诉他我们的'问题'。我只是说我们会赚很多的钱，但钱从哪里赚来的这事他不能泄漏出去。这大概可以算是诚实的谎言吧，我相信我们所做的交易，所以在这件事上我并没有对他撒谎。"

5 月中旬，德国邮政银行通知说，银行已经准备好接收 1.38 亿美元的资金开始卡查兰的交易项目。账户是以 ISL 的名义开立的，根本没有提到拜尤或是萨姆·伊斯雷尔。邮政银行的人士在给萨姆的信中写道："我谨此声明，我们是一家信誉卓著的银行，信守为客户服务的宗旨，尊重客户的指示，并按照客户的指示迅即行事。" 萨姆拒绝把钱汇到 ISL 的账户。这一次萨姆要谨慎行事，至少是以他自己的方式谨慎行事。

"我或许是个傻瓜，但我肯定不是个疯子。"萨姆回忆说，"要动这笔钱只需要我的签字，但竟然是汇给卡查兰的公司？邮政银行向我保证，未经我允许的情况下不会放这笔款。"

萨姆被告知，不汇钱造成了不少问题。他回到伦敦跟卡查兰和尼科尔斯见面。卡查兰放低了声音，说他得到了一个机密情报，这家德国银行内部有问题，甚至存在欺诈。这家银行曾经想要摆萨姆一道。这一转折让萨姆始料未及，本来他还指望着这个交易能尽快开始呢。尼科尔斯曾经告诉萨姆，要小心影子市场里的骗子以及那些想成为但还没有成为骗子的人。这就是一个活生生的例子。

但是卡查兰也有好消息。他有了另外一种交易方式，一种更容易、更快地开始这个项目的方式。他有一个联储交易员朋友，现在荷兰，他能让萨姆立刻就进入这个市场。这次可以交易的这种秘密中期票据的回报率只要 1 周就能达到 100%，萨姆可以分到 45%。一旦萨姆能够经常性地交易这种中期票据，当然是通过卡查兰的联络人，那么他每两周就能让自己的资产翻一番。卡查兰的解决方案听起来妙极了。在这种新的交易模式下，既不用预付前期费用，也不需要付中介费。繁冗的手续不需要了，取而代之的是一种精妙的交易，而且这种交易可以在短时间内不断重复进行。

萨姆飞回了家，他要把这个好消息跟大家分享。回到纽约的萨姆心里充满了幸福感，心情十分愉悦。德布拉·瑞安一下子就注意到了他精神上发生的变化。"他处于一种狂喜状态，"瑞安回忆说，"他说并不是因为他将要赚到的那些钱。萨姆告诉我，他要成为亿万富豪了。他说他正在接受训练，要成为下一个乔治·索罗斯。他说他是在拿政府的钱，准确说是中情局的钱来做交易。"

"这事很危险，因为涉及到一个金钱的秘密世界。他跟我说起了尼科尔斯和埃伦这夫妻俩。他说这两个人需要他的智商和交易能力。我不知道他在说些什么。谁知道呢？萨姆是个聪明绝顶的交易员，我只是一个油漆工。我懂什么呢？"

"但是，真正让他感到兴奋不已的，是他将要做的慈善工作。他想要在全世界成立基金，帮助那些需要帮助的人。他说就连做好事都有危险，就比如治疗癌症或艾滋病。很多人通过治疗癌症和艾滋病患者获利，邪恶势力为了保护自己的财源不惜大开杀戒。我不知道该怎么理解萨姆说的这些话，听起来让人毛骨悚然。我为他感到担惊受怕。"

* * *

尼科尔斯从伦敦打来电话，说交易临时被推迟。跟他们作对的帮派正试图阻止他们，尼科尔斯说。他告诉萨姆要保持高度警惕，他正在被监视。萨姆雇佣了一个保安公司，对他住的特朗普大宅和拜尤的办公室进行了一次无线电频谱分析。对冲基金行事诡秘是出了名的，而且雇佣保安公司来保护自己独有的项目也不是什么异乎寻常的举动。但萨姆要对付的并不是另外一家对冲基金，他想要做的，是要用头脑打败那个秘密世界政府。

"萨姆确信，有什么势力在阻止他，不让他进入交易。"丹·马里诺回忆说，"他说交易被推迟的原因就在于此。他坚信船库里安装了窃听器，电话也被监听了。我们说什么别人都能听得到，而且那些人还在制定计划要搞垮拜尤。"

萨姆不在纽约的时候，丹·马里诺就不得不独力维持拜尤的运营。自从拜尤的欺诈开始之后，马里诺就试图通过吃东西来对抗内心的焦虑。这样做的结果就是他的体重增加了40多斤，他原本壮硕的身材先是变成了肥胖，然后就是过度超重。马里诺还开始用拜尤的钱来满足自己其他方面的欲望。他在康涅狄格州韦斯特波特奢华迷人的贝伯里巷买了一栋750平方米的豪宅，花了290万美元，全部付的现金。这栋豪宅占地8 000平方米带一个游泳池，在马里诺心目中，这就是财富和高雅的象征。

在宅子里漫步，欣赏酒窖、挑高的天花板和巨大的主卧中设计师高超技艺的时候，马里诺想到了一个方案，他要在阁楼里建造一个巨大的铁路模型。

一向在女性面前缺乏自信的马里诺碰到了投资一家时尚公司的机会。一个名叫霍利·克丽丝滕的设计师设计了一个系列时装，虽然马里诺对时尚行业没什么了解，但在他看来，克丽丝滕不但风姿迷人，而且很有天赋。克丽丝滕的助理可以说是他见过的最可爱的女子。马里诺果断入局，他先投了 100 万美元，帮助克丽丝滕在曼哈顿举办了第一次盛大的时装秀，他还想着有朝一日能跟克丽丝滕的助手约会。作为克丽丝滕的财务后盾，马里诺受邀到后台欣赏时装秀。后台的房间里到处都是半裸的时装模特。

"我完全没有自己的生活，"马里诺说，"我拥有物质上的东西，但这些东西并不能让心灵得到满足。我从来没有睡过一夜好觉，我们的'问题'一直压在我的心上。我经常是夜里 10 点上床睡觉，然后凌晨 3 点醒来。很多时候，我都会在大白天里关上办公室的门，在办公桌上睡过去。每一天，每一刻，都有 150 个球在我手上抛着，哪一个也不能掉到地上。或许我不是最好的经理，但我的确称得上是一个魔术师，极尽所能地利用拜尤能动用的资源。"

几个月来，约翰·埃利斯和他的同事不停来找马里诺，而且还带来了十多个投资机会。亚当航空 (Adam Air) 是一位前高盛合伙人开的公司，这家公司的目的是要为私人市场制造超轻飞机。有人对马里诺说，想要投资这家公司非常难，只有那少数几个有关系的幸运儿才有机会。马里诺曾经设想，或许拜尤可以买上十几架小飞机，或者更多，开一个空中出租公司，专门为高净值个人服务。跟该基金所宣称的业务模式相比，这毫无疑问是一个离经叛道的想法。不过可惜，亚当飞机公司因为管理不善和资金短缺而告破产，拜尤投进去的钱几乎全部赔光了。

马里诺的日子就这样一天一天地过下去，他还投资过 Vectrix 和

FCV。Vectrix 是一家生产电动踏板摩托车的公司，这种摩托车的时速可以开到 90 多公里；FCV 是一家法资有线电视初创企业。在约翰·埃利斯看来，马里诺是个总把愁容挂在脸上的人，几乎毫无待人接物的技巧可言，听力不好，整个人散发出一种失望的气息。相比之下，埃利斯和他的同事们全都是常春藤大学的毕业生，喜欢到全世界去旅游，充满自信，有着运动员一样的体魄。萨姆担心马里诺被他的这些新朋友，所谓"五月花一族"震慑住而自惭形秽，但马里诺非要投资于那些他看起来很愚蠢的项目，他也没有办法能阻止他。萨姆和马里诺都任由对方按自己的意志行事，两个人都在试图解决他们的"问题"，也都在纵容自己最深切的欲望。

回到伦敦之后，萨姆又走上了自己的救赎之路，他想要同尼科尔斯一起解开影子市场之谜。对他的训练者来说，保持住萨姆的注意力毫无疑问是一项全职工作。尼科尔斯亲身向萨姆示范，如何在弯腰进出出租车的时候通过太阳镜观察是否有人在跟踪。尼科尔斯在萨姆的头脑中制造出的妄念不但产生了一种冒险的错觉，还让萨姆对他有了依赖感；他不但成了萨姆的保镖，还进入了萨姆的头脑，监视他的每一丝希望和恐惧。头脑控制是冷战的遗产之一，同时也是靠行骗闯世界者的杀手锏。长线骗局通常都要求在足够长的时间内完全控制目标的感受，然后让他乖乖地把钱财双手奉出。

当尼科尔斯说他们需要赶到瑞士解决交易中存在的难题时，萨姆立刻表示同意。他决定带上德布拉·瑞安。最近几个月来，他跟她走得越来越近了。她的生日就快到了，对他们俩来说，去瑞士旅游就相当于度过了一个浪漫假期。

5 月底，他们住进了利马特河畔五星级的祖姆斯托申酒店。瑞安清楚地感觉到，萨姆已经完全被尼科尔斯用法术迷住了。尼科尔斯施加在萨姆身上的力量让她感到毛骨悚然，与尼科尔斯这对行为诡异的夫妇有关的一切都让她心生恐惧。

　　"简直就像一出电影。"瑞安回忆说，"尼科尔斯在他们的房间里，坐在一扇打开的窗前抽烟。他高个子，深色的头发，样子有点像约翰·韦恩。他口才非常好，声音有些刺耳。在我看来，他生就一副老式好莱坞的派头。萨姆偷偷跟我说有很多电影都是以他为原型的，比如《谍影重重》讲的就是他的亲身经历。我分不清其中的真假。对萨姆来说，他就是上帝。有他在身边的时候，萨姆就会一下子充满活力，连背痛都忘记了。"

　　萨姆曾告诉过瑞安，埃伦是搞武器的专家，是尼科尔斯从事秘密活动的好搭档，但埃伦跟瑞安设想的安吉丽娜·朱莉扮演的那种特工完全不同。埃伦50多岁，长长的金发，长得挺漂亮。她爱穿毛衣和牛仔裤，声音很高，对丈夫俯首帖耳。表面看上去，她就好像是一个普通的美国中年中产阶级妇女，稀里糊涂地卷进了一个国际性的惊天大案当中。不过，如果尼科尔斯有时候酒喝得太多了，或是话说得太多了，她就会帮助他掌控住局面，就像是一个效率超高的行政助理。

　　"埃伦就坐在书桌旁边，不停地在计算机上敲，"瑞安说，"她态度非常冷淡，注意力很集中，不怎么合群。他们一直谈论有关秘密交易的事。我痛恨别人吸烟，而尼科尔斯恰恰又是一个大烟枪。就在我准备起身离开的时候，突然，埃伦的电脑不知怎么的崩溃了。她一下子变得暴跳如雷。"

　　"有人侵入了我们的系统，"埃伦惊慌失措地大叫，"他们把我们搞死机了。我们被渗透了！"

　　"萨姆，你们过来的时候在出租车里说了些什么？"尼科尔斯问萨姆。

　　"什么也没说。"萨姆回答，"我发誓，我们没有说跟交易有关的事。"

　　"瑞士所有的出租车司机都给中情局干活，"尼科尔斯说，"他们都是线人。"

　　"我们什么也没说。"萨姆坚持。

　　"那你回忆一下你们说过的每一句话。"尼科尔斯说。

　　瑞安看着他们，眼神中满是疑惑。萨姆和尼科尔斯夫妇正在摆弄电脑，试图重新连上互联网。她打了个招呼就出来了，回到自己的房间，心里一阵恐慌，不知道到底发生了什么。

"那时候鲍勃就对我说，我得随身带上一把枪。"萨姆回忆说，"他问我知不知道怎么使用武器。我不想看上去像个娘们，就说知道。其实从我上次摸枪已经是很久以前的事了。当我还是小孩，在新奥尔良住的时候，我们都有枪，但从那以后我就再也没摸过枪了。鲍勃给了我一支 9 毫米贝瑞塔枪，还有一个消音器。他亲自演示怎么把枪带在腰背部。他说最重要的一条就是，枪要放在容易够着的地方。而且必须要随时都能开枪，否则的话，就好比你在沙漠中快要渴死的时候，手里却只有一个空水壶。"

第二天是瑞安的生日。她和萨姆醒来后就在床上做爱，非常激情、疯狂地做爱。不过，他们一跟尼科尔斯夫妇会合，气氛就再一次急转直下。瑞安想和萨姆单独呆在一起，但尼科尔斯夫妇却不想让他们单独待上哪怕一分钟。别无选择之下，两对男女开始在苏黎世历史名胜地区闲逛。沿着鹅卵石铺成的街道步行，萨姆在一家电子用品商店停了下来，想要买一个新手机。尼科尔斯曾告诉过他，对手派系可以利用手机中 SIM 卡发出的电子信号追踪他们的位置，因此每次他出门旅行的时候，对换手机这事都很在意。但对于瑞安来说，在一个古旧的城市里徜徉是一件令人感到浪漫和兴奋的事情。

"我当时正准备好好享受这段时光，"瑞安回忆说，"萨姆总想在我身上花钱，但我不想他这样。但这次他带我到一个很好的服装店里，给我买了不少新衣服。他是一个很有眼光的人，他从架子上挑的衣服非常合我的身，简直可以说是完美。我们走进一家店的时候，萨姆把我的头转过去，捧住我的脸，非常深情地吻了我。我们开始在店里亲热，这一刻几乎不能自已。我以前从没有这样干过，从那次以后也再没有。那是我这辈子最好的一个吻。我这样告诉过他。"

然而，这股旋风式的浪漫很快就过去了。萨姆又回复了受鲍勃·尼科尔斯控制的状态，头脑里全是妄想。萨姆没有告诉瑞安自己随身带枪的事。这支枪愈发令萨姆感到恐慌，虽然与此同时他也获得一种隐秘的力量感。尼科尔斯不断地激发萨姆心中的焦虑，即便是最微不足道的任务也被注入了一种危险迫在眉睫的紧迫感，比如出去散步，比如在酒店办理入住手续，比如给相机买电池。尽管萨姆很热衷于这种情境，但压力让瑞安的神经难以承受。萨姆对她说，食物有可能被下了毒，刺客有可能用装了致命毒药的伞尖刺他，他们所说的每一句话都有人在

罗伯特·尼科尔斯和萨姆在拜尤基金位于康涅狄格州斯坦福的办公室外。

窃听。瑞安开始怀疑，是不是有人在跟踪她，那些坏蛋会不会杀了她？不管什么时候都有数百名特工保护着尼科尔斯，萨姆这样对瑞安说。他们正待在一个警戒圈里，安全程度可以和美国总统相媲美，至少尼科尔斯让萨姆相信是这样的。

"不用担心，"萨姆对她说，"鲍勃的人一直在看护着他。"

"可他们在哪儿呢？"瑞安问，"我什么人也没看见。"

"那就对了。"萨姆说，"你是看不见他们的，你也不应该看见他们。他们在暗处，跟环境融为一体。"

"那为什么尼科尔斯还总是站在窗户前抽烟呢？"瑞安问。"任何一个狙击手都可能把他干掉。"

关于这一点，萨姆也有自己的解释。凡是跟尼科尔斯有关的事，他都有解释。"因为他已经受到了保护，"萨姆说，"他周围全是自己的人。"

瑞安对此将信将疑，但对萨姆的安全深深地感到担忧。倒不是因为尼科尔斯说的都是真的，而是因为警讯太多了，而萨姆又对这些警讯视而不见。"我对萨姆说，如果他坚持跟尼科尔斯夫妇打交道的话，他就算不死也得锒铛入狱。"瑞安说，"我对他们有一种直觉。死，或者坐牢，就是这么简单。"

瑞安乘飞机回家，而萨姆则和尼科尔斯夫妇到蓝色海岸享受奢华周末。萨姆回到纽约之后没几天，尼科尔斯夫妇也尾随而至。萨姆对瑞安说，他们要在他的家里住上一段时间，具体多长时间还不能确定。这两位不速之客的到来让瑞安感到不太舒服。不过，这两夫妇也不太喜欢有瑞安在他们身边，尤其是她不喜欢别人抽烟。

❈ ❈ ❈

尼科尔斯可不会让煮熟的鸭子飞了。不过，他来纽约还有另外一个动机。尼科尔斯承认，他的眼睛出了问题，视力不断下降。尼科尔斯在和萨姆说这件事的时候还忍不住失声哭泣。他说，他的麻烦太大了，没希望了。如果敌人发现他的视力将要不保的事实，他就会陷入危险。任何一个表现出弱点的迹象都可能带来致命的打击。

因为急于讨好自己的训练者，萨姆把尼科尔斯加入了拜尤基金成员的花名册，这样就可以为他提供医疗保险。两人去了新奥尔良，萨姆在这里安排尼科尔斯做手术。医生说尼科尔斯的眼睛不需要手术，只需吃药就行了，但尼科尔斯仍然十分惶恐，至少，他对萨姆是这样说的。萨姆从未想过，这样一个需要他帮助的处境或许并不是他所声称的那样。他只是想要相信，于是就相信了。这就好比找到了一种新的宗教信仰一样，他热切地皈依了新的信仰。"问题"将得到解决，萨姆的罪孽将得到赦免，只要他能把疑虑从心中彻底消除，只要他能帮助这位中情局特工治好眼睛。

宗教的确是鲍勃·尼科尔斯吸引萨姆的原因之一，这一点再清楚不过。从种族上来讲，萨姆是个犹太人，但他在一个不信犹太教的家庭长大，他读过圣公会的学校，基督教是他唯一曾经体验过的宗教，也是他一直保持的信仰。

也就是说，他不是基督徒，但他怀有宗教信念。但萨姆发现，尼科尔斯却是一个极端的福音派新教信徒。这是所谓的"上层世界"世界观的一部分。尼科尔斯对萨姆说，全世界的每个角落，都在发生着看不见的战争，那是善与恶之间的战争，他做那些可怕的事也是情非得已，是为了服务于上帝，服务于美国。他在谈到自己的信仰以及重生的重要意义时，情不自禁又大哭起来。

"鲍勃是我遇到过的宗教知识最最丰富的人，"萨姆说，"他从中情局的头脑控制项目 MK Ultra 出来后就开始研究宗教。当时他心情非常抑郁，三年没有离开自己坐的沙发。鲍勃说他曾想要自杀，不停地寻找生命的真正意义。他说，他在 teleo（基督教中的一个词，意思是'已经结束了'）中找到了。他对我说，他相信是上帝把我派到他身边的。我是本雅明的后人，上帝派我来陪着他。大多数人说这样的话时，听起来不是疯子就是狂热者，但鲍勃说话的时候是完全真诚的。"

尼科尔斯夫妇主宰了萨姆的每一个行动，每一个思想。不断地有电话从伦敦、瑞士及荷兰打来。电子邮件来来往往。尼科尔斯控制着萨姆的想象，每次都有说法，解释为什么项目仍处于搁置状态。只要这 1.5 亿美元还在拜尤的花旗银行账户里，尼科尔斯就站在萨姆的一边，以内部人的形象出现，在财务、个人生活以及宗教上不停地提醒他这样做牵涉到多大的利益。与此同时，埃伦·尼科尔斯不断讨好萨姆，叫他"我的萨姆"，不管他说什么笑话，她都开心大笑，并对他的交易能力表现出十足的崇拜之情。

"大多数时候，萨姆和尼科尔斯就像是两个在一起玩儿的小孩。"瑞安说，"他们总是开玩笑，总是傻乎乎干一些不知所云的蠢事。尼科尔斯很能喝酒，每次他喝醉的时候，埃伦都不高兴，因为他喝多了就会话多。她会疾言厉色，因为她要求非常严格，不能让他们的秘密泄露出去。但他还是会喝醉，还是会讲各种故事。"

"比如他就讲过，他在法国南部的一个城堡里做生意时，一伙刺客来杀他。他说，他听到杀手进入了城堡，但没有沿着声音的方向去'迎接'这些杀手，而是原地不动等他们过来。他一动不动地坐了两天，后来杀手自动放弃了。他讲这个故事的时候，我们正坐在厨房里吃中餐外卖，好像还在正式地谈什么事。不过尼科尔斯可不怎么正式。他跟我说：'瑞安，如果有人来杀你的话，千万不要顺着声音走过去。'好像我要做好准备，马上有一伙刺客要来杀我一样。可我是一个粉刷匠，又不是间谍。他告诉我：'他们想要你循声音走过去，那样的话他们就会杀掉你。安静地呆着，千万不要动。'"

在为高收益交易做准备时，为了打发时间，萨姆又开始在"真实"市场进行交易。交易量不大，因为拜尤的钱大部分都在花旗的账户里，但萨姆依然做得风生水起。

"鲍勃看着我交易，"萨姆说，"他看见了我每天的盈利和亏损报表，简直不敢相信我能做到这些。有一次，我无意间听到他跟我的一个伙伴聊天，这个人以前是华尔街上的经纪人。当时我在音乐室，这个房间位于私室的阳台上。他们不知道我能听见。鲍勃对这个人说，他认为我是个大法师，能够无中生有地变出钱来，就像魔术一样。他还说，我根本就是华尔街上最优秀的交易员之一。鲍勃认为我就是一个大师。"

每天交易收盘之后，尼科尔斯就会教萨姆练武术。

"你有什么杀招吗？"尼科尔斯问他。

"理论上有，但实际上没有，很明显。"萨姆说。

"生死相搏的时候，理论有什么用处？"尼科尔斯问，"既然你已经身处其中了，最好作好准备。"

"于是他给我演示怎么空手撕开对手的喉咙，"萨姆回忆说，"怎么徒手挖出对手的眼睛，怎么把对手的鼻骨打到脑子里，怎么从不同的角度扭断别人的脖子。我们每天都要练上一个小时。他还教我怎么用卷起来的杂志让人窒息。我学会了怎么用笔攻击眼睛和耳朵。尼科尔斯认为，武术本身就是一种工具。对一个 60 多岁的人来说，他的动作可真是疾如闪电。"

久而久之，尼科尔斯夫妇在特朗普庄园的二层占据了一个专属区域，这里放着两把沙发椅，一台电视机，一张书桌以及一个烟灰缸。这是萨姆放电脑的地方，也是他第一次阅读《最后一圈》的地方。一天傍晚，萨姆主动带尼科尔斯上网冲浪。萨姆总在试图取悦这个年纪长于自己的导师，他骄傲地给尼科尔斯上了一堂辅导课，课程从在谷歌搜索尼科尔斯的名字开始。

搜索结果的第一项就是跟《最后一圈》有关的一个链接。尼科尔斯开始阅读这个当时还没出版的草稿。他自称以前从来没有见过这个东西，这一声明听起来颇为荒唐可笑。尼科尔斯似乎是被网上那个臭名昭著的自己吓到了，不过，他明显是装样子的。

"鲍勃从未想要臭名远扬，"萨姆说，"他追求的目标恰恰与之相反。他曾多次谈论过如何让一个人消失的事。他教过我如何创造一个新身份。去到一个公墓，找一个和你年纪差不多的逝者，而且这个人的双亲必须也已经去世了，这样你就可以冒用他的身份，从他死亡的那一天起。他给我演示如何完美地伪造社会安全卡，如何伪造护照。他给我演示过伪造所有的东西。"

"你能让我看上去已经死了吗？"尼科尔斯把目光从《最后一圈》上抬起来，问萨姆。

"这话什么意思？"萨姆问。

"你能在网上发一篇文章说我已经死了吗？"尼科尔斯说。

"我可以试试。"萨姆回答。

2004年6月7日，荷兰的经纪人发来电子邮件，说交易开始的那天终于到来了。但第二天，这名经纪人突然又说，他没能完成交易，但没有解释原因。尼科尔斯说，可能是因为他害怕了。他并不是因为害怕从事欺诈而被抓，虽然这是一个显而易见的答案。

尼科尔斯说，这名经纪人之所以害怕，是因为对手派系发出了威胁，如果帮助进行交易就杀了他。在影子市场当中，暴力相当普遍。一般来说，杀人这种事都是由"章鱼"来执行的，尸体都会妥善地处理掉，确保没人能查到什么蛛丝马迹。这就是进入影子市场的代价，而这个代价对那个经纪人来说太高了。他吓坏了，不敢承受这样的风险。

经纪人的懦弱让萨姆怒不可遏。他们两人需要再找一个不会那么轻易就被吓倒的人做搭档。尼科尔斯表示同意。为了让萨姆安静下来，他跟自己的导师取得了联系。此人曾是里根时期白宫财政官员，名叫菲尔·西弗特。尼科尔斯解释说，西弗特人在迈阿密，可以作为金融影子市场的中间人。萨姆没有获准亲自同西弗特交谈，因为他的层级还不够高，没有国家安全许可。只有尼科尔斯能同西弗特讲话。

正如尼科尔斯所许诺的那样，西弗特手头已经有了一个解决方案。他告诉尼科尔斯，交易的最终结算将由一个叫做查尔斯·琼斯的人来办理。按照西弗特的说法，琼斯与国家安全局有关联。为了应付尽职调查和反洗钱法律，琼斯给萨姆传真了一份自己家的用电账单和驾照复印件，而不是 1 亿美元以上交易通常所需的那些文件。这里还有一个小的细节需要处理。为了让交易顺利进行，琼斯需要得到授权，成为拜尤在花旗银行账户的签字方。

萨姆同意做出这样的改动。这无非是一道形式上的手续，尼科尔斯这样向他保证，不是什么重要的事：一个完全陌生的人即将成为 1.38 亿美元账户的签字方，而这些钱全都是拜尤基金的投资者的。长线骗局即将进入高潮部分，用他们这个行业的话来说，到了收线的时候了。

"万事俱备。"琼斯对萨姆说，"我们要一起干大事了，把袖子卷起来吧。"

第13章

中国的秘密宝藏

中日战争？南京大屠杀？桃太郎的黄金？蒋介石家族的宝箱？那时候中日美之间到底发生了什么？萨姆可以指望找到这些宝藏来挽救拜尤吗？

萨姆的好友、小布什总统的表弟替他向政府求证这些事情，得到的答案却令人左右为难。他郑重地写了一封信给萨姆，劝其尽快离开尼科尔斯，回到正常的商业活动中来……

13

> 这个有关"桃太郎的黄金"的故事充满了阴谋论惯有的那种跳跃式想象，也许这个故事最怪异的地方在于它是真的，至少某一部分，故事最核心的那部分。

拜尤基金的投资者还没有发现萨姆停止交易这件事，但 SLK 清算所已经敏锐地察觉到了，因为拜尤基金正是高盛买下 SLK 的原因。仅 2004 年第一季度，这家投行就从拜尤赚到了 100 万美元，这样的生意不但利润丰厚，而且几乎毫无风险。

数月前，当拜尤基金账户中的钱被全部取走时，SLK 的高层就开始关注起来。他们开始定期和拜尤联系，试图弄清楚萨姆什么时候能恢复交易状态。

"我对他们说，萨姆正在欧洲进行交易，"马里诺回忆道，"我们也可能考虑和一个欧洲机构合并或收购它。我没有告诉他们公司的名字，因为那是机密；也没有给他们任何详细信息。我说得非常含糊。我对他们说，4 个月后就能恢复正常的交易量，一切顺利的话，我们的交易量将快速增长。我以为萨姆会从伦敦把那笔钱弄回来。自从那次谈话后，SLK 的电话就越来越少了。"

而他们对雇员的解释则更为复杂。雇员们被告知，萨姆正通过一家欧洲公司交易。拜尤有可能和另一家基金公司合并，但他们依然可以保有原来的工作，因此无需担心。这一招很有效。这些员工薪水很高，提问只会招来马里诺的痛斥，很可能还会因此丢掉这份待遇丰厚的工作。萨姆偶尔会去一次船库。他对员工们说，他受邀向欧洲多国政府提供咨询，这些政府想使当地的对冲基金行业和美国的一样活力十足。这种自吹自擂让马里诺感到不安。

"对于如何糊弄公司员工，我们事先并没有商量好，"马里诺说，"萨姆和我都希望，'问题'能得到解决，一切麻烦都将消失。至于萨姆交易的到底是什么，根本无人过问。"

拜尤的纸上业绩依然非常出色，基金最大的独立投资人是一家名为银溪（Silver Creek）的"基金中的基金"。银溪的负责人给萨姆写信，祝贺他捷报连连，并在原有 3 800 万美元的基础上再次追加了投资。他写道："感谢你对我们资金的出色管理，你们的风险调整后收益已经打破了原来的记录。冒昧地问一下，目前你们管理着多少资金？我们可以再给你们一些钱吗？"

令人意外的是，在承受了多年的巨大压力后，萨姆那段时间过得轻松而得意。他正与德布拉·瑞安共沐爱河，他还将变得超乎想象的富有。因为觉得自己正鸿运当头，他买了一把"百万大博彩"的彩票，彩票的现金头奖为 1.2 亿美元。他还勤勤恳恳地为那个即将成为影子市场受益方的慈善机构工作，他将其称作"美国优秀者学院"。该机构致力于为贫困儿童提供教育。"那些缺乏基础教育资源、经济上极度贫困或学习成绩非常落后的学生将成为指定接受慷慨援助的'目标人群'。"该机构的宗旨这样写道。

＊　　　＊　　　＊

一天下午，他带尼科尔斯夫妇去看了他即将花 1 000 万美元买下的韦斯特切斯特豪宅"湖之狮"。豪宅面积约 1 580 平方米，带 12 间卧室，占地约 4 公顷的草坪一直延伸至蒂蒂卡斯水库。更妙的是，这座豪宅不但有室内泳池，还有露天泳池。室内装饰的豪华程度足以令"太阳王"路易十四心花怒放。

"你为什么要买这么大的房子？"瑞安在萨姆给她看这座房子的宣传页时吃惊地问道，"两个人住这么大的房子，太愚蠢、太奢华了。"

"如果你经营着一个对冲基金，地位达到某种层级后，就不能再住在又小又窄的房子里了，"萨姆回答，"要是有国家要员或领袖来家里用晚餐，你就必须向他们展示出你的价值。"

但萨姆对未来的期盼还伴随着潜藏的焦虑。随着交易日期的临近，尼科尔斯让萨姆在新宅附近说话时要悄声耳语，说是"他们"正在听，却并没有指明"他们"是谁。只要"他们"能找到摧毁萨姆或拜尤的方法，就会痛下杀手。萨姆言听计从，和瑞安小声说话，即便在床上也是如此。他说话时只张嘴不出声，并辅以手势，看上去像在演一部真实版的惊悚电影。他甚至能从日常现象中看出凶险的苗头，比如一辆漫无目的乱开的黑色汽车、一名正在维修线路的电话修理工，或街上陌生人投来的目光。

像在伦敦一样，萨姆收集了大量电子监视器，比如"超顺磁性铁纳米粒子卫星"（Spion Orbitor）收听装置。这是一种把"独家专利的超微型麦克风"嵌入碗状声音接收器中的掌上设备。据称，这种收听装置的"耳朵"和"眼睛"威力十足，能在足球场这头听到那头的声音。尼科尔斯对萨姆的这种努力嗤之以鼻。

"你有什么并不重要，萨姆，"尼科尔斯说，"他们会在你毫无察觉的情况下窃听你的谈话。他们的装置即使在一英里外都能听到你说什么，他们的卫星能将你房子的里里外外看个透。他们掌握的技术，有些你连听都没听过。"

按照乔治·卡查兰的指示，萨姆让马里诺和花旗银行联系，并安排将1.38亿美元资金转至德国邮政银行。但花旗银行提出了疑问和担忧。拜尤是一个采用多空策略买卖股票的对冲基金公司，这样一个公司将这么大一笔钱转至德国账户是要做什么？拜尤打算做什么类型的交易？卡查兰的 ISL 公司幕后究竟是谁？如果花旗在如此疑点重重的情况下依然允许这笔转账，使拜尤成为欺诈受害者，那么这家银行很有可能会因忽略诈骗迹象而负上法律责任。

见惯了多年来监管者和银行的疏忽大意和漠不关心，这对萨姆来说可算是个姗姗来迟的进步。萨姆、尼科尔斯和马里诺去见了花旗银行当地分行的两名经理。尽管曾发誓保密，而违反誓言将会受到 30 年的牢狱之灾，萨姆还是耐心地向他们解释了影子市场的事。联邦债券、13 家族和巨额折扣被全盘托出，尼科尔斯还说，数十亿的资金很快就将流入拜尤的金库中。花旗银行的经理看着他们，就像看着几个神志不清的疯子，他们从未听说过什么秘密债券市场。萨姆一点也不吃惊，他们的不知情正和尼科尔斯所说的相符：只有最高级别的银行界人士才知道这个市场的存在。

萨姆要求借用一间会议室，给曼哈顿总行的高级主管打电话。这人是花旗银行的二把手，董事长桑迪·韦尔的得力干将，同时也是伊斯雷尔家族的一个老朋友。萨姆通过父亲认识了这人。在萨姆告诉他影子市场的事后，这名高管说他也从未听说过。萨姆现在真的惊呆了。这怎么可能？到底要多高级别的银行主管才能加入影子市场？尽管这名主管一再否认，萨姆仍然坚持高收益债券确有其事。两人你来我往地争论了 20分钟，挂掉电话时，萨姆已是浑身发抖。

"花旗银行的人觉得萨姆简直是从火星来的，"马里诺回忆道，"我们随即离开。在停车场里，萨姆气疯了。他对我说，来花旗银行本身就是大错特错，他根本不应该谈论影子市场的事。现在他已经让人看到了底牌。"

那天傍晚，尼科尔斯和萨姆决定他们必须更加小心谨慎。谈论影子市场已经违反了协议的保密条款，而且还有被其他派系发现的风险。他们距实现梦想已经只有一步之遥。尼科尔斯说，那名花旗银行的高管明显是在假装不知道影子市场，因为他坚称这个市场不存在，这反而正是

223

它存在的证据。花旗银行很明显是想横插一脚，抢走他们的交易。

萨姆仍想试图劝说花旗银行同意拜尤转账，而尼科尔斯则讲故事来逗他开心。他说，新墨西哥州的罗斯韦尔地区在 1947 年真的抓到过一个外星人，后来这个家伙因为吃太多草莓冰激凌死翘翘了。尼科尔斯还说，一年一度的流感季节，其实是"章鱼"用来筛除人类的方式。尼科尔斯就是这样，他会在傍晚时分倒上一杯威士忌，给萨姆和偶然来访的客人讲述另类世界史。

但有个故事是尼科尔斯专为萨姆一人保留的。这个故事荒诞得离谱，所以只可能是真的，至少从萨姆的逻辑推理来看是这样。这是个在特种部队圈子中流传了数十年的故事，很长而且错综复杂，尼科尔斯也缺乏对内容进行解释的历史知识。但只要他讲的是什么有史以来最神秘的故事，萨姆就会听得津津有味。

这个有关"桃太郎的黄金"的故事充满了阴谋论惯有的那种跳跃式想象，也许这个故事最怪异的地方在于它是真的，至少某一部分，故事最核心的那部分。故事始于"二战"前几年。20 世纪 30 年代初，罗斯福政府已经开始警惕法西斯主义的崛起。当时美国的主流观点是反对"外国政治纠纷"，因此罗斯福只能借助秘密外交手段支持其同盟。早在和德国开战前很长一段时间，他们就秘密为英国提供资金和武器支持，据说对中国也是如此。当时，中国国民党的蒋介石和共产党的领袖毛泽东一直在和日本人作战。故事里说，罗斯福在 1934 年秘密向蒋介石提供了价值数十亿美元的美联储债券，好让他们有钱购买武器。

这场战争非常惨烈，当时的中国首都南京也被日本人占领、劫掠，这一事件在历史上被称作"南京大屠杀"。贵金属、珠宝、艺术古董和金银锭这些主权财富被日本人洗劫一空。日本偷偷用船将这些战利品运往当时的殖民地菲律宾，1944 年美国威胁夺回菲律宾时，对日本来说，将那些财富运回本国已非安全之策。因此，日本政府命一位姓山下的将军在棉兰老岛高高的丛林地带开挖一个复杂的地下洞穴来藏匿这批战利品。完工后，山下将参与这项工程的所有日本工程师和士兵集结到其中一条隧道中进行庆祝。男人们喝着日本清酒，唱着"吾皇万岁"的爱国歌曲，周围是成堆成堆的金条。其中一个角落里放着一个大箱子，里面是 25 个装着数十亿美元美联储秘密发行的债券的小箱子。到了午夜，山下悄无声息地离开了。他一离开，洞穴的入口立即被炸毁。为了确保藏匿财富之地成为永远的秘密，数百人被活活埋葬。

自那时起，就不断有人去寻找"桃太郎的黄金"。他们去棉兰老岛寻找宝藏，就像去南美寻找黄金国。约翰·辛洛布少将就曾带人寻访过这批宝藏。他曾于战时在满洲主持中国的情报工作，还是中情局的创立者之一。据尼科尔斯说，许多试图寻找那批黄金的人都被杀害了，但蒋介石的后裔拥有一个装着那些联邦债券的箱子。尼科尔斯说，他可以安排将这些债券归还给美国，换取一定比例面值的现金。只要这些债券下落不明，对美国而言就是一个严重的战略威胁。菲律宾南部的居住者多为穆斯林，而当地也已成为基地组织的行动基地。

"鲍勃给我看了几张装有美联储债券的箱子照片，"萨姆回忆道，"其中有一张照片上是一个锈迹斑斑的老式公文包，公文包正面贴着美联储的封条，那是那个大箱子内的 25 个小公文包之一。还有一些东方男子围桌而立的照片，那些人是蒋介石家族的密使。另外一张照片显示的是一个装有致命神经性毒气的罐子，如果箱子不是从 45 度角打开，这些罐子就会爆炸，将试图获取联邦债券的人置于死地。"

"那些箱子都是真的。但鲍勃说，也有许多赝品在流通。他向我展示了赝品的照片，都是新秀丽牌的公文包。他告诉我如何鉴别真品和假货，觉得我们可以共同做一笔交易，将所有债券弄回美国。他可以主持执行这个寻找'桃太郎的黄金'的任务。"

当时发行了 7 000 多亿美元的债券。尼科尔斯说，就算美联储只兑付债券面值的零头，那也有几千万美元。

尼科尔斯对萨姆说，他曾飞去新加坡和一个代表蒋介石家族的人会面，但他们的人心怀恶意。尽管有"传承文件"详述这些债券的来源，确保其真实性，但过去尝试兑付债券的人都未能成功。

"美联储否认这些债券的合法性，"尼科尔斯对萨姆说，"他们说这些债券是伪造的，美联储从未发行过这些债券。他们理直气壮地矢口否认以混淆视听。美联储知道自己没有足够的现金来兑付这些债券，于是就假装从未发行过。兑付这些债券的唯一方法是和美国政府绝对高层的人联系，那就意味着必须和白宫或布什家族的人联系。他们那一级别的人肯定知道这批债券的来龙去脉。"

"我有个至交好友是布什总统的表弟，"萨姆说，"他叫约翰·埃利斯，和总统关系密切。我可以安排你见他。"

"我需要知道埃利斯是否真的有相应级别的关系，否则做这个对大家都没有好处，"尼科尔斯说，"无论是对你、对中国人还是对我。"

约翰·埃利斯　美国前总统小布什的表弟，曾担任福克斯电台选情分析员，他被认为在 2000 年总统选举中帮助其表兄小布什在选票落后的情况下胜出。

萨姆安排了一次会面。埃利斯的情形跟萨姆所言相符，他毕业于耶鲁和哈佛，是布什家族极小的精英圈中的人，而且他看起来也和这个角色十分相称：身材高大、下巴颇宽，有着淡棕色头发和前曲棍球运动员的强健体魄。埃利斯和白宫的一些大人物关系紧密。为了恰当描述埃利斯的影响力，萨姆对尼科尔斯说，埃利斯曾于 2000 年大选夜在福克斯电视台担任选情分析员。正当佛罗里达州的选票结果胶着之时，埃利斯宣布说他的表兄小布什胜出，成为首个宣布这一消息的评论员。观众并不知道埃利斯是布什的表弟和密友，他的话引发了一股潮水般的势头，而这股势头再未被逆转。萨姆在描述埃利斯亲自将布什推上总统宝座这事时面带微笑，这样的人去白宫内部活动怎么样？

埃利斯来到萨姆家时却对尼科尔斯体重超标、肥头大脸的老烟枪形象感到很意外，他没有一点精力充沛、情绪激昂的样子。萨姆之前曾向埃利斯吹嘘过尼科尔斯为中情局工作时惊心动魄的经历，但尼科尔斯看起来消沉沮丧，健康状况欠佳，并不像萨姆之前所暗示的那样，有如真实世界中的詹姆斯·邦德。在相互介绍时，尼科尔斯夫妇对埃利斯说他们是重生的基督徒，不是简单的基督徒而是虔诚的福音派基督徒。显然，他们认为自己的信仰能打动埃利斯，进而让他相信他们的话。

他们点了中国菜。跟他的总统表兄一样，埃利斯也是滴酒不沾的人。在他喝着健怡可乐时，尼科尔斯开始了每晚的例行仪式：灌下大量威士忌。整个谈话由尼科尔斯引导，萨姆沉醉在尼科尔斯说的每个字中。埃利斯一眼就看出萨姆已经完全被尼科尔斯迷住了，甚至有些神魂颠倒。尼科尔斯讲述了影子市场以及交易秘密联邦债券将带来的巨额回报，还解释了这个"无名业务"的机密性，埃利斯在一旁默不做声，小心谨慎地听着。在他看来，萨姆和这个生活放荡的同伴竟然想做得比高盛和所罗门兄弟这类大公司还要高明，简直是异想天开。

接着，尼科尔斯递给埃利斯一份长达三页的备忘录，名为《巴基斯坦问题》。

邪恶势力正密谋反对小布什总统，尼科尔斯说。伊斯兰激进分子正在策划阻止小布什再度当选，但他知道如何改变这一政治局势，并确保埃利斯的表兄在 2004 年的总统选举中大获全胜。尼科尔斯将助他赢得总统宝座，同时拯救美国。关键是抓住本·拉登，尼科尔斯压低了声音说，他知道如何找到本·拉登。

尼科尔斯点着了一支烟，这个当口，埃利斯怀疑这是个恶作剧：是不是哪里藏着摄像头？萨姆急切的眼神看起来像个十几岁的男孩子。一个喝得半醉的男人，一个坐在韦斯特切斯特的豪宅里喝着加冰尊美醇爱尔兰威士忌的男人能说出全球头号通缉犯的藏身之处——埃利斯完全不知道该从何说起。

尼科尔斯解释了其中的细节。巴基斯坦政府是由一小撮被称作"军团指挥"的将军控制的。这个小组里有 12 名将军，其中 9 人是可以被贿赂的,另外 3 人极度反美,但只要价格合适都可以被收买。尼科尔斯说,能通过一个他经营的瑞士信托基金将美国政府的资金秘密转给这些巴基斯坦将军。这些钱将被用来在卡拉奇郊区修建一座水处理工厂,经营这座工厂既可使这些将军得利,亦可使巴基斯坦人们受益。作为回报,"军团指挥"将透露本·拉登的行踪。这名基地组织头目并不像众人猜测的那样,藏在瓦济里斯坦的崇山峻岭中,而是在巴基斯坦军方的照顾和保护下过着舒适的生活。尼科尔斯目前还不知道他的确切地址,但只要将那笔秘密现金通过尼科尔斯的瑞士账户转给那些将军,美国政府就可以派无人机对本·拉登进行导弹攻击,或派特种部队袭击他的藏身之处。尼科尔斯称他可以改变世界,并且干掉这名史上头号通缉要犯。埃利斯觉得,这一切真是太荒唐可笑了。

✳ ✳ ✳

一个小时过去了,事情愈发诡异到了令人匪夷所思的地步。尼科尔斯递给埃利斯一叠照片,包括美联储的公文包、围桌而立的东方男子、设置成陷阱的神经毒气罐。埃利斯翻了翻这些照片。"尽管美国和其他国家政府屡次想赖掉这笔以美联储债券形式存在的资产,但它们确实存在,"尼科尔斯的备忘录中写道,"我和其中约 7 000 亿美元联邦债券的独家正式授权签署方有直接的个人关系,他们愿意长期合作,确保这些债券回归美国政府。"

尼科尔斯说美联储已经实施了一个赖掉这些债券的计划。尼科尔斯向埃利斯保证,他即将搞到"货真价实"的债券。这些联邦债券目前被放在菲律宾棉兰老岛的一个"安全地带"内,尼科尔斯会组织一队人马将这些债券取回来,听起来颇似真实版的天龙特攻队(A-Team)。但是在启程前,尼科尔斯需要总统的保证,保证给他提供支持。尼科尔斯希望埃利斯充当他和总统之间的秘密渠道。他确信,总统会明白其中的重要性。尼科尔斯在备忘录中明确提出了两个要求:

◆ 完全、永久匿名。

◆ 不可撤销、永不过期、完整的外交豁免权。这个外交豁免权
  必须是由总统颁布的行政命令，一式两份，永远有效。

尼科尔斯说除了豁免权，还必须有一份只有总统下令才能颁发的
"黑"护照。这本护照并不是普通意义上的外交护照，但却更加有用得多。
凭借此护照，尼科尔斯和其他人可以自由穿越所有国境而不被拦截、搜
查或盘问。

埃利斯惊得目瞪口呆，尼科尔斯真的指望总统支持这样一个涉及菲
律宾洞穴宝藏的愚蠢犯罪勾当？尼科尔斯面无表情地又吸了一口烟。尼
科尔斯曾和一个名叫菲尔·西弗特的人共事，这个人是里根政府时期的
一名财政部副部长，同样也是三边委员会成员。尽管西弗特常为自己行
事低调感到自豪，但他在华盛顿的内部圈子中颇为知名。尼科尔斯说，
西弗特能为他的诚实可靠作担保，但只有通过秘密渠道和总统联系，这
个提议才有可能获得批准。埃利斯对于保住小布什的总统职位至关重要。
美国的偿债能力正变得岌岌可危，反恐战争的命运也是如此。

这些年来，埃利斯和不少稀奇古怪的对冲基金交易员打过交道，其
中情绪激动或是满嘴投资怪论的人数不胜数。但尼科尔斯的计划和萨姆
对此事深信不疑的态度却已是完全丧失理性。萨姆显然被尼科尔斯施了
魔咒，他被说服得如此完全彻底，以至于看起来像是着了魔。如果尼科
尔斯是个骗子（这看上去极有可能），那么萨姆继续这样下去就意味着
拜尤的毁灭，萨姆将不可避免地身败名裂。埃利斯为他的朋友感到担忧，
他必须想出什么法子让尼科尔斯远离萨姆。这个异想天开、阴魂不散的
尼科尔斯成天围绕在萨姆身边，在这种情况下，他究竟要怎样才能使萨
姆对风险资本交易这种真正的交易感兴趣呢？

萨姆送埃利斯从前门出去。趁这个和萨姆单独相处的机会，埃利斯
表达了他的担心。萨姆知道他把自己牵扯进了什么样的事情吗？这究竟

算怎么一回事？他们走到室外。一场雷暴正在韦斯特切斯特地区肆虐，狂风呼啸，暴雨如注。

"你是认真的吗？"埃利斯恳切地问他的朋友。

"我知道它看起来荒谬，"萨姆说，"但我跟你说，这事百分之百是真的。鲍勃·尼科尔斯也是真的，就像这雨一样。"

埃利斯决定自己调查尼科尔斯。通过家庭关系，埃利斯曾获得一笔去西点军校反恐中心学习生物战的奖学金，并因此认识了许多高级军官。这些军官可以告诉他尼科尔斯是否真的是所谓的秘密特工。结果发现，在一些士兵眼中，尼科尔斯有点类似于黑色特工世界中的神秘人物。有人说他"徒有其表"，也有人说他是个"疯子"。真正的"天龙特攻队"的前负责人拉斯·霍华德准将告诉埃利斯，他曾听说过藏在菲律宾的联邦债券的故事，但真去寻找这些宝藏听起来太不靠谱，估计是白费力气。

埃利斯联系了里根总统和小布什总统的白宫律师弗雷德·菲尔丁（Fred Fielding）。菲尔丁是共和党首席律师之一，也是华盛顿的交易推手，他答应四处打听一下。数日后他报告称，他得到的关于尼科尔斯的信息很简单：远离这人，有多远离多远。尼科尔斯讨论的那些项目很可能是违法的，菲尔丁说。他告诉埃利斯，不要和任何人讨论这事，并且无论如何也不要牵扯进去。这个答案正如埃利斯所料，只是这事还涉及某种程度的阴谋是他未曾料及的。尼科尔斯显然真的当过秘密特工，在白宫也有些关系。但关系性质不甚明了。尼科尔斯看上去同时充当着两种角色：某种意义上的前情报人员和设计金融欺诈的骗子。既是一名间谍，又是一名骗术大师。或者曾经是一名间谍，后来变成了骗子。冷战期间，真正的情报人员和诈骗犯之间的界限尤其模糊。美国政府雇佣了无数的"合同工"来执行拿不上台面的任务。尼科尔斯显然是其中之一。

但这些并不重要。萨姆已经走火入魔，埃利斯也左右为难。他绝不可能去和总统说"桃太郎的黄金"的事，也不可能弃萨姆于不顾。6月23日，埃利斯坐下来给萨姆写了一封信。"就像我在电话里和你说的，关于我们讨论的那个项目，我不能帮你，"埃利斯写道，"律师已经知会我，那个项目有可能违反联邦法律，因此我不能向表兄以及为他工作的任何人说起，这是我的职责所在。你和尼科尔斯的来往将置你自己和你的家族于莫大的危险之中，我对此非常担心。作为你的朋友和关心你以及你家族的人，我敦促你和尼科尔斯断绝往来，回到你正常的商业活动中来。"

到了 6 月底，他们试图在影子市场交易的事情毫无进展。花旗银行拒绝将拜尤的资金转至德国。

接着，花旗银行要求拜尤立即将资金转至另一家美国银行，萨姆的个人账户也包括在内。显然，这家银行不希望和萨姆以及他的计划再有任何关系。马里诺很高兴地安排了转账，将拜尤的数百万美元转至另一家美国银行。资金终于有所松动，游戏又可以开始了。但尼科尔斯能看出，要说服萨姆将钱转至德国，他还需要花些力气。萨姆还需要一个长线骗局中所谓的"说服者"，说服他真的将钱转至欧洲。是时候提高筹码了。

第14章

一枪爆头

　　萨姆杀人了！？是影子市场发生的内斗，是萨姆在监狱中撒谎，还是只是尼科尔斯导演的一场戏？尼科尔斯顺势开口向萨姆借1 000万美金，抵押品则是一个存放在伦敦安全银行中的古老皮箱。

　　小心谨慎的萨姆提出要求，必须"亲眼"看一看记录肯尼迪总统遇刺全过程的真实胶片。尼科尔斯会答应他吗？

14

他的表情很奇怪，然后突然朝我走过来。在我们俩擦肩而过的时候，他说："好一张聪明的脸。"我一下子呆住了。（本书主人公萨姆）

2004 年 7 月 7 日，按照尼科尔斯的指示，萨姆乘坐汉莎航空公司的航班来到了德国，尼科尔斯将在第二天随后跟来。他们两人已经决定抛开中间人，直接跟邮政银行取得联系。邮政银行在汉堡有一间实实在在的办公室，该银行负责这一交易的经理也有一张实实在在的名片，名片上有一个实实在在的职衔：区域经理。他的名字叫做戈洛·巴尔特。他说他会提供所需文件，让萨姆进入精英市场。终于，萨姆有机会和一个真正的商人打交道了，至少他自己是这么相信的，然后他向德国汇去了 1 亿欧元。

尼科尔斯已经告诉过萨姆，到达汉堡之后立即去机场的万豪酒店。萨姆收到指示，与尼科尔斯的武器贩子联系人，也就是那位在巴基斯坦驻英国大使馆工作的穆沙拉夫的表亲直接联络，萨姆曾在伦敦格罗夫纳酒店的皇家俱乐部见过他一次。虽然这位库马尔混在人群里很难被发现，但萨姆还是在大堂里认出了他。库马尔身材不高，体态瘦削，穿着浅褐色的套装。他们在大堂彼此寒暄了一阵，萨姆感觉这个人的行为举止像是一个间谍：他非常警觉，仪态从容，在人群中经过时就像是一道影子。

库马尔给萨姆准备了一个小挎包，并不露声色地交到了他的手里。萨姆问库马尔想不想喝一杯，库马尔礼貌地回绝后匆匆离开了。

萨姆来到市中心，在洲际酒店要了一个能饱览阿尔斯特湖风景的套房。独自在房间内的时候，萨姆打开了挎包。里面有一个很重的包裹，外层用普通的牛皮纸包着，拆开牛皮纸，里面是两把包在毛巾里面的9毫米口径贝瑞塔手枪。两支枪都装了消音器。萨姆细致地检查了枪支，爱不释手。枪托是塑料聚合物制成的，镀铬枪管，拿在手里相当令人满意。在尼科尔斯坚持让他携带武器之后的几个星期里，萨姆培养出了一种对枪的痴迷。尼科尔斯给了萨姆很多把不同样式和型号的手枪，每支枪都有消音器，目的是为了应对他预期中的巷战。

第二天上午，尼科尔斯抵达酒店。这位中情局特工正处于"全面行动模式"，按他的要求，任何时间都必须采取"全面反监控措施"。一切交谈都要悄声细语，或是使用密码。尼科尔斯对萨姆说，数百名敌方情报人员已经抵达汉堡，试图阻止他们进行交易，城里布满了敌对派系的杀手，萨姆必须保持高度警惕。尼科尔斯检查了萨姆从库马尔那里拿来的武器。尼科尔斯自己带过来了弹药。他把两支贝瑞塔手枪全都装上了子弹和消音器，让萨姆把枪带在腰背部。现在，他们已经全副武装，做好了和邮政银行的戈洛·巴尔特见面的准备。

尼科尔斯告诉萨姆，他在自己的西服上衣胸部的口袋里还带着一种特别的东西。他抽出了一张百万美元的钞票，并把它拿给萨姆看。萨姆接过钞票，仔细检查了水印、棉质纸基和纹理，以及克里夫兰总统那张毫无表情的脸。

纸币看起来像是真的。尼科尔斯说他有8张这种百万美元面额大钞，全都是20世纪30年代的时候发行的。理论上讲，有了这些钞票，他就是一个富人了。但在罗伯特·布斯·尼科尔斯的人生中，任何事情都不会如此简单。作为影子交易的一部分，尼科尔斯说他要让巴尔特检验这些钞票的真假，这样他好跟美国政府谈赎回的事。

"鲍勃真是能干。"萨姆回忆说，"他非常镇定，我们终于找到那个邮政银行了。他打算把美联储在菲律宾的债券的事全告诉给巴尔特，一旦交易项目开始启动，我们还可以横插一刀，抢了那笔生意。万事俱备，就等交易开始。一切都已就绪。"

会议定在了星期六的上午。巴尔特的办公室位于瓦伦丁斯坎普，距离酒店不远。萨姆和尼科尔斯机警地走在路上，汉堡中心商业区的街道空空荡荡。按照巴尔特的指示转进一条背街的巷子之后，他们在一个不起眼的红砖建筑的后门处见到了这位德国银行家。巴尔特一身深色西装，显得干净利落。他看上去30岁出头，个头很高，英俊潇洒，完全是一副年轻而老于世故的欧洲人形象。他的英语很流利，非常精明干练。

巴尔特把萨姆和尼科尔斯从后门请进了大堂内。大堂里空无一人。他们在走向电梯的时候，巴尔特说他再也不相信乔治·卡查兰了。早前他把萨姆指引向另外一个死胡同的时候，就是卡查兰从中横生枝节，撬了巴尔特和邮政银行的交易。巴尔特说，邮政银行是一个信誉卓著的机构，只与守信的交易员做生意，尤其是在骗子泛滥的高收益市场。萨姆没有作声，点了点头表示同意。

巴尔特的办公室布置得相当低调，看起来就像是一个中层公务员办公的地方。两名清洁工在打扫走廊，除了他们，整个邮政银行的办公区就没有什么人了。巴尔特解释说，这个交易涉及到20亿美元的中期票据，也就是金融债券工具。这类工具都是"当令的"，意思就是说已经在进行交易了。巴尔特的办公桌上有一摞文件，只等着萨姆签署。

为了进行最后一步的尽职调查，尼科尔斯借用了巴尔特的电话打给前里根政府的官员菲尔·西弗特。西弗特当时正在佛罗里达，他是该交易慈善部分的负责人。按照西弗特的承诺，交易的一部分收益将用来在巴基斯坦卡拉奇城外建设水处理系统。几个月以来，萨姆一直要求尼科尔斯让他与神秘的西弗特见面，但尼科尔斯告诉他这不可能。西弗特从不与人私下会面，就算是萨姆·伊斯雷尔这样颇有来头的华尔街未来巨头也不行。

但是在来汉堡之前，萨姆曾获准与神通广大的西弗特通过一次话。这次谈话对萨姆的影响非常之深，尤其是西弗特使用过的一个特殊表达方式。

"我们说话的时候，西弗特反复告诉我，他长着一张他所谓的'蠢脸'。"萨姆回忆说，"这听起来相当怪异，我问他是什么意思，他说他的脸让人看过即忘，如果他走进一群人当中立刻就会消失。西弗特说，在公共场合没有人会注意到他，因为他的长相极其普通。他说他是隐形的，因为他的脸太平常了，太蠢了。"

※　　※　　※

在从邮政银行的办公室打过去的这次电话中，西弗特让巴尔特放心，已经针对卡查兰方案采取正确的行动。在萨姆填写开设"零损耗账户"所需的材料时，尼科尔斯对巴尔特说，最初的交易只不过是更大规模方案的一部分。尼科尔斯以各种不同方式代表美国情报机构执行金融方面的秘密行动。一切都已经安排妥当，只要萨姆把钱汇过来交易立刻开始。考虑到他们所做的事情关系非常重大，萨姆非常小心地做出严肃认真的样子。他说他会在周一上午汇过来相当于 1 亿欧元的美金，按照当时的汇率，这需要大约 1.38 亿美元。

"会面结束之后，我在鲍勃之前离开了。"萨姆说，"为了安全起见，他在我走之后一分钟再走。我走出后门，进了巷子，然后右拐，沿着街道往前。这个区域看上去像个鬼城。街对面的一个电话线杆旁边站着一个人，他个子不高，大概有一米六七吧，头上包着穆斯林头巾。看上去像是巴基斯坦人，或者是中东人，一只眼皮耷拉着。他脸上的表情很奇怪，好像是在盯着我看，然后他突然朝我走过来。我们俩越走越近，在我们俩擦肩而过的时候，他说：'好一张聪明的脸。'我向上帝发誓，他就是这么说的。我一下子呆住了。我知道这是西弗特在告诉我，他已经安排人在汉堡盯着我了。西弗特在跟踪我们，而且还故意让我们知道。我抓住这个人，让他的背靠在墙上，问他这到底是他妈的怎么回事。他不愿意跟我说话，也不说英语。好像突然之间他就只会说乌尔都语了。他不停地反复大喊：'别这样，先生，别这样。'"

"我只好放掉他，自己往前走了几步，然后回头看鲍勃有没有跟上来。此时，这个家伙突然从口袋里拿出一把枪，瞄准了刚走出来的鲍勃。事不宜迟，我掏出了自己的手枪，击中了那家伙的左臀部。一切都像是慢动作，这种感觉可怕极了，我吓坏了。然后鲍勃也拔出了枪，击中了他的右肩。这家伙的枪掉在地上，人也倒下了。我怒不可遏，感到自己的生命已经陷入极度危险，于是我走到他身边，朝他的脑袋开了一枪。近距离射杀。他被爆头，血液和脑浆喷了出来，溅满了人行道。"

"当时街上没有车，也没有目击证人。因为有消音器，这几枪都没有搞出大响动，没有人看见发生了什么。鲍勃一把抓住我，从我手里把枪拿走，然后带着我发足狂奔。回到酒店之后，我不知道怎么办才好。鲍勃说我是他见过的最疯狂的人，但我也的确救了他一命。他对我说，他会负责料理这一切。他开始一通接一通地打电话，处理尸体。他手下有清道夫，专门负责干这种事，在惊动警方之前让尸体消失不见。他还把我们的枪都处理掉了。一番安排之后，罪案的痕迹无影无踪。很明显，西弗特已经派人跟着我们了，但问题是他为什么这么做。鲍勃显然没有把所有的事情都告诉我。但这件事过后，我们两个成了一条船上的了。我们之间开始有了一种荣辱与共的关系。我们彼此需要。"

萨姆真的杀人了吗？还是萨姆为了这本书臆想出了这一情节，以满足他变态的自我吹嘘的需求？或者，是罗伯特·布斯·尼科尔斯一手策划了这次遭遇战？作为打入内部的人，尼科尔斯有责任让肥羊乖乖地掏出钱来，而萨姆的钱仍然安稳地存放在纽约的银行账户里。不难想象，尼科尔斯已经得出结论，他需要消除萨姆仍然抱有的任何可能的怀疑，并向他明白无误地证明邪恶派系正在试图阻止他们进行交易。萨姆需要明白，影子市场是真实的，"章鱼"也是真实的。真实得让人不寒而栗。

编排一场凶杀案是骗子们最常用的古老伎俩之一。受《大骗局》一书启发创作的电影《骗中骗》最后一幕就出现了这样一个场景。流血、勇气、枪支、极度危险引发的战栗，以及在警方到来之前的拼命奔逃，所有这一切元素永远不会过时。在演艺界，"鸡血袋"指的是演员藏在嘴里的一个装满鸡血的袋子，这是用来表现凶杀情节的传统手段。"受害者"在被"枪击"之后会咬破鸡血袋，表面看起来就好像他自己的血从嘴里流出来了一样。

是不是尼科尔斯采用了长线骗局的经典结构，然后又天才地临场发挥了一次呢？整个场景，或许是尼科尔斯导演的一幕令人赞叹的戏剧？或许，他没有把鸡血袋藏在"受害者"的嘴里，而是藏在了他的头巾里。汉堡的那条人行道上的确溅上了不少脑浆，只不过那都是动物脑浆。如果萨姆所讲的关于这次凶杀场景的话都是真的，那么很有可能尼科尔斯凭借其令人瞠目的狡黠安排了这样一场戏。库马尔为萨姆提供了武器，但却是遵照了尼科尔斯的指示。尼科尔斯随身带来了弹药，并给这把贝瑞塔手枪装上了空包弹。消音器的效果非常好，掩盖住了枪声。头巾在千钧一发的时刻触动了机关。在阿富汗，自杀式炸弹袭击者就曾用过头巾战术。但对萨姆来说，用这样的手法来引他入彀，这个诡计的规模简直不可想象。萨姆确信自己杀了一个人。他在十几岁的时候曾经在一起持枪抢劫案刚刚发生之后走进一家熟食店，当时他就看见了熟食店的老板躺在地板上，头部中弹。汉堡的这一幕同样真实，同样令人记忆犹新。

对萨姆来说，他已经走上了一条不归路。现在，他跟尼科尔斯一样成了一个杀人犯。编排这样一出凶杀戏，将使萨姆陷入了影子市场，再也无法离开。他相信，如果自己被抓到，恐怕下半辈子都得在监狱中度过了。他还救了尼科尔斯一命，在这位中情局杀手的眼中证明了自己。现在，萨姆真正地属于"上层社会"了。

数年之后，在有人当着他的面提出尼科尔斯在这件事上骗了他的可能性时，萨姆言辞激烈地表示反对。当然，汉堡警方没有起疑，因为尼科尔斯已经清理了犯罪现场。当然，德国警察也没有调查，因为"章鱼"

239

知道如何喷出墨汁之后消失无踪。萨姆确信，尼科尔斯拥有这样的能力，能够让凶杀案的证据全都不翼而飞。

"从我们见面的第一天起，鲍勃就控制了我，"萨姆说，"但不是通过这种方式，他绝对不可能在这件事上骗过我，这不是好莱坞大片。那个家伙的左臀流了很多血，他的脑浆在人行道上喷得满地都是。这是千真万确的事，为此我做了几个月的噩梦。有时候我会半夜惊醒，尖叫。鲍勃对我说，永远不要再提起这件事，谁也不能告诉。在跟你说这件事之前，我一次也没有提过。"（在历时三年的报道时间里，萨姆反复提到，他保留了一部分故事没有说出来。他说，他不愿意把自己的最后一点秘密披露出来，是害怕会因此而加重受罚。当我把萨姆对这次凶案的描述讲给FBI的人听时，对方提出了极大的质疑。没有尸体、没有调查，没有任何东西能确认萨姆曾经杀人这一事实，因此也就没有办法对萨姆提出谋杀指控。——作者注）

7月9日，萨姆向邮政银行汇了1.2亿美元。这是拜尤能拿出的绝大部分款项。巴尔特把这笔钱换成了欧元。这样，萨姆就有了96 864 000欧元。在换汇的过程中，拜尤被黑了6万美元，萨姆曾担心会有这样的事发生，但却未能察觉。

为了躲避西弗特派系的报复，不被汉堡警方逮捕，萨姆和尼科尔斯决定离开德国。在离开之前，他们去见了将要代表邮政银行进行交易的那个人一面，他叫德里克·米尔斯基。当时他正坐在机场的豪华休息室里等他们。米尔斯基身高大约1.93米，黑色的头发，瘦削的脸颊棱角分明。跟巴尔特一样，米尔斯基也30多岁，文质彬彬，说一口流利的英语。他在西装外面穿了一件大衣，看起来就像是从某个间谍片里走出的人物。

坐在汉莎航空公司的休息室里，尼科尔斯说他担心他们被人跟踪了，可能是另一个派系的人，也可能是警方，他说不准。尼科尔斯建议出去走走。三人驱车到了附近的一个城堡。他们在城堡周围一边闲逛一边交谈，以防被人窃听。米尔斯基解释说，萨姆的钱得先进行"隔离"。账户将以萨姆和北极星公司的名义开立。北极星是米尔斯基控制下的一个公司。交易将由两者共同完成，90% 的收益进入萨姆的账户，10% 的收益归米尔斯基。尽管各项决定都要共同商定，但萨姆坚持保留最终决定权，至少在书面上要这么写明。交易项目将从下周开始。

杀人一事改变了尼科尔斯和萨姆两个人之间的相处方式。过去，在交易方面，一直是萨姆主导，至少萨姆是这样认为的。尼科尔斯负责安全事务。但尼科尔斯说，萨姆不但技能上佳，而且有一种大无畏的精神，正是"男孩们"想要找的那种人。几个月来，尼科尔斯不停对萨姆说，要按照乔治·索罗斯的路线培养他。可现在，尼科尔斯暗示萨姆可以成为下一个罗伯特·布斯·尼科尔斯。尼科尔斯承认，自己已经老了，不停地到处跑，还要时刻保持警惕，这让他感到吃不消。要想做一个现实生活中的詹姆斯·邦德，尼科尔斯已经跟不上这种节奏了。他需要找到一个继任者，而萨姆似乎就拥有成为继任者的潜力，特别是他也是一个说谎成性的人，不过尼科尔斯没有提到这项资质。

但是，当两人回到伦敦之后，尼科尔斯变得易怒、没有耐心。三个月已经过去了，他没有在交易中赚到一分钱。如果没有下一次交易了该怎么办？如果萨姆再次把钱汇回纽约该怎么办？如果萨姆突然不想进行交易了又该如何？

✳　　　✳　　　✳

7 月 12 日一大清早，尼科尔斯出现在萨姆酒店房间的门口，满脸紧张的神色。他十分用力地敲门。萨姆出来时，发现尼科尔斯正在走廊里来回踱步。睡眼惺忪、穿着短裤和 T 恤的萨姆把他让进了房间里。

"我得跟你谈谈。"尼科尔斯说。

"发生了什么事？"萨姆问道。

"这个，你知道，我已经在进行着几桩交易。"尼科尔斯说。

"知道。"萨姆说。

"我在夏威夷租的那套公寓，我跟房东已经认识多年了，"尼科尔斯说，"这套公寓现在挂牌出售了。价格一路飙升。那里房地产交易非常火爆。房东说可以给我内部价。我打算全仓进场。"

萨姆在床上坐着，仍然是一副没睡醒的样子。

"然后还有我们看过的那些宝石，"尼科尔斯说，"从那个开摩托车的家伙那里来的。"

萨姆点了点头。

"可是我眼下手头很紧，"尼科尔斯说，"我手里的现金只有几十万了。"

"你需要什么？"萨姆问。

尼科尔斯直视着萨姆的眼睛。

"1 000 万美元。"尼科尔斯说，"现金。现在。"

"你知道，我对你很有感情。"萨姆叹了一口气，"所有的一切我都可以给你。借你 1 亿美元对我来说都没关系。但现在有两个问题。第一，存在邮政银行里的钱不全都是我自己的钱，很多都是投资人的；第二，我要是进入不了市场怎么办？如果像上次一样，邮政银行的交易没成怎么办？我需要拿到上一次交易的分成维持我的基金。"

尼科尔斯只得暂时作罢。当天剩下的时间，两人都在抓紧敲定与巴尔特和米尔斯基之间的协议。晚上，萨姆跟尼科尔斯和埃伦碰头吃晚饭。他们在梅费尔的一间酒吧里用餐，这是一个招待各地游客的平平常常的地方，他们点了一些啤酒和汉堡。萨姆发现，吉尼斯黑啤酒跟他服用的镇痛剂混合在一起的效果相当不错。酒过三巡，他的背也不疼了，开始进入一种忘我的飘飘然状态。

"有些关于我的事，我真的不想跟你提起，"尼科尔斯说，"借你这 1 000 万美元，我有一个主意。但那需要我暴露自己极为隐秘的一个侧面。你必须发誓不跟任何人说起。"

尼科尔斯长吸了一口气。

"你可以信任我。"萨姆向他保证。

"我手里掌握着一个东西，这个东西非常危险。"尼科尔斯说，"我可以用这个东西做抵押，换你的 1 000 万。这个东西交给你保存，但你不能跟任何人说，提也不能提，任何人都不行。一旦泄露，你很快就得死翘翘。我希望你一直保存这个东西，直到我把 1 000 万还给你。"

"我不需要你的抵押。"萨姆说，"如果你告诉我你会把这钱还给我，我就相信你会还钱。"

"不行，必须要这么做。"尼科尔斯说。

"好吧，"萨姆说，"这个抵押物值多少钱？"

"1 亿美元。"

"10 : 1 的抵押？"

"就算情况坏到不能再坏，这东西也值 5 000 万美元。"尼科尔斯说，"不过即使这样，这抵押也是 5 : 1。"

尼科尔斯不愿透露这个抵押物到底是什么东西。不过当时他正在喝酒，每次喝醉的时候，他讲话就没有那么小心谨慎了，至少这是他想要制造出来的一种印象。尼科尔斯说，关于他想要从菲律宾的"桃太郎的黄金"山洞里取出来的那些美联储债券，他并没有把所有的情况都告诉给萨姆。他暂停了一下，确认酒吧里没有人在听他说什么。尼科尔斯说，他已经拿到了其中的一个箱子，现正存放在伦敦一个保险柜里。这个箱子原本属于蒋介石家族，托放在尼科尔斯这里保管。箱子里装着价值 1 亿美元的联邦债券。萨姆可以接手这个箱子，作为 1 000 万美元借款的抵押。

萨姆说在同意这个交易之前他有一个要求。他想要从尼科尔斯手里拿到一个东西，一个他从第一次见到尼科尔斯时就念念不忘的东西。

"我可以给你这 1 000 万美元，不过有一个条件。"萨姆说，"你得让我看看那个胶片。"

"什么胶片？"

"你他妈的知道我在说什么。"

"已经有500人为了这卷胶片丢了性命。"尼科尔斯说。

萨姆寸步不让，没有肯尼迪遇刺胶片就没有1 000万美元。这次轮到尼科尔斯让步了。

他们在萨姆的套间里安排了一次放映。客房服务人员给他们拿来了一个播放机，并把它接到了房间内的平板电视上。为了看清胶片记录的每一个细节，萨姆把厚重的窗帘搭在电视之上，临时制造了一间暗室。

"鲍勃当时就站在我身边，帮助我把窗帘拉紧，好让我看得更清楚。"萨姆说，"鲍勃总是那样，像父亲一样给我各种建议。他本来想让我们去一个更好的地方播放这个录像带，但我不想再等下去了。如果我想在自己的房间里看的话，他认为至少我可以创造条件好好看一看。"

尼科尔斯给萨姆播放了这个只有27秒钟的视频片段，不止播放了一次，而是播放了一次又一次。就跟尼科尔斯原来说的一样，"真正的"泽普鲁德胶片包括七帧画面，表现的是特勤局的特工威廉·格里尔把汽车减速、转身然后近距离开枪射杀肯尼迪总统的全过程。萨姆本来想能够找出10到12声清楚无误的击中肯尼迪总统车队的枪响，从而永远推翻华伦委员会的单颗子弹理论。这个画面模糊的视频片段看起来很熟悉：汽车正在加速，然后减速，特工的行动，总统喉部中弹之后头骤然一动，还有杰奎琳如何试图从车中跃出来。尼科尔斯解释说，第一夫人什么都看到了，但她收到了警告，如果她说出来的话，她的孩子就会遇害。胶片背后的意义令人不寒而栗。萨姆看到了真相：李·哈维·奥斯瓦尔德并没有杀害肯尼迪。黑手党和中情局有过合作，这次刺杀实际上就是一次政变。

"这个故事从来没有被披露过，因为媒体都是由政府控制的，"萨姆回忆说，"网络、新闻社、《纽约时报》，这些全都在中情局的领导之下。他们全都同意对某些机密材料保密，不让人们知道。但这个胶片绝对是真的，我能够看得出来。超慢镜头回放可以看出，司机的手里有什么东西，然后这个东西又回到了他的衣服里面。那是被动过手脚的胶片。"

244

"为什么我们不能把这个东西捅出去？"萨姆问尼科尔斯。

"他们会一口咬定这是伪造的，"尼科尔斯说，"然后他们会把每一个相关的人都干掉。"

第二天上午，萨姆和尼科尔斯乘一辆出租车来到雷克托街一个离皮卡迪里广场不远的地方。他们绕过一名保安，走进了一个不起眼的建筑里。这里是伦敦安全储蓄银行（London Safe Deposit Company）的总部，被称作"女王的保险柜"，因为英国王室会把最贵重的珠宝存放在这里。萨姆和尼科尔斯走进了电梯。令萨姆感到诧异的是，电梯是下行的，而不是上行的。过了一会儿，电梯停在了一个看起来像是空袭掩体的下层地下室。在长长的走廊尽头有一道门，门上有一个摄像头和一个视网膜扫描仪。尼科尔斯把下巴放在摄像头下面的一个托架上，扫描仪开始扫描他的眼球。之后他按下了一个按钮，门开了。往下再走过一段楼梯之后，面前出现了一个非常厚的防弹玻璃板，玻璃板后面坐着一个面容可亲的老年英国男人，操一口考克尼口音的英语。这名职员殷勤地签了字，把尼科尔斯和萨姆请了进去。尼科尔斯说，萨姆也想租一个保险柜。职员发现尼科尔斯租的那个保险柜旁边的柜子恰好空着，价格是每年 500 英镑。萨姆预付了两年的费用，即 2004 年余下的时间和 2005 年全年。

职员领着萨姆和尼科尔斯向下走到另外一条走廊，进入了一个巨大的银色集宝牌走入式保险柜。萨姆的先祖们在新奥尔良曾用过这种保险柜存放家族财物。尼科尔斯的保险柜被取了出来，萨姆的空柜子也拿了出来。等职员离开之后，尼科尔斯打开了自己的保险柜，取出了一个蓝色的挎包，挎包里有一个香格里拉酒店的洗衣袋。随后尼科尔斯取出一个用皮和金属制成的箱子，箱子的尺寸看起来像是一个公文包。金属的表面已经生锈，箱子的封条上写着"美利坚合众国美联储"的字样，字体和美元纸币上的字体相同。反正一切看起来和"桃太郎的黄金"照片中看到的公文包差不多。

"简直不敢相信……"萨姆还没说完，尼科尔斯就制止了他。

"一会儿再说。"尼科尔斯说。

萨姆用手拭了拭封条，箱子上写着一些字。

M. BOX NO. 000120

S.C. NO. 1224-22

P.D. NO 11-22

A.C. NO 103-12-179992

萨姆小心翼翼地抬了抬箱子，竟然意想不到的沉重，好像里面是混凝土制成的。斑斑锈迹让这个箱子看上去像个经历了长时间岁月磨洗的古董。箱子的锁也有点历史了，是 20 世纪 30 年代的东西。

把这个箱子放进萨姆的保险柜之后，尼科尔斯叫来了职员。职员把另外一个小一点的保险箱打开，然后又出去了。这个箱子里有一个卡带式录像机，上面罩着一个保护盖。录像机内是真正的泽普鲁德胶片。萨姆按照尼科尔斯的指示把录像机放进保险箱，随后两人就离开了。

到了外面，两个人穿过伦敦的街道，谁都没有说话。他们都很小心，确保没有人在跟着他们。

在穿过皮卡迪里广场的时候，尼科尔斯告诉了萨姆他是如何拿到那个公文包的。跟他有过联系的一个瑞士律师是情报机构的特工，被中国政府扣留，让他帮助办理整整一保险柜的美联储票据的交易。这些债券值几百万、几千万甚至几亿美元。不过不是真正的中国政府，而是蒋介石被流放的先辈美华。

"你无论如何都不能打开这个箱子，"尼科尔斯说，"如果打开，那就等于是打开了潘多拉魔盒。箱子里有炸药机关，如果不是完全按照某一特别的角度打开，箱子就会爆炸，你会死无全尸。"

"你还钱之后这个箱子怎么办？"萨姆问。

"你还继续保管那个箱子，" 尼科尔斯说，"我估计很快就会拿到更多的箱子。不过你无论如何不能对任何人提起这事。如果我出了什么事，比如被杀了，最终会有人跟你取得联系，告诉你该怎么做。"

"泽普鲁德胶片怎么办？"萨姆问。

"也交给你保管。"尼科尔斯说。"现在，你已经完完全全置身其中了。再也不能回头了。"

7 月 13 日，1 000 万美元从萨姆在邮政银行的账户上转到了罗伯特·布斯·尼科尔斯的名下。几年之后，在被封存起来的卷宗之中，尼科尔斯讲述了他拿萨姆给他的这些钱干了什么。不过他声称，这是完全合法的交易，并不是什么骗局。首先，这些钱很快被汇到新加坡、伦敦和列支敦士登的一系列账户中，德国有关部门根本没有来得及阻止相关转账业务。拿到这笔横财之后，尼科尔斯跟他的同伙把这 1 000 万美元瓜分殆尽，这些人中很多萨姆从来都没有见过。一个负责搞到美联储债券的亚洲中间人分到了 20 万美元，尼科尔斯用来验证中期票据协议有效性的那位律师拿到了 5 万美元。就这样，尼科尔斯把钱分给了所有参与到这件事当中来的人。

尼科尔斯总共分发了 140 万美元，这涵盖了他所有的费用，包括酒店、机票和饮食，还有建立"大商店"的费用，比如向伦敦巴克莱银行的保安行贿。另外还有向库马尔以及在汉堡伪造了自己死亡现场的特技骗子的费用，也就是戴爆炸头巾的那个。尼科尔斯在付钱的时候从未使用支票，也没有保存任何记录。在尼科尔斯的世界里，一切交易都是现金结算的。

把所有"同伙"的费用结清之后，尼科尔斯仍然剩下了非常多的钱。如同他曾经告诉萨姆的一样，他曾在卡哈拉海滩购买了一套豪华公寓，不过他的房地产交易不仅仅局限在夏威夷。在那之前，尼科尔斯唯一的资产就是在澳大利亚的鳄鱼横行的 20 英亩热带雨林。如今，拜尤投资者的钱让他可以花费 150 万美元在亚利桑那州普雷斯科特购买一块风光优美的土地，并计划用 100 万美元在这块地上建一栋豪宅。他还在新加坡的一家银行保留了 200 万美元，在伦敦汇丰银行的账户内保留了 100 万美元，作为现金储备。有了这些钱，足够他过上这种他已经越来越习惯的生活了。

2004 年，尼科尔斯的收入恰好是 10 000 008 美元。多出来的这 8 美元是他在电影《潜龙轰天》中扮演角色赚到的片酬剩下的。尼科尔斯不缴所得税，这一点也不奇怪，因为那些据称是中情局特工的人告诫他，为了国家安全永远不要缴税。不过这次他有了一个更正常的解释：美国政府怎么可能会发现这 1 000 万美元的事呢？

最终，这桩大骗局完美收官。讲故事，创造出"大商店"，利用头巾当作"鸡血袋"让萨姆深信不疑。长线骗局的最后一步就是收尾，这是至关重要的一步。尼科尔斯必须要找到某种方式退出舞台，同时又不引起萨姆的怀疑。在不让肥羊惊动执法部门，甚至不让肥羊意识到自己已经上当受骗的情况下结束骗局，这是一门精巧而难度很大的艺术。"在最复杂的骗局当中，肥羊可能永远都不会发现自己被摆了一道。"卢克·桑特在《大骗局》重印版的引言当中写道，"长线骗局中的'柴郡猫'因素值得特别关注。幽默永远不会离骗局的心脏太远。在那种受害者自食其果的骗局中，一丝不苟的优雅、对合法企业的悉心模仿以及不公正司法紧密结合在一起，最终的结局简直让人哭笑不得。"

❋　　❋　　❋

萨姆的情形就是如此。萨姆认为，秘密市场是真实的，尼科尔斯给他的作为 1 000 万美元借款抵押品的美联储债券也是真实的。在拿到美联储箱子的第二天，萨姆重新来到了"女王的保险柜"，拿出公文包，更加仔细地检查了一遍，还用自己的数码相机拍了照。他不敢试着把箱子打开，害怕里面的机关会爆炸。他感觉有些飘飘然，为他自己置身其中的这个世界感到兴奋。骗局已经完成，剩下的唯一一件事就是尼科尔斯的谢幕，找出一个借口安静地离开伦敦，从此消失，在夏威夷和亚利桑那州这两个地方舒适地度过自己的退休生活。"罗伯特·布斯·尼科尔斯退场"应该是剧本在他的精彩表演结束，舞台的幕布拉下来的时候写的那句提示词。

可是接下来发生了，或者说没有发生，一件非常奇怪的事。尼科尔斯竟然没有消失。萨姆没有脱钩，骗局没有收尾。在伦敦，尼科尔斯仍然时常陪在萨姆身边，做他的训练员，他似乎跟萨姆一样期待着德国的交易。1 000 万美元落袋为安似乎并不能让尼科尔斯满足，毕竟 1 亿多美元的现金还在桌上。没有一个自尊自重的"打入内部的人"会丢下肥羊手里这么大的一笔钱转身下台。

这两个人非常合拍。好像他们都在努力让另外一方相信，他们的骗局是真实的。在尼科尔斯的眼里，萨姆真的就是华尔街上的大法师。同样，在萨姆·伊斯雷尔的眼中，尼科尔斯是一个秘密特工，是《谍影重重》主角的原型。他们以这种诡异的方式成了真正的朋友。两个人都是虚假的，但却在对方的眼中发现了真实的自我。两个人都在玩一场假装相信的游戏，就好像俄罗斯的套娃，每个幻觉都套着另外一个幻觉，同时又被另外一个幻觉套住了。

第15章

撤资危机

地下交易近在咫尺，萨姆1亿美元的账户却突然被掏空，德国邮政银行开始对萨姆产生怀疑，中情局前来调查……

拜尤基金投资者对这些情况感到不安，纷纷提出撤资。情况危急，萨姆将如何渡过这一关？

15

有些投资者担心并考虑撤资，他们的意见传到了我们的耳朵里，萨姆对此漠不关心，他确信我们将获得那 10 亿美元。他说，"谁在乎？谁需要他们的钱？"（拜尤基金创始人之一丹·马里诺）

萨姆一直没有完全弄明白秘密债券市场的运作机制，就连尼科尔斯自己也没完全明白。这显然是因为整个市场不过是凭空捏造出来的。但后现代资本主义本身的神秘性给这种骗局提供了滋养的土壤。华尔街上无时无刻不在产生新的由银行私募配售的各种结构性金融产品。拜尤基金的主要投资人之一德意志银行涉足了一个赌局，而这个赌局完美地解释了交易的虚无性和抽象性。德意志银行向拜尤投资了 3 200 万美元，这令萨姆非常高兴。它进行这笔投资纯粹只是为了对冲它另一项极为神秘的证券的投资。这一证券的投资对象是一篮子对冲基金，拜尤只是其中之一。德意志银行虽然投资于这一篮子对冲基金，但并不需要把钱投入到任何真正的基金。用华尔街上的术语来说，这个证券是"合成的"，就像债权抵押证券（CDO）和其他衍生品一样。此类证券已经形成了一个数万亿美元的市场，它们就像赌局中的赌局，德意志银行决定以"真正地"投资拜尤基金的方式进行对冲。

华尔街令人眼花缭乱的复杂程度让影子市场中的行骗高手有机可乘，他们满嘴不知所云的术语，听起来煞有其事。有悖常理的是，这和萨姆在拜尤使用前推交易系统一事有着异曲同工之妙。萨姆的交易系统并非真的有效，至少不像萨姆所称的那般神奇，但他可以把这个系统吹嘘得神乎其神。同样的逻辑也可用在德国邮政银行一事上。因此戈洛·巴尔特可以打电话给萨姆说，荷兰一家银行已经开出了 180 亿美元的信用证。这笔交易是用萨姆的 1 亿欧元做担保的，巴尔特让萨姆和邮政银行在列支敦士登的债券交易商联系，交易在那里进行。萨姆立即打了电话。接电话的人说一口蹩脚的英语，谈话内容也有些让人迷惑不解。但很清楚的是，那名男子说确实有这样一笔交易，分两部分。利润为 3 亿美元，而且仅仅是开始。好不容易，交易终于实现了。那天晚上，萨姆和尼科尔斯开始计划大肆庆祝一番。但萨姆并没有兴奋过头，在经历了前一次的失望后，他不能重蹈覆辙。他想先确认交易并把钱拿到手。

"我给邮政银行打电话，让他们安排把钱转到我的账户，"萨姆说，"但他们否认经手了这笔交易。邮政银行说，从未有过这样一笔交易，列支敦士登公国的那个人也从未说他进行过这笔交易。他们说他的英语不够好，甚至假装连我在谈论什么样的交易都不知道。我一下子怒不可遏，他们这是在撒谎。他们做完交易赚了一大笔钱，然后就想私吞。"

"我当天就从伦敦飞到了汉堡，和邮政银行的两名高管见面。鲍勃、埃伦和我一起。到这个时候，事情已不是戈洛这个级别的人能解决的了，我坚持要有一名翻译和速记员在场。他们对我说，戈洛只不过是邮政银行的一个地区销售人员。这显然是撒谎。我告诉他们我要把此事告诉《明镜》（Der Spiegel）周刊，我用磁带录下了和列支敦士登公国那名交易员的对话，我会将磁带交给他们。邮政银行刚刚上市就骗了我 1 亿美元；德国银行欺诈一个名为萨姆的交易员，这样报道如何？我说，我知道他们正在努力改善资产负债表。他们打算欺负我，好让我认输。但是我却演了一出大戏给他们看。"

邮政银行说，他们需要考虑一下如何处理这种情况。三人离开后，尼科尔斯高兴地拥抱了萨姆。"你简直太专业了！"他说。

"你是我们见过的最危险的人，"尼科尔斯补充道，"也许只有伟大的英国间谍 007 才能与你一较高下。"

萨姆有些飘飘然。那天晚上，他们和巴尔特一起出去吃晚餐，并谴责了那些银行高管的欺骗行为。在影子市场里，背信弃义的事司空见惯，尼科尔斯说。巴尔特汇报说，德里克·米尔斯基，那名年轻潇洒的交易员，第二天将在法兰克福交易中期票据。尼科尔斯让巴尔特严厉警告米尔斯基：如果乱来，他的麻烦就大了。数轮加冰威士忌过后（萨姆自己坚持喝葡萄酒）巴尔特和尼科尔斯都已经醉得不行了。在停车场，巴尔特开车撞上了另一辆车，他们在深夜里狂笑起来。生活重新变得轻松惬意，萨姆也在重返巅峰。

第二天上午，萨姆去邮政银行，想从拜尤的账户中取几千欧元当零花钱。银行办事员将拜尤这个名字输入电脑，找到账户，却发现里面一文没有。1 亿欧元不见了，全被取走了。办事员慌了神。拜尤基金有限责任公司的"零损耗"账户已被掏空。按理说，是要有萨姆的签名才能取出钱的，但是他还签署了一份授权委托书，委托书上称，米尔斯基可以向邮政银行下达"不可撤销的"指令。显然，这份委托书把银行职员吓住了。

惴惴不安的 10 分钟过去后，这笔钱被发现存在了米尔斯基控制的北极星公司的账户中。这起数额巨大的银行诈骗差点得手，就连美国历史上最臭名昭著的银行抢匪约翰·迪林杰也做梦都没想过能搞到 1 亿欧元。在米尔斯基卷款潜逃前，萨姆侥幸撞破了他的阴谋，邮政银行立即冻结了北极星公司的账户，并向德国警方报了案。彼时，米尔斯基已经人间蒸发。

当萨姆接到德国警方要求"面谈"的电话时，他决定带上一名律师。两名德国探员和一名政府的银行监管人士将厚厚一摞文件放到桌子上，文件上显示着乔治·卡查兰的名字。卡查兰是尼科尔斯介绍给萨姆的影子市场的伦敦经纪人。卡查兰给萨姆引荐了一系列"吹牛大王经纪人"，一个比一个更邪门。然而这么明显的事，萨姆却看不出来。

"我向德国警察陈述了实情，某种程度上的实情。"萨姆说，"我说我在那里做债券交易，但并没有具体说明是什么项目。我想的是要在不暴露自己签署了保密协议的情况下帮助他们进行调查。他们说卡查兰行迹非常可疑，米尔斯基也是。这两人无疑是德国警方关照的对象。"

交易的希望也因米尔斯基盗窃企图而破灭。尽管萨姆和他的德国律师再三恳求，邮政银行依然冻结了拜尤账户里的资金。对德国人来说，萨姆并非潜在受害者，而是犯罪嫌疑人。洗钱是最难辨认的罪犯行为之一，形式极为复杂，常常是合法企业和非法企业联手蒙骗银行。如果邮政银行在萨姆身边围满了可疑人员的情况下还允许转账，是要负法律责任的。只有在这起诈骗案的所有疑点全弄清楚之后，拜尤的钱才能解冻。

萨姆给康涅狄格州的马里诺打电话解释发生的事情。他对马里诺说，他会"摆平"米尔斯基的。自从汉堡杀人事件之后，萨姆就开始把自己想象成一名杀手，他既为此感到悔恨，又因此觉得骄傲。萨姆告诉马里诺，尼科尔斯已经做了"安排"，米尔斯基已经受到痛斥并被揍得奄奄一息。事实并非如此，但萨姆希望马里诺觉得他已采取了行动。同时他也想让马里诺知道，背叛他的人会有什么下场。

"据我所知，他已经死在臭水沟里了，那个混蛋，"萨姆说。

马里诺被吓住了，而且吓得不轻。在马里诺看来，萨姆和尼科尔斯在一起混得越久，就越有可能真的去实施暴力。"那通电话后，我一直想着联邦调查局的人有一天会来敲拜尤的大门，"马里诺回忆道，"但他们一直也没有来。他们也从未要求和我这个首席财务官谈话。难以理解。"

萨姆不得不回一趟纽约。他必须稳住马里诺，也必须定期在拜尤基金的员工前露面。他将解冻邮政银行资金一事交给他的德国律师，自己飞了回来。拜尤最大的投资者之一要求和萨姆见面。孟菲斯的咨询服务集团（Consulting Services Group of Memphis，以下简称 CSG。——译者注）在拜尤投资了 3 000 多万美元。几年前，萨姆雇佣了 CSG 一名高管的儿子在拜尤的交易大厅工作，并将此视作从该集团获得投资的交换条件之一。正如萨姆所料，这个心照不宣的安排的确发挥了作用。但那个儿子突然离职了，马里诺怀疑他看到了什么，发现了这个骗局。马里诺的担心似乎得到了证实。CSG 的李·焦瓦内蒂打电话来说他想看一看拜尤的交易记录，他对基金的运作方式有些疑虑。

萨姆别无它法，只得同意面谈。但马里诺做了安排，确保焦瓦内蒂和他的人真正到来时萨姆并不在办公室。单枪匹马的马里诺将焦瓦内蒂领进会议室。焦瓦内蒂要求查看拜尤的内部财务报表，马里诺说不行，报表属于公司机密，但他可以像其他投资者一样查看审计报告，马里诺说。当焦瓦内蒂对拜尤的"操作程序"表示怀疑时，马里诺火冒三丈，接着焦瓦内蒂提起了里士满 - 费尔菲尔德事务所的事，这超出了马里诺所能容忍的界限，他暴跳如雷，说对方问题中夹带的诽谤让他愤怒已极。

CSG 公司的人离开了。第二天，拜尤基金收到焦瓦内蒂一封措辞严厉的信，称 CSG 将撤出其在拜尤的全部投资。萨姆佯装愤怒地回了信："你们试图通过一次有预谋而且荒唐可笑的会面跳过应该承担的法律义务，好为自己从拜尤撤资找到一个冠冕堂皇的借口。"

萨姆说他极为痛恨昔日朋友对他的个人攻击。"因为我的交易能力，许多'朋友'一直在占我便宜，"萨姆写道，"我的座右铭很简单：如果不相信我，尽可以离开好了。"

几天后，有人敲响了萨姆家的前门。穿着运动裤和 T 恤衫的萨姆去开门，发现门外站着联邦调查局特工卡尔·卡陶罗和金融犯罪调查员凯文·沃尔什。两人做了自我介绍，并解释说他们担心拜尤基金是德国一起未遂欺诈案的目标。萨姆把探员请进屋，然后向他们保证，涉及邮政银行的那笔交易不过是个不愉快的误会，而且德国的律师正在解决此事。

※　　　※　　　※

在联邦调查局的特工看来，萨姆看上去从容不迫，但是稍稍有点狂躁。

接着萨姆讲了一个故事，而这个故事让特工们停止了调查。他说，他当时在欧洲一个秘密的债券市场交易，钱被存在邮政银行一个"零损耗账户"中，这样就可以被用来为秘密市场中的债券交易作担保。其它基金能"暂时借用"邮政银行中的这笔资金。此举完全不存在风险，而且回报极其丰厚，萨姆咧嘴笑道，可达数十亿。联邦调查局的特工看起来对此产生了兴趣，但又不免忧心忡忡。萨姆向他们保证，没有什么欺诈案。

卡陶罗和沃尔什互看了一眼。萨姆领着这两名特工参观了房子和小教堂，自豪地向他们展示了他收集的爬行动物。他将他们带至小教堂阁楼上的音乐工作室，并吹嘘说阿尔曼兄弟乐队曾莅临此处。他说，下次这个乐队再来纽约时他要举办一个派对，躺在小教堂的沙发上、因背痛而面部抽搐的萨姆向那两名调查人员保证，届时一定会邀请他们。

两名调查人员并没有假装自己是国际商务方面的行家，而在萨姆这样大名鼎鼎的对冲基金交易员面前更不敢班门弄斧。但有关影子市场的故事前后颇多可疑之处，他们说担心他上当受骗了。萨姆自信地回答，他知道自己在做什么。他给他们讲了尼科尔斯以及债券市场是如何为中情局上不得台面的秘密行动提供资金的事。萨姆说，还有一部分债券交易的收入是用来做慈善事业的，他向他们介绍了"美国优秀学院"和他打算做的所有善事。他对此深信不疑，甚至还要说服联邦调查局特工也这样想想。有可能真的存在这样一个市场吗？萨姆是不是企图携拜尤的钱逃之夭夭？如果这一切都是真的，如果萨姆真的比他们见多识广，那为何他们之前从未听说过这种交易呢？

"政府里只有高层级的人才知道这个市场的存在，"萨姆说，"普通特工不知道这个项目，是因为你们级别不够高。"

萨姆点燃一支烟。在尼科尔斯这个大烟枪的影响下，他逐渐养成了抽烟的习惯。"我所说的这些都不能记录在案，"萨姆说，"如果有一个字漏了出去，美国经济就会受到冲击，整个金融世界都将因此震动。"

卡陶罗和沃尔什满头雾水地走出特朗普大宅。"这他妈到底是怎么回事啊？"在穿过掩映在喷泉阴影中的圆形车道时卡陶罗说，"真有这种事情存在吗？"

"我不知道，"沃尔什摇了摇头说。

接下来的几周，卡陶罗和沃尔什又来拜访了萨姆数次。沃尔什开始对这个案子和萨姆的故事产生了特别的兴趣，他在网上查找了尼科尔斯和《最后一圈》。"章鱼"真的存在吗？丹尼·卡索拉罗真的死于谋杀吗？萨姆果真瞥见了另一种现实？就像和萨姆接触的其他人一样，这两名探员被萨姆的幽默感和友善的自嘲征服了。

但他们的上司，特工主管史蒂文·加芬克尔对萨姆仅仅得了一个警告并不满意。事实上，加芬克尔确信，萨姆要么就是被骗了，要么就是在设局骗人。联邦调查局一份机密的背景调查报告显示，尼科尔斯是一名国际行骗高手。显然，萨姆并不知道自己在和什么样的人打交道。加芬克尔决定下次陪卡陶罗和沃尔什一起去拜访萨姆。和他同事一样，加芬克尔也被萨姆住宅的豪华程度惊到了。这三名探员在楼上的主卧中找到了萨姆。一如往常，萨姆很高兴见到他们。他提议大家到卧室外的阳台上去，他好抽上一支烟。在加芬克尔看来，此时本应愁眉不展的萨姆完全没有显示出任何的焦虑或不确定。加芬克尔直奔主题。

"萨姆，你被敲了竹杠，"加芬克尔说，"我不清楚到底是怎么骗的或者是谁骗了你，但我可以肯定，你被人骗了。"

"你是因为级别不够高，所以有些事情你不知道，"萨姆说。

"如果真有影子市场，画个详解图给我看，"加芬克尔说。他递给萨姆一叠纸，"告诉我它是怎么运作的。"

萨姆拿起笔，开始在纸上画正方形格子，这些格子分别代表美联储和几家在影子市场中交易的"主要银行"。萨姆还解释了美国政府是如何为中情局黑色特工提供资金支持的。这一解释令加芬克尔觉得匪夷所思，但萨姆用来描述交易的这些语言他却耳熟能详。保密、高收益、现款、自愿、有足够的能力，加芬克尔认得这些诈骗术语。他看着萨姆的眼睛直截了当地说，他完全肯定是有人想骗他的钱。但萨姆无动于衷，他说，过几天他就要回德国解冻这笔资金。联邦调查局的探员也可以跟他一起去，这样他们就会了解影子市场是真的了。

加芬克尔被激怒了。尼科尔斯是个骗子！加芬克尔言之凿凿地说。萨姆已经告诉他们他"借"给了尼科尔斯大约 1 000 万美元的事。

当加芬克尔问这笔钱是否是咨询费或保护费时，萨姆回答得含糊其辞。随着谈话的深入，萨姆开始变得不那么确定。在加芬克尔看来，萨姆正在仔细考虑他这名首席联邦调查局探员说的话。萨姆说，尼科尔斯已经成了他的密友。他就像萨姆家中的一分子，是他儿子的"鲍勃伯伯"。加芬克尔觉得，萨姆的这番话表露出他已心生惧意，害怕联邦调查局所言非虚。

"尼科尔斯满嘴胡言，"加芬克尔说，"他并非刺客。你书看得太多了。"

萨姆垂下肩膀，又点燃了一根香烟。

"萨姆试图表现得像一名大腕级金融家，"加芬克尔回忆道，"但却没有成功。他不能解释交易是如何进行的，他画的图表根本说明不了问题。但华尔街上 99% 的人都没法解释金融衍生品是如何运作的，这也是事实，何况那还是个数万亿美元的产业。我觉得他就是个傻瓜。卡陶罗和沃尔什对他很友善，我则不然。我对他说，他就是个十足的白痴。"

"你就是被骗了，说不准有一天我们会把你关起来。"加芬克尔说。

萨姆不愿意面对他有可能被骗这件事。他更喜欢魔幻思维，更愿意相信解脱即将到来。他情愿住在一个充满着敌对派系和秘密债券的世界中，所有一切都被"章鱼"的触须所掌控。为了寻求肯定，他开始有意无意地分享他即将获得数十亿美元这一消息。萨姆不会直接跟拜尤的员工和投资者说影子市场的事，但他会略带暗示、拐弯抹角、插科打诨地提及此事。他说，到年底拜尤管理的资金就会达到 10 亿美元。员工们欣喜万分，钱越多意味着奖金越多。

　　"那段时间，萨姆表现得非常积极、乐观，"马里诺回忆道，"他就像一只被砍了头的鸡，四处奔来跑去，试图为我们把交易做成。他就是那样说的，为'我们'。大部分时候他都避免来办公室，他说他太忙了。我会去他家，向他汇报拜尤的最新进展，但总是有无数电话和各种干扰打断我们。我对影子市场持保留意见，但他坚持认为自己已经离它越来越近了。他说我必须要相信他。"

　　在敏锐的投资者看来，拜尤的资产将在短短数月内不止翻番这一想法无疑是有问题的，发展太快是资金运作的暗礁之一，成功地运作一个 3 亿美元的基金所需的技能和一个 10 亿美元基金所需的技能是完全不同的，两者之间有着本质的差别。当一名交易员突然开始交易数目大得多的资金时，经常发生业内所谓的"投资风格漂移"。

　　"有些投资者担心并考虑撤资，他们的意见传到了我们的耳朵里，"马里诺说，"他们觉得萨姆没有能力管好 10 亿美元。于是一些投资者开始撤资。萨姆对此漠不关心，他确信我们将获得那 10 亿美元。他说，'谁在乎？谁需要他们的钱？'"

　　到 10 月份，除 CSG 公司撤走的资金外，另有 2 000 万美元被赎回。那时马里诺还能用拜尤金库中的钱维持基金运转，但这种趋势让人不安，拜尤卓越的声誉正在承受压力。

　　接着，一份由"回溯"（Back Track）金融研究公司所做的背景调查报告落到了拜尤最大的投资者之一"银溪"的手上，报告包括了拜尤在监管方面碰到问题的证据，以及一名拜尤前员工的煽动性指控。这份报告长达 13 页，上面印有"机密文件、依保护令条款"的字样。报告中说萨姆并没有从杜兰大学毕业。虽然不过是简历上一个小小的弄虚作假，但依然会令人怀疑你的诚信。还有一桩 90 年代早期被房东指控拖欠 1.2 万美元租金的诉讼案被挖了出来，以及 2000 年萨姆被判醉驾以及持有可卡因的事也被记录在报告中。

　　这份报告并不具有结论性意义，但它已使银溪感到不安。面对这份报告，萨姆不得不迅速开动脑筋。拜尤的账户中还有足够的钱付给银溪，但如果萨姆不能扭转这股撤资潮，那么整个骗局即将土崩瓦解。萨姆给银溪的埃里克·狄龙打电话说，醉驾不过是个错误，而且这种事几乎每个人都有可能发生。全国证券交易商协会（NASD）在监管方面发现的问题只是技术上的小事。萨姆拒绝承认那名前员工的抱怨，说他是因为对公司不满。银溪虽然被说服了，但这样虚惊一场的事仍然让萨姆感到满身大汗。

萨姆已经回到纽约好几周了，欧洲那边依然不见任何动静。拜尤的钱依然困在德国银行中，看来影子市场不过是个影子般的幽灵。萨姆试图表现出勇敢的姿态，但压力正在一点一点把他压垮。萨姆的身体也无法再坚持下去，疼痛已从腰椎蔓延至了右肩。

10 月，他接受了一个脊柱刺激器的试验，接着又植入了一个向脊柱传送高频信号的装置。在床上躺了一周后，萨姆发现那个装置并无多大作用，医生开的超强度芬太尼透皮贴剂也见效甚微。生活重又变得痛苦不堪。那笔资金还被冻结在邮政银行中，他什么都做不了。如果能让那笔资金解冻就好了，那样他就能开始交易。一切就都会好起来。

萨姆康复期间，尼科尔斯打来电话说，他通过一家名为 ODL 的小经纪公司在伦敦找到了一笔交易。尼科尔斯还寄来了一份详细的备忘录，大概介绍了交易的情况。尼科尔斯对萨姆说，他去了 ODL 的大厅，发现那是一家真的经纪公司。大厅里混乱不堪，挤满了交易员，尼科尔斯将其戏称为"疯人院"。

所有一切都只待将那笔钱从邮政银行中取出来了。萨姆雇佣了一帮德国律师和"金融顾问"来帮他说服银行解冻资金。但邮政银行不为所动：他们必须百分之百确定转账不涉及诈骗。这在逻辑上是不可能的。德国警察和银行人员都知道，萨姆和卡查兰以及米尔斯基有来往，而这两人都是骗子。萨姆再三申诉、恳求、劝诱，但无论是身体上还是经济上，他都无能为力：成天躺在床上，也无法在影子市场有任何动作。

　　突然之间，奇迹发生了。10 月 25 日，一笔数目为 90 585 928.54 欧元的资金无缘无故从邮政银行转到了德国联合抵押银行的一个账户中。按照当天的汇率，这笔钱兑换成了 114 943 578.86 美元。萨姆欣喜若狂。

　　邮政银行转出的金额比原来还多出了 1 000 万美元，这简直令人不可思议。这个会计错误令人费解，如果这真是个错误的话。萨姆相信，这神秘的 1 000 万美元是邮政银行给他的封口费，让他对数周前该银行在列支敦士登的交易中骗了他一事闭嘴。不然这一差错根本无法解释。

　　既然钱已经解冻，尼科尔斯说，交易公司 ODL 也准备好了。但如果萨姆不立刻前往伦敦，他将把这个 ODL 的机会给他的另一名客户。害怕错过这次机会的萨姆决定乘坐英国航空公司的头等舱飞往希思罗机场，他已经准备好再掷一次骰子了。

第 **16** 章

当心，他们要瓜分你！

　　萨姆回到了伦敦，许多自称欧洲上流社会殿堂级贵族之人闻风而来。他们各怀目的聚集在萨姆身边，在豪华大厅里为即将到来的巨额交易举杯欢庆。

　　然而，"交易"真的发生了吗？

16

按说，如今跟萨姆交往的这些人已经是上流社会最高殿堂级的了。但他们却有一个共同的疑点：看上去好像全都破了产。

19世纪，被人用鱼叉捕到的鲸鱼被带到楠塔基特和科德角的码头，并在那里被鲨鱼吃掉。萨姆回到伦敦之后的遭遇也大致如此。他此前来伦敦的时候曾遇到过尼科尔斯的同事，同为"国家安全资产"的那些人；现在和他往来的，却是尼科尔斯新发现的一批从事影子市场交易的人。这个圈子里的人既刁滑又危险，全都承诺说可以把他带到一个奇迹之地，一个美元堆积如山的地方。其中一个关键人物叫做菲利普·温斯勒-斯图尔特，他是马耳他骑士团的头目。斯图尔特一副贵族派头，将近60岁，身材瘦削，深色皮肤。永远都穿着高级定制西装，永远一丝不苟。在网络上简单地搜索一下就能发现，围绕着马耳他骑士团流传着各种版本、层出不穷的骗局，这些团伙与共济会、罗斯柴尔德家族以及罗马教皇之间有着千丝万缕的联系，至少网络上甚嚣尘上的阴谋理论是这么说的。

另外一个引人注目的人物，是自称来自斯特隆波里的亚历山德罗亲王。他说自己是意大利贵族，为了证明这一点，他的胸前还佩戴着华丽的勋章和绶带。他的妻子，据称是斯特隆波里公主，看上去完全像是个假贵族。体重过分，骄纵过分，化妆也过分。她身上穿着来自异国的丝绸和轻纱，总是不忘提她那在意大利的城堡。就像尼科尔斯自称是中情局的干员一样，这位亲王的身份也无法得到证实，不过同样也无法证伪。亲王和公主给外人的感觉是，他们非常投入地去做慈善工作，而"章鱼"恰恰很喜欢这种正义的事业。这种巧合颇令人玩味。

詹姆斯·费尔韦瑟是来自津巴布韦的一个有钱绅士，一副英国最好的私立学校毕业生的做派。他身边有一个迷人的美国女子，名叫凯瑟琳·卡内基，据称是美国操纵秘密市场的亿万富豪家族的一员。凯瑟琳身材高挑，曲线玲珑，褐色长发瀑布般垂下，脸上挂着富有挑逗性的笑容。萨姆和凯瑟琳相处得非常融洽，互相讲述彼此大名鼎鼎的家族人物的故事。萨姆还傻乎乎地向她大献殷勤，以为她或许也会对他感兴趣，因为他讲的笑话总能引她发笑，而在他讲述自己的英雄故事的时候，她又会皱起眉头。

按说，如今跟萨姆交往的这些人已经是上流社会最高殿堂级的了。但如果说这些人就是那些在交易中赚了数十亿、数百亿美元的人，他们却有一个共同的疑点：看上去好像全都破了产。骑士们、亲王、公主甚至包括凯瑟琳，似乎都需要萨姆的 10 位数银行存款才能进入市场。每个人都能在一个或另一个方面促成交易，比如有人能提供经批准的慈善项目，或者可以通过内部人士拿到"新鲜出炉的"或是"正当令的"证券。不过，只有萨姆才是必不可少的人物：没有他的 1.2 亿美元，就没有交易可言。

在萨姆的这群阔绰又爱炫耀的密友当中，有一个毫不起眼的人，他的名字叫巴里·麦克尼尔。麦克尼尔相貌平平，既没有显赫的家世，也不是什么声望素隆的团体的成员。在结构性另类投资市场当中，麦克尼尔自认是一个卑微的金融工程师。他是凯瑟琳·卡内基的前男友，一个来自南非比勒陀利亚的投资顾问，操一口非洲口音的英语。他身高 1.78 米左右，身材结实，四五十岁之间。他的头发淡黄棕色，下巴柔软圆滑，面色红润，看起来像是喜欢橄榄球和啤酒的人。他穿的鞋是便宜的绉胶底正装鞋，衣服也是买的成衣。表面上看，他就像一个乡村俱乐部的讨厌鬼，根本不是什么国际金融专家。

萨姆、尼科尔斯跟麦克尼尔在克拉里奇酒店的大堂会面，讨论数十亿美元高收益债券交易的事，这是麦克尼尔提出来的。坐在麦克尼尔旁边的是詹姆斯·费尔韦瑟和一个名叫蒂姆·康兰的男人。从名片来看，这三个人都是ODL的"入门经纪人"。在伦敦，这是艺术圈和骗子圈常用的一个术语。"入门经纪人"就是销售人员，任务是给金融机构招徕新客户。不过，其中有一些细节萨姆并不知道，这三个人当中，只有康兰是ODL真正的雇员，巴里·麦克尼尔和詹姆斯·费尔韦瑟在法律上和ODL并没有任何关系。他们都是自由职业者，只需一张名片似乎就拥有了正式的身份。他们与ODL的关系完全是交易性质的。如果麦克尼尔和费尔韦瑟给ODL揽到一个新客户，比如萨姆·伊斯雷尔，他们就会拿到一笔佣金，数目依他们给公司带来的交易的规模而定。

"鲍勃告诉我说，麦克尼尔是一个名叫ODL的小经纪公司内部一个团队的成员。"萨姆回忆说，"我问他为什么麦克尼尔选择通过一个小经纪公司做交易，而不是通过高盛这样的大公司。鲍勃说业内有好多不同的团体，他们都会用一些名不见经传的小公司做交易，目的是避免引人注意。他们进行交易，然后付钱给这家公司，之后再找另外一家公司。在我看来，这个解释很合理。鲍勃并不像我一样对交易的各个方面那么一清二楚，所以他希望我来审查麦克尼尔在交易方面的资格。我看得出来，麦克尼尔有交易专业知识，他知道这里面的门道。"

虽然他没什么名气，但在谈到影子市场的时候，麦克尼尔口若悬河，非常有说服力。麦克尼尔说另类债券市场没人监管，因此他也不能直接从事交易，即使有很多急切的买家和卖家想要达成合约。正是因为这个原因，麦克尼尔才找到了ODL。ODL是一家经纪公司，受英国央行和英国金融服务管理局的监管。作为一个经纪人，麦克尼尔负责"安排"交易，但由ODL通过欧洲债券结算系统实际执行。欧洲债券结算系统是总部位于比利时的一家结算行，名气很大，声誉也非常好，结算的债券、股票和衍生品交易的数额以万亿美元计。在美国，麦克尼尔从事的这种活动被称为"粉单交易"，这是不受证券交易委员会监管的一种场外交易。萨姆知道，在美国有这种供不受监管的股票流通的场外交易市场，其交易种类多种多样，包括互换交易、期权交易、衍生品交易，规模之大就连正式的股票交易所也相形见绌。关于华尔街，几乎没有人知道这样一个基本的事实：场外交易的规模远远高于正规市场。

麦克尼尔说，如果萨姆能迅速行动，他就有可能成为第一批投资于这种债券的人。麦克尼尔还说，这不会给萨姆的资金带来风险。第一笔交易的对手是大名鼎鼎的法国兴业银行。债券的"合约价值"为 500 亿美元，价格打 4.5 折，就是每 1 亿美元的债券售价为 4 500 万美元。因为折扣相当大，要找到美国的养老基金和欧洲的区域性银行来投资不会有什么困难。

❋ ❋ ❋

与萨姆的印象正好相反的是，一开始是康兰把麦克尼尔和他的同事们带到 ODL 的。康兰给这个交易披上了合法的外衣，虽然这种交易看起来不太靠谱。他刚刚 40 出头，鼻子有点歪，这是他在拳击圈里混迹多年留下的纪念。跟那些装模作样地称自己是骑士和皇室人员的人不同，康兰说话带有考克尼口音。多年来，他一直在伦敦做寒酸的经纪业务，艰难谋生，几乎没有什么赚大钱的希望。

2004 年的秋天，麦克尼尔在伦敦出现，向康兰承诺能让他变得富有，不是普通的富有，而是钱多得花不出去的那种富有。康兰在几年之前认识了麦克尼尔，当时是在南非。按照康兰的经验，南非的金融界人士全都相当可疑，喜欢说谎和使诈。但麦克尼尔向他提出邀请的时候，康兰正处于失业，几乎已经走投无路。听到了麦克尼尔说的能赚大钱的买卖，康兰决定把这个项目带给他认识的 ODL 的人。他对 ODL 说，光是佣金就有数百万英镑。这种说法听起来似乎不大靠得住，但万一是真的呢？ODL 承担的风险微乎其微，而潜在的回报却相当丰厚。于是，康兰成了 ODL 的雇员，麦克尼尔和他的一帮经纪人也都装备上了新名片。

"麦克尼尔是一名非常棒的金融工程师，"蒂姆·康兰回忆说，"或许不太值得大加称道，但他说的那些事听起来就像真的一样。按照巴里的说法，这个市场里的那些人都不在正常的市场里交易。这种交易也跟正常的债券交易不一样，在正常的市场里，总要很多人同时在交易。高盛和贝尔斯登不交易这种债券。这是一个完全不同的世界，这个世界有准入门槛。其中之一就是你有多少钱。要想进去，最少得有 1 亿美元。但最高的门槛是看你认识谁。要想进行投资，你必须得经过批准，成为他们当中的一员。

"麦克尼尔说，这种债券给第一批设置了'退出'通道，ODL 会为交易提供结算、清算和执行的平台，这就是 ODL 加入进来的目的。他每天都会交易两次或三次的 1 亿美元，直到总额达到 500 亿美元。即便是极小一部分的佣金也是相当大一笔钱了。我的头脑里有一个数字，我觉得我能赚上几百万。"

在医学上，感应性神经病指的是两个接近或关系密切的人同时出现某种精神病症状。以萨姆和尼科尔斯而言，他们两人好像患上了强加性的这种精神病，因为有关影子市场真实存在的信念是作为主导者的尼科尔斯强加给萨姆的。但在伦敦的影子市场圈子里，似乎存在着三人、四人甚至多人共患精神病。影子市场的这种与世隔绝、自我强化的文化就像是一个温室，参与其中的男人都已经人到中年，经历过失败的挫折。作为对冲基金经理的萨姆，作为间谍的尼科尔斯，作为金融奇才的麦克尼尔，作为经纪人的康兰，无一例外全都如此。

"当时我极其兴奋，"蒂姆·康兰回忆说，"所有人都兴奋得不得了，包括 ODL 的那些人。萨姆是纽约来的一个对冲基金业大腕，这是打着灯笼都没处找的人选。他不但是一个经验丰富的交易员，而且运营着一只规模庞大的基金。萨姆有 1 亿美元的现金。我真的以为这件事能成，我相信麦克尼尔也认为这事能成，他是一个很棒的理论家。他对萨姆说，想要找到揣着 1 亿美元现金而且愿意投资的人非常困难。"

"尼科尔斯没说什么话，他就在那看着。他体型魁梧，有点邋遢，穿着有些破旧的西装，还有头皮屑。他随身带着一把枪，我看到了。我不知道他出现在这里是干什么的，大概是萨姆的保镖吧，我想。我有一种强烈的感觉，尼科尔斯应该与美国的情报机构有瓜葛。如果没有经过授权，谁也不能在伦敦带着一把左轮手枪招摇过市。我听说，他在飞机上也带着这把枪，如果跟政府没关系的话怎么能办到呢？"

"在我看来，萨姆不管做什么事尼科尔斯都想要跟着。他听得非常投入，好像萨姆就是他的小宝贝。他不希望任何人得到萨姆的关注。他嫉妒，还护着萨姆。如果谁想要跟萨姆打交道的话，必须先要经过尼科尔斯。不过显而易见的是，萨姆并不需要麦克尼尔长篇大论地进行产品推介。从一开始，萨姆就已经相信了。"

对于萨姆的关注，尼科尔斯如此嫉妒是有原因的。萨姆现身伦敦的消息一传开，就开始有竞争对手试图把他从中情局特工的手中引诱过来。一个自称是以色列情报机构摩萨德特工的人向萨姆承诺，他可以通过交易信用证赚上几十个亿。条款已经复杂到荒谬的地步，其中牵涉到秘鲁、巴西和马耳他的经纪机构，还有一名来自得克萨斯州的"包销商"，号称已经抵押了 58 亿美元，但却没有一丝一毫的证据能够证明这笔钱真实存在。

尼科尔斯把这个冒充者称为"帽子"，因为他戴着一顶亚莫克便帽。尼科尔斯说，帽子是个假货，不过萨姆没听他的。他飞到了阿姆斯特丹和巴塞罗那，想要进行帽子说的那些交易。不过，渐渐地他发现了一个规律。每次离开尼科尔斯的保护，自己都会受到攻击，或是突然袭击：曾有人深夜闯入他在克拉里奇酒店的套间，萨姆不得已抽出装了消音器的勃朗宁 9 毫米手枪朝着匆匆逃掉的背影开枪。

　　萨姆进入了他所谓的"全天候詹姆斯·邦德模式"。尼科尔斯让萨姆确信，确保安全的唯一一个办法就是搬到格罗夫纳酒店去住。那里是中立地盘，尼科尔斯说。他还说服萨姆去 ODL 的办公室，亲眼看一看到底是不是真的。ODL 的办公室位于索尔兹伯里别墅酒店，在伦敦墙酒店的北侧。酒店看上去像是一栋 19 世纪的建筑，但实际上并非如此。虽然一层的大理石入口非常开阔，不过 ODL 在第六层的交易室却并不大，拥挤而简陋。巴里·麦克尼尔和蒂姆·康兰领着萨姆和尼科尔斯进到了一个会议室里，与 ODL 的负责人之一见面。此人名叫加勒特·韦尔斯利子爵，别人都叫他格雷厄姆，是第七世考利伯爵的独生子，威灵顿公爵的曾侄孙。与萨姆近日来碰到的形形色色的冒充者不一样的是，这位子爵货真价实。他 40 出头，身体高大，行为举止无可挑剔。韦尔斯利看上去像极了爱丁堡公爵，也就是女王伊丽莎白二世的丈夫。一眼望去，韦尔斯利显然就是一个真正的贵族，不过却一点架子也没有。

　　"你对伊斯雷尔家族的人有了解吗？"有人介绍他们两个结识的时候萨姆问道。

　　"是的，了解。"子爵回答。

　　韦尔斯利的一个朋友曾经在萨姆叔叔的公司里工作过，那时候这家公司还没有被高盛收购。韦尔斯利知道伊斯雷尔家的人是业内的一群精英。子爵的家族历史可以追溯到拿破仑战争时期，但在交易方面跟萨姆一比就相形见绌了。而这让萨姆的行为看起来更加难以理解。

　　"萨姆把他的脚翘到会议室的桌子上，"格雷厄姆·韦尔斯利回忆说，"他穿着橡胶靴子，那种猎鸭子的时候才会穿的靴子。他摆出一副大人物的样子，给人的感觉就是，他来自一个几乎没有人知道的世界，比如罗斯柴尔德家族或者别的什么家族。他跟我说他的母亲就姓罗斯柴尔德。他这人极端自大。"

　　巴里·麦克尼尔已经把秘密证券市场向韦尔斯利推销过了。子爵先生曾对影子市场是否存在抱持怀疑态度，他从未听说过哪种债券的定价会低到这种程度。但是 ODL 是一家小公司，非常有开拓精神，而且韦尔斯利跟他的合伙人才刚刚得到这家公司的控制权，因此他也不想趾高气扬地将生意拒之门外。毕竟，作为一家经纪机构，ODL 对交易的内容不负任何责任。只要交易双方你情我愿，那为什么要拒绝交易这些证券呢？当然，前提是要满足一定的要求，比如完全信息披露还有确保不违反任何法律。

"他们谈论的资金数额非常非常庞大，这样的话我的经纪机构也可以赚个盆盈钵满。" 韦尔斯利回忆说，"我以为我们会安排他们的交易，只要满足某些条件。我倒是很感兴趣，想知道麦克尼尔能不能找到那种债券。这个世界上的确是有定价错误的东西，市场上的每个人终生所要寻找的就是套利的机会。

"萨姆有 1 亿美元，保守估计按三倍算的话，他就能买进 3 亿美元的债券。买入价 40 美元，卖出价 80 美元。然后他又能买进 6 亿美元的债券，然后是 12 亿、24 亿等。简直不敢想象。对 ODL 来说，佣金的数量将以几何级数的方式上涨，达到一个天文数字。交易佣金按 1% 算的话，加起来那可是非常多非常多的钱。"

"我并没有完全相信他们的交易，但这不是我该关心的事。我凭什么去质疑萨姆·伊斯雷尔呢？毕竟他是一个操纵者着数亿美元的对冲基金经理，这一点是真的，毫无疑问。我为什么要去怀疑他们的交易呢？我只是一个执行交易的经纪人。就好比我是银行的出纳员，怎么能去问储户为什么要把钱取出来呢？"

2004 年 12 月 7 日，萨姆向 ODL 的一个账号汇入了 9 000 万欧元。按照当天的汇率折算后是 120 879 000 美元。由于交易就要开始了，麦克尼尔邀请萨姆和尼科尔斯参加一个签约仪式。仪式将在伯克利广场的罗斯柴尔德府举行，这里曾是伦敦的名流云集之地。温斯顿·丘吉尔就在这里长大，而且沃德豪斯小说中的上流社会人物伍斯特以及虚构的维多利亚时期的传奇人物哈里·弗拉西曼也住在这里。麦克尼尔在门口欢迎萨姆的时候对他说，罗斯柴尔德府即将成为 ODL 的总部。一旦交易开始，ODL 就会从破旧的交易大厅搬到这个符合一个身家数十亿美元的经纪公司的身份的美轮美奂的场所。

"那宅子真是漂亮，"萨姆回忆说，"至少值 5 000 万美元。有一个前厅，楼梯非常美观，顶部是华丽的枝形吊灯。很显然，这个宅子已经有几百年的历史了。有人引着我们来到了二楼，穿过了很多迷宫般的房间之后来到了餐厅。有很多文件在这里摊开，等待签署。我们就要跟罗斯柴尔德家族做上几笔真真正正的大交易了。房间里一共有 10 个人，包括我、鲍勃、埃伦和保罗·罗斯柴尔德（很可能是一个冒充者。——作者注）。有意思的是，我和罗斯柴尔德还在互相确认是不是有什么亲戚关系呢。我的母亲就姓罗斯柴尔德，所以我们很有可能有点亲戚关系。我们签署了文件，有人拿出了几瓶水晶香槟。我们为将要进行的这些交易和未来的合作干了一杯。"

"为了我们共同的利益，"主持仪式的人说，"为了这个世界的利益，干杯。"

然而，这个宅子并不是 ODL 未来的办公场所，也不是罗斯柴尔德家族、卡内基家族或是马耳他骑士团的办公场所。这个宅子是准备要出售的。巴里·麦克尼尔曾对房地产经纪人说要买下这栋宅子，并假装对几百万英镑的要价表现出一副满不在乎的样子。因为想到可能会拿到一大笔佣金，在麦克尼尔提出使用一晚这个宅子的要求时，房地产经纪人同意了。这个骗局简直天衣无缝。萨姆和尼科尔斯轻啜着高脚杯里的水晶香槟，沉醉在当时的气氛里，就好像整整一个繁荣富庶的时代在这个房间里焕发了生机。骗局中的骗局中的骗局中的骗局变成了一个巨大的幻象。

"我也不是完全被骗到了，"韦尔斯利说，"真正的贵族是从来不会喝水晶香槟的。暴发户才喝这种东西，太土了。我并不是在智识上对萨姆进行评判。我只是认为，作为一个大腕级的对冲基金交易员，他的举止太过诡异了。他出身于一个在社会上获得了巨大成功的家庭，如果他有任何一点不安全感或是缺少自我价值认同的话，都会被成倍地放大。尼科尔斯看上去也不像是多精明的一个人。不过巴里极其聪明。他在瑞士的一家银行里有内线帮他，他用一层又一层的公司和法律文件把交易遮掩了起来。我看得出来，出了事是根本找不到他的头上的。"

萨姆签了字之后，麦克尼尔就可以利用"纽约大名鼎鼎的对冲基金经理"这个名头来进行营销了，从而吸引到其他高净值个人。如果像萨姆这样出身和业绩的交易员都投进了这么多的钱，那些能得到入股机会的投资者就会觉得自己实在是太走运了，竟然能参与到如此千载难逢、财源滚滚的交易中来。在几周的时间里，到 ODL 来的富人络绎不绝，他们都是为了更多地了解这种神奇的新债券。投资者纷纷从意大利、南美洲、美国和瑞士来到 ODL。麦克尼尔用这个交易钩住了数百人，其中很多人都是为了避税住在伦敦的外国人。他还组建了自己的入门经纪人团队，一群号称是金融咨询师的人滔滔不绝地向人许诺非同寻常的回报。他们的目标不仅仅是富人，他们还向富人的律师和会计师下手，这些人跟他们的富人客户一样对此知之甚少，而且一样经受不住赚快钱的诱惑。

在 ODL 的会议室里，麦克尼尔在解释交易机制的时候总是一副言辞恳切、实事求是的样子。他手里拿着一个夹板，黑板上还挂着一张挂图，阐述这个交易是怎么一回事。过不了几周，投资者出的钱就会翻上一番。除了那些真的是超级有钱的人之外，1 亿美元这个数字的确是太高了，因此麦克尼尔经过一番思考，同意把进入门槛调低到 1 000 万美元。麦克尼尔说，为了获得萨姆·伊斯雷尔这样的巨头得到的回报率，就得用这种方法筹集到足够的钱。麦克尼尔能在几周之内把 1 000 万美元变成 2 000 万美元，而且毫无风险。

作为这家经纪机构的所有者，韦尔斯利会临时进入会议室与新的投资者们打招呼。这既是一个意在拉近彼此关系的善意举动，同时他也想借这个机会了解一下这乱哄哄的情形是怎么回事。韦尔斯利满怀好奇地看着麦克尼尔和康兰在 ODL 的办公场所组织参观。让潜在投资者参观一个经纪机构，这真是一件颇为奇怪的事。除了坐在电脑前面一边发牢骚一边在自己的动脉里逐渐淤积血栓的邋遢男人之外，这里就没什么好参观的了。这些交易员并不是在交易神奇的秘密债券，他们面前的电脑屏幕上一闪即逝的都是真正的证券。但对于那些容易被表面现象迷惑的人们来说，他们得到的印象并非如此。麦克尼尔坚持想要他的新客户们看到 ODL 是一个真实的存在，而这似乎也证明了影子市场也是真实存在的。

资金开始源源不断地进入 ODL 的账户。麦克尼尔主张的投资策略有多么不靠谱且不必说，毋庸置疑的是，他的客户全都身家殷实。比如曼联队的前老板，他刚刚卖掉了这支球队的股份，把 2 亿美元的现金收入囊中，而且正在寻找投资渠道；全球最大的一家食品服务公司的董事长也来到了 ODL，在他之后来的一个人自称是瑞信的董事，还说要把自己在瑞士的客户也介绍给 ODL。在韦尔斯利看来，这一切都显得如此荒谬，但事实就这样在他的眼前发生了。再后来，一名穿着红色的袍子、自称枢机主教、来自罗马代表梵蒂冈的神职人员也来到了 ODL。这幕黑色喜剧达到了前所未有的高潮，连上帝在地球的代言人也派代表来倾听麦克尼尔的推销说辞。

"我感觉自己像是生活在一本漫画书里，"子爵回忆说，"意大利亲王正在说他代表着多少有钱有势人的利益，圣约翰骑士团的首领也坐在我们的办公室。我有点害怕了。我干这行这么多年了，赚钱从来没有这么快、这么容易，从来都是要努力工作才能赚到钱的。涉及的钱越多，工作也就越难。可是他们的钱赚得太容易了，这事简直不像是真的。"

"后来麦克尼尔开始讨论投资 ODL 的事。有一天他对我说：'我们集团有意购买 ODL 的股份。'他知道 ODL 是一个小公司，年收入不过4 000 万英镑，年利润大概有 1 000 万英镑。因此我把我们业务的情况跟他说了，包括客户的数量和业务模式。当时我们是坐在我的办公室里，对于我们的业务的价值和模式，麦克尼尔似乎并没有什么特别的兴趣。他没有问我们的盈利情况，也没有问本益比什么的。就好像他所说的：'不要担心价格。我们会赚到很多很多的钱，价格没有关系。'"

"他的这番话的真实含义就是，他并不是按照当前的收入给 ODL 估值的，即将从交易中赚到的钱也要考虑到价格当中。他不是想要压低估值，也不是想办法避免预先支付费用。事实正好相反。麦克尼尔想要激活我头脑中的贪婪按钮，就像他对所有其他人所做的那样。在我看来，那些认为 1 000 万美元，或者说对萨姆而言是几十亿美元，就能够改变自己生活的人，全都成了他的盘中餐。"

✳　　✳　　✳

在紧张地等待解脱之日的一个晚上，萨姆和尼科尔斯正在皇家俱乐部里闲坐，萨姆突然说他有一件事要告诉尼科尔斯，这件事已经在他的心里翻来覆去地思量几个星期了。萨姆决定和盘托出。他放低了声音，说他曾经在纽约跟联邦调查局谈过话。尼科尔斯一下子警觉起来，身子坐直，往后撤了撤，眼神里流露出愤怒和恐惧。只谈过两次，萨姆说。他别无选择，联邦调查局说要谈你怎么能拒绝呢？他们的钱在德国被冻结的时候，联邦调查局就找上了萨姆。萨姆没有办法，只能回答他们提出的问题。萨姆承认他对联邦调查局说了尼科尔斯在中情局的经历，还有影子市场的情况。他还跟他们说了 1 000 万美元贷款的事。为了平复尼科尔斯的情绪，萨姆说他处理得很干净，应该不会有更多的问题了。都已经搞定了，萨姆说，不会有事的。

尼科尔斯大惊失色。根据以前的"不愉快"经历，他知道联邦调查局一旦介入就不可能摆脱。萨姆跟司法部门的谈话让尼科尔斯直接面临着法律风险，尽管他并没有告诉萨姆他害怕的刑事指控的性质有多严重。尼科尔斯说，他需要法律上的保护，可溯及既往的保护，表明萨姆"借给"他的那些钱是真实的交易。尼科尔斯需要表明，萨姆并不是为了一个装满美联储债券或者有可能一文不值的公文包而提供给他 1 000 万美元的。尼科尔斯坚持这样做，萨姆也真心想要安抚自己这位同伴。他们两人共同拟定了一份《金融及安全咨询协议》，协议说萨姆想要在欧洲进行某种买入 / 卖出交易，目的是为了让自己的利益得以最大化。协议还指出，因为萨姆支付了 1 000 万美元，尼科尔斯要在 5 年内为萨姆提供安全咨询。

协议的日期倒签为 2004 年 7 月 11 日，即萨姆把钱转到尼科尔斯账户上的前一天。然后，尼科尔斯让萨姆签署了一份"声明"，声明要求萨姆同意只与"美国财政部、美联储身份的适当人员或是顶级银行业机构经授权的管理人员"讨论美联储发行的、保存在"女王的保险柜"的一个保险箱当中的"实物"。这份协议相当荒唐可笑，这位行骗大师如何才能保证协议条款能得以履行呢？不管怎么样，萨姆还是签了名，并写下这样一行字作为见证：我完全了解并承认该事项的敏感性、保密性以及相关风险。

当年年底，萨姆别无选择之下只好回到纽约，办理了离婚的法律手续。新年夜，蒂姆·康兰从伦敦打电话给他，听上去心情好得不得了。法兴银行债券已经到了，麦克尼尔做到了。年底的时候只发行了少量的债券，以供银行清算其资本账户。不过麦克尼尔仍成功进行了交易。

"麦克尼尔让所有人都相信他们很快就要大有斩获了，"韦尔斯利回忆说，"有银行通过传真发来的确认函，还有签好字的各种文件，人们在这里来来去去。就要赚到钱了，每个人都这样想，包括客户和经纪机构。每个人都变得格外贪婪。"

"我对康兰说，我想要一个清单，详细列明麦克尼尔想要交易的债券的方方面面。然后我给我们的合规负责人打电话，我让他亲自到伦敦的法兴银行办公室走一走，亲眼见一见那些人。我需要确认所有的东西，包括收益率、到期日和债券的数量。有些东西不大对头。等到我们的合规负责人真的去核查的时候，发现债券的数量对不上，还有其他不一致的地方。我不打算让这次交易就这样下去。如果购买的债券出错了，萨姆亏了钱，我们公司就会担责任。当晚，萨姆给 ODL 打来了电话，他怒不可遏。当时后端办公室只有一个年轻人在上晚班，萨姆让这个孩子吃够了苦头。他对这个孩子大发脾气，声嘶力竭地喊道：'你他妈这个白痴！我告诉你什么你就做什么。'第二天我找到了麦克尼尔，告诉他我拒绝进行这个交易。"

"很多人对此大失所望，"康兰回忆说，"本来人们都抱着很高的期望，也包括我在内。我本来还指望这个交易能成功呢。萨姆也是。知道了真实情况以后，大家的心里都很难受。这是个污浊的世界，交易到底是不是真的，我并不知情。但债券没有交付。麦克尼尔本来是要交付这些债券的。他总是找各种借口。他说，退出方案还没有准备好，他们还在'分割'债券等等。显而易见，麦克尼尔并不是能够真正交付债券的人。"

萨姆在特朗普的大宅里把这个坏消息告诉了马里诺，说他们如今仍旧身处陷阱，无法脱身。他们两个人的命运已经捆绑在了一起，彼此都有毁掉对方的能力。这个想法开始在马里诺的头脑中生根发芽。"我对他非常生气，"马里诺说，"他一直说这事能成，但我已经开始不抱希望了。我再也不会相信他了。我想要阻止这个骗局，但我又害怕萨姆。我以为他会在肉体上对我施加伤害。我不知道什么是真的，什么不是真的。如果我去联邦调查局报案，而影子市场又是真的，那么我就因为不肯相信他而毁了我们两个人。与此同时，我又有如此多的问题和忧虑，但无法从他那里得到一个直截了当的答案。我想如果我不按照他要求的去做，他就会大发雷霆。"

马里诺想，萨姆已经变得像詹姆斯·瑟伯的短篇小说《沃尔特·米蒂的秘密生活》（*The Secret Life of Walter Mitty*）里的主角一样了。这个小说讲的是一个举止温文尔雅的男人幻想自己的伟大冒险故事，比如做一个刺客或是承担了某种需要杀身成仁的任务，或是成了一个深入敌人腹地执行危险的袭击任务的战斗机驾驶员。"在给别人讲自己的故事的时候，萨姆总是夸大其辞，即便是给我讲的时候也是如此。虽然我明知道他讲的不是真的。"马里诺说,"我知道事实到底是怎么一回事,也知道事实与他所讲的并不相同,但他仍然会滔滔不绝地讲下去。他讲的那些故事塑造了他心目中的自己。他是他所讲的每一个故事中的主人公,沃尔特·米蒂和萨姆之间的区别就是米蒂只是做白日梦,幻想自己拥有跌宕起伏的生活,而萨姆是真的走出去,真正地开始冒险。只不过故事情节的发展与萨姆描述的完全不同。他已经无法控制自己,有很多时候我都打算揭穿他的谎言,但我又实在不忍心这样去做。"

第**17**章

桃太郎的黄金

最大的客户要求撤资，然而拜尤现在根本拿不出那么多现金。萨姆一方面寻找重新进入影子市场的机会，另一方面则着手于寻找传闻中的宝藏。

尼科尔斯功成身退，一个自称是"萨拉门托国王队"拥有者的人接管了萨姆的1亿美元……

17

我曾试图向萨姆解释这件事，但他根本不听。
他干了这么多年的诈骗，应该知道什么是骗局。但
他就是不知道。（拜尤基金创始人之一丹·马里诺）

2005 年 1 月，萨姆受邀参加小布什总统的就职典礼。萨姆前后
给小布什捐了数十万美元，此次邀请不过是对这些政治欠条的一种表示。
萨姆并不特别热心于政治，他将这些捐款看作是"寿险"，因为总统是
这个国家唯一有权减免联邦刑期的人。萨姆希望，如有一天需要帮助，
他能通过小布什的表弟约翰·埃利斯跟他说上话。

萨姆并不想劳神去参加就职典礼或就职舞会，虽然他也同样收到了
舞会邀请。华盛顿天寒地冻，背痛已经让他苦不堪言。此外，拜尤基金
令人沮丧的现状也沉沉地压在他肩头。如果加上前一年的假业绩，拜尤
的"问题"已超过 1.5 亿美元。

接着伦敦又传来消息，拜尤在 ODL 账户中的 2 200 万欧元被人转
走了。没人能解释这次奇怪的转账。谁干的？尼科尔斯？麦克尼尔？一
定是某个能接触到 ODL 账户的人。ODL 公司说这是一个管理上的失误。
因为发现得快，ODL 得以在两天内将钱追回。但这又是一个不祥之兆，
说明伦敦的骗子正不择手段地想把拜尤的钱弄到手，而且差点就得手了。
似乎钱被盗走只是个时间问题。

法兴银行这次交易的失败对萨姆的斗志是个沉重打击。麦克尼尔从伦敦打来电话，为一直没找到"债券"找了一大堆理由：债券尚未发行是因为时机还不到，交易是间断进行的。萨姆不得不耐着性子，但他不想听各种借口，他希望采取行动。尼科尔斯还呆在伦敦，以确保交易完成。但伦敦方面迟迟未有动作，也没有任何进展的迹象。至少，没人对萨姆说有什么进展。

尽管拜尤几乎注定劫数难逃，但似乎还残存着那么一点点偶得的运道。数年前，萨姆的交易伙伴吉米·马克斯离开拜尤前夕，拜尤购买了清洁煤炭公司 KFX 的 100 万美元的股票。从这几年来看，马克斯最后的交易不过是他又一次可怜的失败，但接着，好运向萨姆和马里诺露出了微笑。

"我们的现金已经见底，"马里诺说，"没有足够的资金在维持运营的同时应付撤资。伦敦那边还有钱，但萨姆坚持将那笔钱留在那里，以便进行影子市场中的交易。基本上我们所有的流动资产就是 KFX 的股票了。萨姆过去常常嘲笑这只股票，因为那是马克斯做的交易。但 2005 年年初，这只股票一路飙升。将这只股票清仓那天，我们赚了 1 500 万美元。那是拜尤有史以来赚得最多的一笔交易。"

这笔意外之财并没有给萨姆带来希望，但它又给了萨姆一些时间。也许 6 个月，但他需要挣上十个这么多才能拯救拜尤和他自己。

"我知道自己没剩多少时间了，"萨姆说，"如果把钱汇回纽约，放弃影子市场的交易，我想也许拜尤还能再坚持个一两年。但我已经厌倦了被人搞来搞去。我真的快要崩溃了，我总是睡不好觉，一直在威胁别人，而且还冷酷无情。我朝每个人都大吼大叫。没人能帮得上我，也没有人能做些什么。"

欧洲的事又发生了一个难以置信的转折。由于经常一起出入伦敦的酒吧和赌场，尼科尔斯和巴里·麦克尼尔开始走得越来越近。在常去之处打发傍晚时光的尼科尔斯一边酗酒，一边向这名南非人讲述自己从事秘密特工的故事,以此取悦他。一路下来,尼科尔斯向麦克尼尔又讲到了桃太郎的黄金和菲律宾洞穴中藏着美联储债券的箱子(以下这段内容是基于尼科尔斯后来的证词,这一证词在通过秘密渠道交给作者前一直被有关部门封存。——作者注)。这是他所有故事中最为夸张的一个,通常得到的反应不是完全不信便是半信半疑。但麦克尼尔的回应令人大吃一惊:他告诉尼科尔斯,说自己知道"二战"结束时日军从中国掠夺了大量财富并将其藏在隐秘山洞中,他知道这一切。不仅如此,麦克尼尔还亲自进到过山洞里面,亲眼见到了那些黄金!这一消息简直令人难以置信!曾有一些有史以来最厉害的特种部队士兵前往棉兰老岛寻找宝藏,但他们都一无所获。而这个又矮又胖、其貌不扬的麦克尼尔却勇闯山区找到了宝藏?在那片受恐怖分子保护的丛林里,他还对深藏其中的防御堡垒发起过袭击?这一想法委实难以令人相信。这一事迹是勇敢者的终极衡量标准,尼科尔斯也曾经做过这样的事,或是声称要去做这样的事。

但是等等,这还不算完。麦克尼尔对尼科尔斯说,他不仅亲眼见证了宝藏的存在,而且眼下他正在筹集资金,准备发起一次行动,以夺回这批颇具传奇色彩的联邦债券。麦克尼尔和他那支由雇佣兵组成的队伍将返回菲律宾。这次麦克尼尔打算展开一次突袭,然后用包机将金条运至瑞士的卢加诺。他对那里的黄金精炼设施很感兴趣,在那里他可以将金锭重铸后出售,赚个几十亿美元。尼科尔斯对卢加诺很熟悉,那是个小山城,城里的人均银行数比地球上任何一个地方都要高,是洗钱者和避税者的首选之处。麦克尼尔对尼科尔斯说,他可以投资这项冒险行动,但行动必须要快。

"巴里也告诉过我,说他曾到过那些山洞,"ODL 的蒂姆·康兰回忆道,"他信阴谋论。巴里认为世界是由 13 大家族掌控的,过去的债券采用那种方式的原因就在这里。他说真的有美联储债券藏在菲律宾的洞穴中,他要去弄回来。"

麦克尼尔似乎凭空捏造出了某种就连弦理论（弦理论，理论物理学上的学说。认为组成所有物质的最基本单位是一小段"能量弦线"，超弦理论可以解决和黑洞相关的问题。——译者注）都相形见绌的超现实主义。尼科尔斯已经用桃太郎黄金的故事从萨姆那里骗得了 1 000 万美元，而现在，尼科尔斯也将被麦克尼尔用完全相同的故事所骗？如果尼科尔斯真的相信桃太郎黄金的存在呢？如果他真的认为有一个满是中国宝藏的洞穴网络呢？如果尼科尔斯这个骗子真的被麦克尼尔说服，认为自己意外发现了真相呢？于是便有如下可能：万一这个故事是真的呢？万一桃太郎的黄金的确存在呢？万一当真有这样一批宝藏被藏在棉兰老岛丛林的洞穴中呢？

尼科尔斯为此次行动投了 100 万美元，但没有将这项投资告诉萨姆。无论如何，交易的推迟都已经令萨姆和尼科尔斯之间的关系变得紧张。但尼科尔斯投资 100 万美元去寻找桃太郎的黄金这一事实似乎证实了萨姆一直以来相信的东西。不管有关尼科尔斯的真相是什么，无论他是个骗子、杀手、疯子或者以上皆是，他都相信这批美联储债券的存在。

＊　　＊　　＊

麦克尼尔让人匪夷所思的消息还没完。他从伦敦给萨姆打电话，说他找到交易的债券了——再一次，终于找到了。这次是由法国巴黎银行发行的零息债券。这笔交易将通过 ODL 公司进行。对零息债券而言，利息是在到期日和本金一起一次性支付的。所以通常只有像美国短期国债和储蓄国债等这类极为安全的投资才会采用这种模式。但它也非常适合诈骗，因为很多年之间都不必支付利息，所以如果发行的零息债券是假的，受害者也要多年后才能发现自己上当受骗。

萨姆飞到伦敦，并且再次带上了瑞安同行。尼科尔斯又一次警告萨姆，这个城市到处都是企图阻挠他们的间谍。当他们抵达时，瑞安一眼就看出萨姆仍处于被尼科尔斯头脑控制的状态。

伦敦空气潮湿，阴云密布。瑞安去给萨姆买一件冬季外套。哈罗德百货的售货员看起来和萨姆长得差不多：魁梧、谢顶、脸色苍白。瑞安对那个售货员说他看起来很像她男朋友，他们都笑了。他帮她试了好几件外套。当瑞安回到酒店向萨姆说起这名售货员时，萨姆火冒三丈。他说，有人在酒店的大堂假装是她，还试图进到房间。那名售货员会不会是某个敌对派系安插在那里假冒他的呢？萨姆对瑞安说，哈罗德的那人很可能是"它的成员"。

"我问萨姆，'它的成员'是什么，"瑞安回忆道，"'它'到底是什么？光想想这件事都让我头疼。他会不会有危险？我也面临着危险吗？我一点都不想被卷进去，不管是什么什么事。"

周六晚上，法国巴黎银行这笔交易的参与者在伦敦的丽兹赌场一起吃晚饭。进入大堂的瑞安被赌场的富丽堂皇震慑住了。那天她穿着一套设计师设计的新裙子，金属质感的银色短裙搭配同色系衬衣，这套裙子是萨姆为她选的。萨姆则身着西服，打着领带，和在场的其他所有男人，尼科尔斯、麦克尼尔和ODL公司的格雷厄姆·韦尔斯利一样。

"埃伦本想挨着萨姆坐，但我坚持坐在他身边，"瑞安回忆道，"她还在企图破坏我和萨姆之间的关系。其他人我都不认识。我看着他们，试图琢磨出个究竟：谁是幕后操控者，谁有钱，谁掌控大局。凯瑟琳·卡内基坐我对面。萨姆这顿晚餐吃得很愉快，他说他要在中国办一场慈善音乐会，到时将邀请阿尔曼兄弟乐队和他们的摇滚明星朋友去表演。我不是很爱喝酒，所以觉得有些无聊。那个房间布置得非常华丽，珠光宝气、金箔闪闪，陈设着深色木质家具。环顾四周，我意识到有些木质家具是人造的，只不过漆上得完美无缺，完全能以假乱真。红木也并非真材实料，但看起来棒极了。我简直惊呆了，它们虽然是假的，但假得极其昂贵。"

"那真是顿无比丰盛的晚餐，"韦尔斯利回忆说，"有香槟，有鱼子酱，就像007电影一样。那里的酒水免费，萨姆老想着要把他吃龙虾的钱喝回来。这便是赌场的运作方式。他们给你这样的盛情款待，是因为要么你已在赌场大输特输，要么就是想千方百计让你在这里赌博。通常来说，职业对冲基金经理都是非常注重定量的人，而且极为严肃。他们最不愿意营造的形象无疑是在赌场里豪赌、酒瓶和钞票满天飞的样子。一名严肃的对冲基金交易员永远不会去什么有免费招待的地方。全球的对冲基金圈子非常小，而且很八卦。"

"萨姆是那次晚宴的总导演，主导了整个谈话。这让我有些不爽，但他有 1.2 亿美元存在 ODL 的账户里，这是不可否认的事实。但奇怪的是，那笔钱已经一动不动地放在那里一个多月了。那笔资金存在一个货币市场存款账户中，这种账户基本上和活期存款账户没什么差别。通常不管谁有那么大一笔资金，都会努力一直让它处于运转状态。萨姆看起来对此毫不在乎。我和他们所有人说，我不相信那些债券真的存在。他们讲了他们将如何为中情局提供资金的故事。他们还说，中情局利用毒品贸易来为它的行动筹资。这让我难以置信。我三番五次要求他们向我展示一笔真正的交易，描述一次实际已经发生的交易，哪怕一次都行。"

"他们没法给我一个直截了当的答案。他们说正在努力找债券，可能是美华家族，也可能是菲律宾人或其他类似的人。全是胡说八道。这一切都是阴谋，我对他们说，不管他们希望我购买什么投资工具，我都会滴水不漏地一一核实。如果我为 ODL 的客户买了什么，结果却买错了，我是要为此负责的。"

那顿晚餐花了 1.2 万美元，萨姆坚持由他来买单。第二天，韦尔斯利觉得仅仅袖手旁观，看着麦克尼尔操作还不够。这名子爵认为必须采取积极措施，以免 ODL 的客户被骗。于是每次麦克尼尔带一个潜在投资者来 ODL，韦尔斯利都会去会议室警告他们。他坐下来，向这些潜在客户细数相信有关所谓影子市场的阴谋论的危险之处。韦尔斯利对他们说，自己从未见过这种交易真的发生，一次都没有。他还解释说，麦克尼尔不是 ODL 公司的员工。他并没有直接说麦克尼尔是个骗子，他没有真凭实据，只是非常怀疑。但这名 ODL 元老的严厉警告收到了预期效果。即使是最易受骗上当、最鲁莽草率的人都不能对子爵的这番话充耳不闻。

"你为什么要把客户吓跑？" 康兰抱怨说。

"我只是告诉他们必须拿到书面保证，"韦尔斯利说，"不能光靠别人嘴上说的，必须要有白纸黑字才行。"

康兰泄了气。他没什么可说的，毕竟韦尔斯利才是老板。"好吧。"康兰叹息道。

当麦克尼尔听到韦尔斯利给予潜在客户警告的事时，他勃然大怒。韦尔斯利怎么敢在他们就要得手时破坏交易呢？他花了数月时间经营这笔生意。包括萨姆和其他投资者在内，麦克尼尔一共吸引了 1.6 亿美元存进 ODL 的账户中。但这一点用处也没有：韦尔斯利丝毫不为所动。显然，不会再有新的资金进入影子市场了。新客户越来越少，到最后一个都没了。把戏已经败露，麦克尼尔也不再去 ODL 公司了。

萨姆并不知道 ODL 公司内部发生了什么，韦尔斯利也没有把自己的怀疑讲给他听。萨姆正在为一件更迫近的烦心事而焦头烂额，而这件事有可能压垮拜尤。他发现送给投资者的财务披露文件中存在会计错误。

当然，文件完全是伪造的，但即使是凭空虚构数字，马里诺还是出了纰漏。这事简直愚蠢至极，但和"问题"相关的许多事情都是这样。拜尤最大的投资者是斯特林·斯塔莫斯（Sterling Stamos）基金。

该基金名气很大，非常有影响力，并且为纽约大都会棒球队的老板威尔彭家族（Wilpon）管理资产。斯特林·斯塔莫斯基金最初投资拜尤是为了吸引伯纳德·麦道夫的对冲基金的注意，事后证明，这一策略上的改变卓有成效：拜尤的表现和麦道夫不相上下，两只基金的业绩都优秀得不可思议，业绩简直优秀到只能用骗局来解释，而事实也的确如此。

但眼下，这只基金的首席执行官彼得·斯塔莫斯担心的是马里诺和拜尤的暗箱操作。斯塔莫斯在拜尤有 4 000 万美元的投资，萨姆不能对他置之不理。如果他赎回投资，拜尤基金就面临着崩溃的危险。萨姆飞回纽约，希望和斯塔莫斯谈一谈。

"萨姆对我说，这次和这名基金经理见面不过是一次平常的会面，"马里诺说，"他不想我在场。他没有解释原因，但我感觉到有什么事情发生了，有些不对劲。所以，见面那天，我没有告诉萨姆，自己开车去了纽约。我在大楼外见到了萨姆，告诉他我不请自来了。萨姆不让我进去，还威胁我。他说，如果我进去，我们之间所有的关系都将毁于一旦，我便是导致拜尤失败的罪魁祸首。他这么一说，我就对自己这么做感到很不好意思。"

萨姆和斯塔莫斯以及他手下的高级职员见了面。萨姆说，他即将从欧洲筹到 20 亿美元。他没有指明是谁给了他这个承诺，只说是"欧洲的"资金。斯塔莫斯想知道有了那么大一笔钱之后萨姆是否真的能相应地提升战略。

"我能，"萨姆说，"所有我交易的股票，公司规模都很大，流动性都非常好，资产折现力也极强。我可以买入卖出任何头寸，不过是一两分钟的事。"

斯塔莫斯说他担心马里诺，还有拜尤的运营，尤其是考虑到资金规模将在突然之间大幅增长。显然，如果还有一丝机会让他们把钱留在拜尤，萨姆就得把马里诺踢出局。这是个两难的选择。事实上，能甩掉马里诺他高兴还来不及。在萨姆看来，这个身肥体胖、骄横傲慢的会计已经变成了一个怪物。但萨姆不能炒掉马里诺，因为他还不想锒铛入狱。

"我告诉他们，我必须以自己认为适当的方式来运营基金，"萨姆说，"我没有直接说我会开掉马里诺，我只说我会认真考虑他们的话。"

马里诺在外面踱步，迫切地想知道到底发生了什么。萨姆撒谎称见面时并没有谈到他。"萨姆告诉我他们只讨论了未来一年的前景，"马里诺说，"但我能从他的话中听出前后矛盾的地方。我知道有什么不对劲，但却无能为力。我开始感到，好像无论做什么都已然来不及了。"

几天后，斯塔莫斯写了一封信，说他们要赎回放在拜尤的 4 000 多万美元。拜尤并没有那么多钱，除非从存放在 ODL 的 1.2 亿美元中取。萨姆和马里诺大吵了一场。流动性已经出现危机，马里诺说，没有钱进来。雪上加霜的是，斯塔莫斯并不是唯一要求赎回资金的投资者。有关萨姆精神状态不稳定和拜尤的商业行为有异常的传言已经甚嚣尘上。新的投资放缓很大程度上是由于萨姆连着几个星期都在伦敦。最糟糕的是，萨姆拒绝跟新的投资者见面。

"一旦交易开始，我们就不需要那些投资者了，"萨姆对马里诺说，"我不会在他们身上浪费时间的。"

"只有你和他们见面，我们才能维持到交易开始。"马里诺回答。

萨姆则把矛头指向马里诺，说他挥霍了拜尤的钱。他投资的公司越来越多，包括 BMG 高尔夫公司、双三角公司、智能人力公司、风语公司和生物转换技术等。马里诺已经亏了 5 000 多万美元，原本用这些钱应付这笔赎回绰绰有余。

萨姆和马里诺都沉溺在自己的幻想之中，萨姆把自己想象成一名伟大的交易员，马里诺则认为自己是风险投资巨头，两人都对拜尤的现状负有不可推卸的责任。

最终，拜尤从 ODL 取出 2 000 万美元交给斯塔莫斯。现在，萨姆只剩 1 亿美元用于交易了，或更确切一点，是 9 920 万美元，因为一个计算错误，他又损失了 80 万美元。在那之前，马里诺很少被迫动用拜尤基金的钱来支付赎回者。不过现在他们遇到了新状况，而且非常严峻。

"尽管经历了这些，我们还必须要让拜尤的员工满意，"马里诺回忆道，"萨姆希望能在年终奖上大方一点，尽管我们没有这笔钱，而且他们也没有做任何工作或是为基金赚一分钱。但萨姆的观点是，必须给他们很好的待遇，这样他们才会留在这里。如果他们纷纷离开，然后开始说一些'我不明白拜尤到底是怎么赚钱的'诸如此类的话，那可不妙。这是一种贿赂，萨姆极力主张这么做。"

　　萨姆和马里诺几乎每次谈话都以互相大吼大叫告终。萨姆整日躲在特普朗的豪宅中，多年来，这两个男人一直生活在谁都能被对方彻底毁掉的威胁之下，现在他们都快速走向了自我毁灭的崩溃边缘。马里诺因为饮食无度而变得极其肥胖，健康状况也因为运营拜尤带来的压力而直线下降。

　　"我真想一走了之，"马里诺说，"无数次我都在自我挣扎，要不要干脆放弃，去联邦调查局自首。我想，那样做也许我还能酌情减免一些刑期。有一次，在当着所有员工的面和萨姆激烈地大吵了一顿后，我开车去了曼哈顿，停在联邦检察官的办公楼前。我在车里坐了两个小时，盯着那栋大楼。我甚至都走向了大门，走到了门口的金属探测器和保安那里。还差一两米我就进去了，但我又转身回来了。说到底，我还是不想坐牢，我没有什么动机要结束这个骗局。我不确定检方是不是真能因此对我从宽处理。我想解决'问题'，并且在这个过程中挣些钱，那样我的希望会更大一些。至少能给我，给拜尤一个拼搏的机会。"

　　2004 年 2 月，萨姆住进了贝斯·以色列医院准备再次动手术。这次是为了治疗肩袖撕裂。手术后，他的胳膊被悬带和矫正架固定成 45 度角。他修养了数日，但他有一个家庭传统活动要去参加。无论什么情况，每年他都要到新奥尔良参加"油腻星期二"狂欢节（Mardi Gras）的庆祝。伊斯雷尔家族连续五代都是这一庆祝活动的重要嘉宾。萨姆的父亲一直是狂欢节最具声望的组织"国王"中的一员。萨姆包了一架湾流公司的私人喷气式飞机，并因为这一挥霍无度的行为和马里诺起了冲突。萨姆说，他将带上十几名拜尤最重要的投资者一同前往。马里诺不想去，他已经害怕到一天都不敢离开公司，唯恐拜尤的员工偶然发现什么能揭穿骗局的证据。

　　"我们家每年都会租下拉斐特酒店的一层楼，"萨姆说，"以前参加这个活动总是非常有趣，但今年我把在那里的时间都花在给伦敦打电话上了。我必须把 ODL 的交易搞定，这个令人恐惧的噩梦才会结束。我让罗伯特在伦敦活动，但他没法让 ODL 开始着手交易。要么就是他们害怕了，要么就是有什么事不对。狂欢节游行那天，我在新奥尔良一家商店里一边选购抛向人群的串珠和饰品，一边给他打电话。不知怎么回事我就在电话里吼起来，我告诉他，我要自己去弄债券。我知道那些有权有势的家族当时正在加勒比海地区，他们冬天都会到那里去，他们拥有那里最好的几个岛屿。我朝罗伯特吼道，'我他妈的才不在乎谁来做交易，我他妈的不在乎那几个百分点'。我努力不让自己吼得太大声，因为我的那群投资者当时正和我在一起。"

"我看得很清楚，罗伯特不知道如何才能做成这笔交易。我不停地追问债券在哪里，他答不上来。他说，眼下债券数量不足，今年的预订已经结束了。每年只有几个确定时段才可以交易，那些家族只允许特定数量的交易，这样才能对其保持控制。我对他说，我才不管这些，我要去杀了麦克尼尔和 ODL 的人。他们让我陷入如此难堪的境地，我将在这个市场中名誉扫地。"

接着麦克尼尔打电话过来。他说，第一笔 1 亿美元的交易将在"油腻星期二"这天进行。但那天什么都没有发生，萨姆再次打电话给麦克尼尔。

"为什么我的资金还他妈的没有交易？"萨姆吼道，"赶紧交易，快点！"

"没交易可做，"麦克尼尔说，"市场供应不足。"

"行，我自己去弄债券！"萨姆边吼边挂断了电话。

麦克尼尔一直未能交易成功的原因就在于格雷厄姆·韦尔斯利。这名伦敦 ODL 公司的主管知道麦克尼尔干的不是什么好事，他只是还不知道这一切喧嚣的背后藏着什么。第一次快要交易的时候，韦尔斯利发现了出售的债券和交易指令描述的有所不同。这种不同似乎是刻意设计的，目的就是要制造出一个烟幕，最后得由韦尔斯利来解释 ODL 公司为何会允许一桩欺诈性交易发生。

"当麦克尼尔第二次试图交易时，又发生了同样的事情，"韦尔斯利回忆道，"不一致的情况依然存在，虽然很小但足以停止交易。我知道有什么不对，只是不清楚到底是什么。但在不知道是否合法的情况下，我是不会同意任何交易的。"

于是巴里·麦克尼尔以一种静悄悄的方式退出了。没有大声争吵，也没有恶语相向。麦克尼尔被打败了，至少看起来是失败了。他没有做任何交易，他企图诈骗萨姆和其他人，但一无所获，没有钱转手。麦克尼尔貌似垂头丧气地和凯瑟琳·卡内基一起飞回了南非。结果证明凯瑟琳依然是他的女朋友，尽管她曾虚情假意地和萨姆调情。

"麦克尼尔从未说过交易泡汤了，"康兰回忆道，"从来没有那样说，只是一味地推迟、推迟、再推迟。我开始琢磨这个债券市场。它到底存在吗？我并不担心这里面有什么不对的地方，比如说欺诈，但这到底是怎么回事呢？"

❋　　　❋　　　❋

拜尤于 3 月底公布了它 2004 年的审计结果。据里士满 - 费尔菲尔德事务所的报告，拜尤基金管理的资产有 410 626 200 美元，但实际的数字谁也不知道。实际亏损额可能为 7 500 万美元。如果将过去累积的"业绩"也算作亏损额的一部分（虽然这笔钱从一开始就不存在），那么有将近 2.5 亿美元不翼而飞。目前的情况是，有 1 亿美元存在伦敦，5 000 万美元被困在性质可疑的风险投资中。实际上拜尤已经破产，但这并没有阻止马里诺又拨了 1 500 万美元到开曼群岛维持他的风险投资。

回到纽约的萨姆开车去见曼哈顿另一名考虑赎回的投资者。途中，萨姆转过头对马里诺说，美联储主席艾伦·格林斯潘曾打电话给他。萨姆说，艾伦对他在试图交易时所遇到的问题表示歉意，似乎他和美联储主席已经熟到可以直呼其名。萨姆说，艾伦已经指定了他的一名顶级交易助理来处理这事，确保他们能顺利达成目标。这名助理说，离下次交易开始还有五个月时间。但是如果萨姆预付 1 000 万美元，交易便可立即开始。萨姆决定等待，他们已经没有 1 000 万美元可以损失了，再也没有了。

这时马里诺的电话响了。是联邦调查局的特工卡尔·卡陶罗，他要找萨姆。办公室将马里诺的电话给了他，因为萨姆不怎么接自己的工作电话。马里诺将手机递给萨姆，萨姆和这名特工谈论了联邦调查局对尼科尔斯和欧洲交易的调查，马里诺在一旁听得心惊肉跳。挂上电话后，萨姆向他保证，联邦调查局压根就不知道拜尤自己的骗局的事。尽管不可思议，但这事却是千真万确。虽然他们知道萨姆和尼科尔斯以及其他骗子有来往，但并没采取措施认真调查，看看拜尤基金到底是什么情况。马里诺没有回答，眼睛一动不动地望着车窗外。

萨姆疯狂地用五六个手机不停地打电话，设法寻找交易。他还在纽约和伦敦间飞来飞去。萨姆在纽约有一个当警察的朋友，这个朋友会开着警车、闪着警灯，一路畅通无阻地将他送至纽约肯尼迪机场。机场的警戒线上，萨姆会亮出一个他弄到的执法机构徽章。他把自己塑造成了一个类似尼科尔斯的人物，但这不过是无中生有而已。他知道，末日已在咫尺。复活节，萨姆和瑞安一起飞到了加勒比海岛中的圣巴泰勒米岛上度假。就算即将堕入深渊，至少现在还能享受阳光和海滩。他告诉瑞安，即将有数十亿美元的进帐。他懒洋洋地赤身躺在别墅外的露台上，仿佛没有半点忧虑。

但随着这个骗局越来越荒谬，萨姆的绝望越来越明显。数月前，他见了一名自称代表戴比尔斯家族的南非经纪人，戴比尔斯是被选中的家族之一。出乎意料的是，这名经纪人说他找到了交易的"债券"。但最低投资额是 5 亿美元。在得到萨姆只有 1 亿美元的答复后，这名南非人非常慷慨地同意降低准入门槛，但下不为例。和之前一样，这笔交易并未完成。

萨姆现在已经完全不和老朋友们通音讯了。他从来不回电话或邮件，无论是个人的还是工作上的。他一个最好的朋友担心地来到他家，质问他为何与身边那些人为伍，与那些利用他的、攀附他的和阿谀奉承他的人为伍。拜尤的员工一直在榨取萨姆的利益，还有萨姆现在交往的那些陌生人。但萨姆已经听不进好友的话，两人争论起来，争论很快升级为一场对吼比赛。当时他们在阳台上，萨姆一把将他朋友推到墙上，威胁要把他从阳台上扔下去。过了一会儿，两人都冷静下来。但萨姆的朋友非常震惊地发现，现在的萨姆是如此孤单，和之前他所熟悉的那个温文尔雅的大男孩已判若两人。似乎萨姆已经没有能力看到显而易见的真相，不管是关于其他人还是关于自己的。

　　为了驱赶日渐迫近的幽闭恐惧之感，萨姆变得越来越狂躁和无常。愿意尝试任何事情的他又兴起了寻找桃太郎黄金的念头。他推断，那个"母箱子"里应该有 25 亿美元的债券，即使美联储只按面值的 3% 兑换，他也可以得到 7 500 万美元的回报。萨姆并不知道麦克尼尔的寻宝计划，也不清楚尼科尔斯对此计划的投资。一个名叫吉米·贝茨的前特种部队士兵同意领导这次行动。萨姆和约翰·埃利斯乘坐私人喷气机飞到巴尔的摩和贝茨见面。在说到联邦政府是如何利用卫星进行追踪时，这名上校显得极为激动。贝茨疯狂地在酒店房间里走来走去。预付 100 万美元，贝茨说，他将组织一个团队发起袭击，这个团队由他认识的菲律宾特种兵组成。棉兰老岛上盘踞着一个极端组织，这个组织名叫 MILF，也就是摩洛伊斯兰解放阵线（Moro Islamic Liberation Front）的意思。贝茨想，万一这批联邦债券落在 MILF 和本·拉登手中会怎样？如果基地组织控制了这几十亿美元债券，那将是灭顶之灾。

　　听起来也许很荒谬，但贝茨的确是一名退役的特种兵，曾被五角大楼授权参与顶级机密行动。贝茨提议，一旦他们弄到了联邦债券就要马上飞到关岛，在那里他们可以对债券进行估价，并悄悄与美国政府联系。萨姆准备好了，一旦交易开始，如果交易真能开始的话，就为这项冒险行动提供资金。

　　萨姆对 ODL 公司已经不抱希望了。整个过程毫无意义，不但几乎让人发疯，而且还耗费了大量萨姆最宝贵的商品：时间。随着 2005 年春的到来，萨姆确信，用不了几周，也许只需几天，拜尤的骗局就会曝光了。萨姆联系了加州一个名叫卢·马洛夫的男子。马洛夫据称拥有萨克拉门托国王队，但在网络上一查便能发现，他的姓的拼写有别于真正的萨克拉门托国王队拥有者。马洛夫声称，他为环太平洋地区的国家经营着一个秘密的联邦交易项目。他还告诉萨姆，他有能交易的"债券"，萨姆将从中获得 6.95 亿美元的利润。和之前一样，萨姆所要做的一切便是将 1 亿美元转至马洛夫的账户中。"现在有个惊喜，"在萨姆把钱从 ODL 转至美国的前一天晚上，他给萨姆写了一封邮件，"在资金周转 12 圈后，你将实际获得 1 597 750 000 美元。但这里有个小问题，我们也许不得不在银行账户上使用另一个公司名。但只有在不得已的情况下，在银行说'是时候更换名字'的情况下才会这样。不管怎样那依然是你的利润。"

"我对这笔交易有一种在水中越沉越深的感觉，"萨姆说，"说起来你可能不信，我还是相信着交易即将发生。马洛夫发誓说，交易任何一天都有可能发生，我们随时都有可能得到回报。他们说这些债券项目已经正在交易，我们只须加入就行了。"

当同样满怀希望、双眼蒙蔽的尼科尔斯听到萨姆新的冒险投资时，他担心萨姆在大发其财时会忘了自己。尼科尔斯希望确保能像他们之前说好的那样，得到萨姆意外之财的 10%，这一点再次证明了他确实相信影子市场是真实存在的。萨姆向他保证，到时候钱会多得分不完，但尼科尔斯并不满意。两人间的互信已经破坏殆尽。尼科尔斯派他的妻子去加州与马洛夫和他的几名经纪人见面，并且写了一封介绍信让她随身携带。但马洛夫对执行什么附属协议根本不感兴趣。

在吃了闭门羹后，尼科尔斯决定收手，他已经从萨姆手中骗到了 1 000 万美元。他已经 61 岁了，视力越来越差，身体也不好，他需要在自己和萨姆之间拉开一段距离。始于伦敦出租车上的这一连串令人迷惑又纷繁复杂的事情即将落下帷幕。有关尼科尔斯的谜团也不会被解开，至少到现在为止都还未解开。

"我们大吵了一场，然后分道扬镳，"萨姆说，"看得出来，他明显是计划好的，故意要挑起口角。我们的协议上写着他要做我的安全负责人，为期 5 年。正因如此，他才拿到那 1 000 万美元的报酬，这样看起来才合法。但现在罗伯特不想提供服务了。他说，他给了我那个设有陷阱的箱子，现在还存放在"女王的保险库"中，那可值 10 个 1 000 万都不止。突然之间，他就想洗手不干了，他也不想和我说话。转瞬间，一切都瓦解冰消。"

与此同时，马洛夫的交易似乎进展得很顺利。萨姆向伦敦的 ODL 公司发去了转账指示，将 1 亿美元转至马洛夫在香港设立的一个账户中。但还有一块拦路石挡在萨姆面前，当然又是韦尔斯利，威灵顿公爵的曾侄孙。韦尔斯利现在确信，萨姆参与了某种犯罪行为。按照英国律法，ODL 公司不得直接和美国当局联系，必须通过伦敦的监管机构。他请求英国的监管机构将萨姆极端可疑的行为告知纽约的监管机构。

"纽约的监管机构给我打来了电话，"韦尔斯利说，"我把发生的事情告诉了他们。他们说，'无论如何都不要转这 1 亿美元。'萨姆对此一无所知。我也不能向任何人提及，包括我的员工。这是高度机密的事。我对美国人说，我需要一份禁止令或什么东西，因为这是萨姆的资金。这笔钱是即期支付的，我不能平白无故地拒绝他的要求。"

"等萨姆要取钱的时候，我就设法推迟。我告诉员工，让他们等到当天美国银行关门时再进行操作。这样便又多了一天。第二天，我让操作员给萨姆发去一封邮件，说他'忘记'了转账。萨姆气急败坏。谁会忘记一笔 1 亿美元的转账呢？萨姆从纽约打来电话，高声喊骂：'你们他妈的这帮混蛋。快把钱他妈的还给我。'他怒不可遏，扬言要杀了操作员。我知道他并不是真的想要杀了他，但他的确这么说了。"

马洛夫并未意识到 ODL 没有转账，他通知萨姆说，这笔资金已经到了香港。这笔钱目前存在一个名为"宏伟资产管理公司"(Majestic Capital Management)的账户中，这个公司是由马洛夫的一个合作者控制的。但可笑的是，他甚至都没有采取最简单的步骤来掩饰他的企图。这笔资金理应存在一个和美联银行相连的折扣交易网站的经纪账户中，在线账户余额显示为1亿美元。但马里诺看得出来，马洛夫创建的是一个虚假账户，有名无实。

"我曾试图向萨姆解释这件事，但他根本不听。"马里诺说，"你可能觉得，他干了这么多年的诈骗，应该知道什么是骗局。但他就是不知道。"萨姆的想法是，做点什么总比什么都不做要强。他反复要求ODL把"他的"钱转出去，这次是转到马洛夫的同伙控制的一个美国账户中。这次韦尔斯利不能把这笔钱再扣下去了。

尽管韦尔斯利子爵已经请求美国监管机构对萨姆进行监督，但他们什么也没做。有关部门的玩忽职守似乎毫无下限。2005年4月12日，ODL公司将99 191 102.18美元转至美联银行位于郊区的一个分行中。这笔钱也不再存在拜尤名下，按照萨姆的指示，这笔资金被转至"宏伟资产管理公司"的账户中。这是影子市场骗子们的惯用伎俩。一旦这些钱脱离了萨姆的控制，存在一个所谓的"零损耗账户"中，唯一的问题就是马洛夫是否能在被绳之以法前，说服美联银行让他把这笔钱取出来，如果法律真能有所作为的话。

"我真的绝望了，"萨姆说，"我感到又惊又骇，就像一个人在赌场上输得精光之后，发现还有足够的钱最后赌上一把。于是我把所有本钱都放在轮盘赌桌上，让它旋转。我盘算着，我还有1亿美元。我还活着。"

第18章

完美金融犯罪

　　终于有一名联邦检察官介入调查，萨姆、马里诺遭到逮捕，尼科尔斯也被起诉。神秘的宝箱终于被打开，里面的债券究竟是真是假？尼科尔斯的身份究竟是什么？为什么他坚持认为是联邦政府撒了谎？真相扑朔迷离。

　　"这种骗局的大多数受害者都没法报警。如果他们去报警，需要回答的第一个问题就是，他们亏的这些钱是从哪里来的。"

18

就像失败的拳击手，萨姆已经被打得浑身青一块紫一块，眼睛都睁不开了。这次会发生奇迹般的大翻盘吗？这就是上帝的救赎吗？

人称"奇普"的卡梅伦·霍姆斯（Cameron "Kip" Holmes）在亚利桑那州总检察长办公室的金融救济部门任职。在金融监管的世界里，亚利桑那州可以称得上是穷乡僻壤，跟纽约或伦敦相去万里。不过，霍姆斯依旧凭自己的实力成为了研究秘密债券市场的顶尖专家。霍姆斯曾参加过一次研讨会，研讨的成果后来成书出版，书名叫做《黄金银行投资骗局的神话》（*The Myth of Prime Bank Investment Scams*）。对那些研究过这一现象的人来说，萨姆身陷其中的那种骗局就是所谓的"世纪罪案"。在欧洲，黄金银行骗局的数量不在少数，这是一个全球化的产业，是行事隐秘的美联储诞下的一个畸胎。全球成千上万的"金融顾问"都投身骗局当中，让他们的客户投资于高收益投资品。很多人可能的确相信这个市场是真实存在的，但同样可能的是，许多人只是在操纵庞氏骗局。

最靠谱的估计显示，2004 年萨姆遇到罗伯特·布斯·尼科尔斯的时候，全世界因为高收益骗局而被骗走的钱已经超过 100 亿美元。而在那之后被骗的钱就不知道有多少了，美国证券交易委员会、国际货币基金

298

组织、世界银行和国际商会曾反复提出警告但依旧于事无补。骗局的变化无穷无尽，但主题却都千篇一律：它们都声称有某种证券大幅度折价发行，只有运气好的少数人有机会进行这样的交易。这样的证券包括中期票据、零息债券和公司债券等，不管哪种，都承诺能在几周之内让投资者的钱翻倍，甚至翻两倍。最理想的营销工具就是支撑美帝国主义的腐败机构，比如美联储的破产，华尔街两面派的本性，美国联邦政府的各种阴谋。这些说法为所谓的"世界新秩序"提供了温床。

这些年来，霍姆斯一直非常积极地利用自己在偏远的亚利桑那州司法办公室的职权来检控诈骗犯。如果说"高端金融"就像是狂野西部的话，那么霍姆斯就是枪法精湛、刚刚来到道奇市的寡言少语的警长。对霍姆斯来说，当他收到一份关于存放在新泽西州郊区一家美联银行分行的 1 亿美元的"可疑活动报告"时，他感觉到很显然有什么东西不对头。当时，有人出现在这家分行，要求进行汇款，并且说这笔钱是用来进行联邦证券交易，并且拒绝透露更多信息，以防这家银行抢了他的生意。这家分行的经理变得警觉起来，一名银行职员开车到这家名为"宏伟资产管理公司"的总部转了转，回来报告说那只不过是在某个住宅区的一个平房。霍姆斯通过最初步的调查发现，马洛夫并不拥有萨克拉门托国王队。真正的所有者名叫马鲁夫，两者的拼写并不一样。霍姆斯收到的"可疑活动报告"指出，好莱坞一家制片公司本来也应接收这笔资金。考虑到太平洋媒体娱乐公司以前曾出品过《女人自爱》（*Viva la Vulva and Self Loving*）这样的影片，这件事就难免启人疑窦了。接下来就发生了亚利桑那州金矿的事。

"据说那金矿值 1 520 亿美元，"霍姆斯回忆说，"很明显这是一个非常荒谬的数字。我就住在亚利桑那，于是我亲自到金矿的地址看了看。那是一片平坦的沙漠，散布着矮树、石炭酸灌木、假紫荆树，零星还有一些巨人柱仙人掌。我的父亲碰巧又是一位地质学家，因此我知道那里绝对不可能找到黄金。从地质学上来讲，这是不可能的，那片区域是个冲积平原。"霍尔姆斯并不确切地知道到底是怎么一回事，不过这并不是很重要。光是亚利桑那州金矿这个骗局就已经足以促使他行使自己的司法权力了。他不知道从法律上来讲，这笔钱的主人是什么人，他只知道那片沙漠当中并没有埋藏着价值 1 520 亿美元的黄金，如果他不赶快行动，不知道在哪里就会有什么人损失掉 1 亿美元。

就在那一天，那个 6 月份的上午，奇普·霍姆斯签发了一份授权令，冻结了宏伟资产管理公司账户中的资金。卢·马洛夫给身在纽约的萨姆打了一通电话，说交易已经开始，新泽西账户中的钱已经"动了起来"。拜尤的 1 亿美元已经打着滚翻了好几倍了，几个小时之后，"大回报"就会到来了。

面对这样的消息，萨姆不知道该作何反应。就像经历了 15 个回合令人筋疲力尽的拳击赛之后的那个就要失败的拳击手，他已经被打得浑身青一块紫一块，眼睛都睁不开了。他只能凭本能挥拳，希望凭运气击中对手，希望能给对手致命一击然后赢得胜利。这次会发生奇迹般的大翻盘吗？这就是上帝的救赎吗？萨姆的这次疯狂的旅程终于要以有史以来最伟大的一次交易宣告结束了吗？

拜尤的办公室经理打来电话时，丹·马里诺正在康涅狄格州的一个餐馆里吃早餐。这位办公室经理疯了一样让马里诺联系美联银行。拜尤的钱已经被冻结了。

"有个坏消息，"美联银行的管理人员对打电话过来的马里诺说，"我们刚接到了一个授权令，指示我们封存宏伟资产管理公司账户中的所有资金。"

此人没有提供更多的信息，法律也不允许他这么做。霍姆斯的授权令是封缄密发的。谁查封了拜尤的资金呢？原因是什么？慌张的马里诺跑进自己的汽车里用手机给萨姆打电话。萨姆被这个消息惊呆了。这不可能，萨姆一遍又一遍地重复这句话，似乎是在试图说服自己。他给美联银行打电话，发现的确是真的，资金确实被冻结了。这位亚利桑那州司法人士背后是哪个派系在活动呢？萨姆心里想。是尼科尔斯、俄罗斯人、中情局，还是国家安全委员会？

"老兄，钱真他妈的冻结了。"萨姆在电话里对马洛夫说，"没法交易了。"

"这不是真的吧，"马洛夫回答，"我们今天就要拿到付款了。"

萨姆深深地出了一口气。钱被冻结了，萨姆说。马洛夫说他去查一查，然后再打电话过来。一分钟后，萨姆的电话铃声响了。

"我们被切了。"马洛夫说。

马洛夫没有具体说明谁切了他们的交易，也没有说为什么。不过萨姆本来也没有在听。尽管马洛夫假装怒不可遏，宣称政府的行为违法他要起诉云云，但萨姆知道，他说的全都是没用的话。

"卢·马洛夫，这家伙是个骗子，"萨姆说，一边回忆一边叹息，"就在我接到说资金被冻结这个电话的前一秒，我还有点相信这个计划应该会管用。等到我发现的时候，我知道我这下遇到大麻烦了。我心里非常难受。我试着让自己集中精力，想着怎么把钱弄出来，但我当时已经完全筋疲力尽了。斗志全无，后悔不迭，对自己感到失望透顶。我已经辜负了所有信任我、爱我的人。过去，我一直是那个虽然不被人看好，但做出来的事总是能超出别人预期的人。至少，我是这么认为的。我不想失败。"

在大约 10 年的时间里，拜尤基金这出戏，从会计欺诈变成真实罪案惊悚片，再变成悲剧，最后终于变成了一场荒诞剧。眼下，萨姆必须面对的现实是：他的"问题"终有一天必定会大白于天下。萨姆并没有选择蜷缩在室内的一个角落里，在恐惧中等待敲门声的响起。相反，他要好好利用这段时间，现在的萨姆有一技傍身了，这也是他唯一能用的技能：他要继续这一骗局。他已经不再是坐拥 1 亿美元的大鳄了，如今的他只是一个普通的骗子，跟他在以前的神奇之旅中碰到的那些没什么两样。拜尤的那种庞大、复杂的骗局被"419 骗局"取代了。这个骗局之所以得到了这样一个名称，是因为尼日利亚刑法典的 419 章就是为"以虚假手段骗取财产"而设的。萨姆这次的中间人是一个洛杉矶的律师，名字叫詹·赫格尔，专做"另类"投资方面的案件。

"我打电话给赫格尔，告诉他我碰上麻烦了，"萨姆回忆说，"我需要马上赚到 1 亿美元，而且在这之后还得再需要 1 亿美元。"

赫格尔说当时他手头恰好有价值数十亿美元的交易等着做，包括 1 亿美元的现金和 2 000 万美元的红宝石。这些红宝石是属于加纳总统的，只要先付一点"佣金"就可以买下来。最初，萨姆是信任赫格尔的，有那么一点信任。或者说，他很努力地去信任他。赫格尔似乎知道萨姆心里是怎么想的。这时的萨姆已经穷途末路，无计可施。他已经完全被阴谋论搞昏了头。

作为启动交易的资金，萨姆汇了 30 万美元给赫格尔。在律师的指导下，萨姆来到纽约机场，迎接来自加纳的航班，他要的红宝石就在这个航班上。

"鹰已降落。"萨姆在机场告诉马里诺。

"真的吗？"马里诺问，一副不敢置信的口气。

"明天到我家来，我们讨论一下细节。"萨姆说。

"我躺在床上，真心希望这是上帝派来的救兵，"马里诺回忆说，"第二天我到萨姆的家里去跟他碰头。当时他在楼上还没起床，跟往常一样，也没有任何别的人在场。他虽然尽力让自己显得应付自如，但看得出来他非常紧张。他告诉我，运输单据出错了，海关不能让包裹通关。他说货已经运到蒙特利尔去了。我已经不在乎了，我不知道萨姆是在凭空撒谎，还是他用自己的头脑构筑了一个幻想的世界，已经分不清什么是幻觉什么是现实了。最后我发现，他的打算是给自己偷上 1 亿美元，却让我拿着袋子。"

但马里诺并不真正地了解萨姆。萨姆从未想过跑路，他也从未想过要偷拜尤的钱。如果要跑，他早就跑了很多次了，想卷多钱就能卷多少

钱。他本来是有足够的机会偷上一大笔钱然后远走高飞的。然而奇怪的
是，他并没有这么做，甚至没有把这条路当作一个应变计划。随着萨姆
颈项上的套索收得越来越紧，似乎眼下唯一理智的反应就是把一大笔钱，
比如说 1 000 万美元，存到一个瑞士银行账户里去。只需要一个小小的
计划，萨姆就能在法律行动之前有足够的余地来进行周旋。他本可以在
哥斯达黎加的一个大庄园中安居，或者是普吉岛，或者是开普敦。开普
敦是巴里·麦克尼尔这样的高端亡命徒喜欢的地方，这里不但气候宜人，
而且毗邻莫桑比克。在莫桑比克，逃亡人员可以在很短的时间内获得一
个新的身份，并拿到一本新的护照。

　　萨姆仍在战斗，或者是，他自己所谓的战斗。赫格尔的交易已经从
涓涓细流变成了滔滔洪水。他提供给萨姆价值 4 000 万美元的黄金，而
且只需 4 万美元的前期预付款；花 1.8 万美元的"关税"就可以把价值
4 000 万美元的加纳珠宝运过来；价值 25 亿美元的债券只要花 5 000 美
元就能拿到手。几周之内，萨姆的 30 万美元就没有了。赫格尔写电子
邮件给萨姆，说他需要更多钱。"花 100 万美元就能得到 1 亿美元，这
个代价并不算大，"赫格尔写道，"我知道我们并没有这笔预算，但如果
我们有的话，我相信我们肯定能赚到至少 20 亿美元。"

　　拜尤已经没有足够的资金来维持运营了。除了因影子市场而投入的
钱之外，马里诺的风险投资也遭遇败绩，二者相加的结果就是拜尤现在
的现金流已经不够日常运营了，更别说维持原本的骗局。萨姆写电子邮
件给尼科尔斯，要求他归还 1 000 万美元的借款。尼科尔斯未予理睬。

　　萨姆向拜尤的一名员工承认，他正在经历一场流动性危机。离婚
已经耗尽了他的可用资金，萨姆说。这名员工是华尔街鼎鼎大名的交
易员史蒂文·施塔克的朋友。萨姆通过他儿子的"少年棒球联盟"认
识了施塔克，不过没什么深交。施塔克同意和萨姆见上一面，他很了
解萨姆作为交易员的名气，而且对于萨姆在运营一只成功的基金之余
还持续不断地关注儿子的体育运动情形相当钦佩。萨姆对施塔克说，

他需要一笔短期贷款，并抛出了 300 万美元这样一个数字。萨姆看上去相当平静，似乎一切仍尽在掌握。当天，施塔克就通过他在高盛的账户把钱汇给了他。

利用这笔钱，萨姆又"买"到了几个星期的时间，但代价是毫无廉耻的欺骗。马里诺已经停止为船库支付租金，应付账款也都逾期未付。银溪的埃里克·狄龙打电话给萨姆，询问有关拜尤的审计机构和拜尤可能破产清算的传言等事项的时候，拜尤的业务处于崩溃边缘的迹象已经越来越明显。

对一只对冲基金而言，破产清算就意味着要归还投资者的资金然后关门大吉。萨姆对狄龙说，相关报道说的那些情况没有半点是真的。银溪在拜尤有逾 5 000 万美元的投资。为了消除狄龙有关拜尤财务状况的担忧，萨姆说，拜尤明年可能会换一家大规模、有名望的审计机构。这招并未奏效，7 月 12 日，狄龙致函拜尤，要求在 15 天之后赎回所有投资。萨姆在电话中对狄龙大为光火。这人居然质疑拜尤不是一个 100% 诚实的基金公司，他怎么胆敢这样？

第二天，萨姆的情绪恢复了平静，并意识到自己还需要"买"更多的时间。他深谙逆反心理的力量。他主动给狄龙打电话，为自己的鲁莽道歉。他提出，不需要按照合约的规定在 30 天后再赎回，他可以尽快做出安排，银溪在 8 月 1 日就能拿回自己的钱。这当然是个谎言，狄龙却着了道，至少表面上看来是这样。然而这次被玩儿的却是萨姆。狄龙对此并不满意，他正计划亲自前往拜尤的总部，看看到底是怎么一回事。

萨姆和马里诺面临的选择只剩下了三种：跑路、自首或宣布关门大吉。如果他们停止营业，按照拜尤的合伙协议，他们有 90 天的时间有序地安排清算，也就是说，他们还有时间找到一个办法免于让人发现这是一个庞氏骗局，有时间祈求上帝施以援手。

"带着巨大的遗憾，同时也带着对我们以最大努力达成之业绩的无比自豪感和成就感，我宣布将于 2005 年 7 月关闭拜尤基金及其他相关基金。"萨姆在给投资者的信中写道，"完成最后一次审计之后，所有投资者都将得到投资额 100% 的偿付。"

关闭基金的表面原因是萨姆想要花更多的时间来陪伴家人。萨姆曾非正式地传达过这样的信息：离婚给他的个人生活造成了沉重的打击，因此他想要全心全意地致力于照顾自己的孩子。投资者无一例外地表示支持。萨姆这样的交易员所付出的人性的代价，是这一业务的传统与传说的一部分。以前，人们从未听说有哪个对冲基金经理愿意放着大钱不赚的，萨姆的计策既让人始料未及，又让人心生感佩。

萨姆和马里诺遣散了公司的员工。他们没有钱支付员工工资，员工们被告知，萨姆将专注于欧洲的交易，并利用自己的私人财富做慈善。马里诺将继续进行自己的"投资"。拜尤的员工们对这一消息感到难以接受，原本许诺的逾 100 万美元奖金的承诺如今也成了泡影。

※　　　※　　　※

打往拜尤办公室的电话络绎不绝，摸不着头脑的投资者想要搞清楚到底发生了什么事。电话无人应答。萨姆从施塔克那借的短期贷款也到期了，他对施塔克的电话避而不接。"我希望这件事不会让我的可信度大打折扣，"萨姆在写给施塔克的电子邮件中说，"既然你帮了我一个大忙，我绝对不会欠你钱不还的，任何其他人也是一样。"随后萨姆给施塔克寄去了一张 315 万美元的支票，票面上还画着海绵宝宝。然而这张支票被银行退回了。

8 月初，萨姆努力抓住每个机会进行交易，试图抵挡灾难的降临。他曾试图从一个埃及骗子手里买进 90 亿美元的日元债券，还曾打算拿一座金矿作"抵押"贷款 2 300 亿美元。而所谓的抵押，也无非是银行欺诈的另一种表达方式而已。通过一系列的经纪机构，萨姆提议用一幅米开朗琪罗的《大卫和歌利亚》（*David and Goliath*）真迹作抵押，进行一次价值 8 000 万美元的证券交易。当有人告诉他有关皇家太平洋储备及中央银行发行的面值 135 亿美元的黄金凭证的事时，他立刻奋不顾身地投入其中。这些证券是新喀里多尼亚这个国家的"亲王"发行的。所谓的喀里多尼亚国不过是分裂分子在澳大利亚自行宣布成立的国家，当局称这种做法简直异想天开。

"我现在真的是没有时间了，"萨姆发邮件给他在影子市场结识的一个人，彼时他仍在积极寻找更多的交易。"我什么都愿意尝试。如果有什么可行的项目，请一定告知。接下来的 24 个小时内我随时候教。不用担心，什么时候打电话都行。不管你能帮上什么忙，都能实实在在地救我一命。"

2005 年 8 月 12 日，周五。马里诺给银溪开了一张 53 089 300 美元的支票。他解释说，他把支票的日期顺签到了下周一，他当然知道，到那时，账户里将分文皆无。周一，埃里克·狄龙来到了拜尤的办公室，支票被拒了，因为账户内的余额不足。船库里一个人影也没有。后门没有上锁，狄龙走进船库，沿楼梯上楼，来到马里诺的办公室。在办公室里，他发现了一张马里诺留下的自杀遗书，遗书把整个骗局和盘托出。"对不起，因为我造成了这样的伤害，"马里诺的遗书写道，"我知道，上帝是不会宽恕我的灵魂的。"

狄龙打电话给当地警方，当地警方又打电话给联邦调查局。联邦调查局的探员卡陶罗和搭档沃尔什本来一直计划要在第二天拜访马里诺，跟他谈谈他和拜尤的审计机构里士满-费尔菲尔德的关系。二人驱车来到拜尤在信号路的办公室。在停车时，一辆蓝色宾利从他们身旁驶过。他们立刻开车尾随这辆车，同时在电脑系统里查询这辆车的车牌，发现开车的人竟然是马里诺。开出去几公里之后，马里诺把车停了下来。因为害怕马里诺手里可能有枪，并且准备要用枪自杀，卡陶罗赶紧从车里跳了出来。

"你们是在跟踪我吗？"马里诺问。

"我们知道是怎么回事了。"卡陶罗说，"从车里出来，我们谈谈吧。"

几天之后，萨姆坐在了纽约南区检察官办公室的会议桌前。跟他在一起的是他的几个辩护律师，这个精英团队的钱是他的父母支付的。坐在会议桌旁的还有几位检察官和联邦调查局的几个探员。萨姆事先已经准备好了一封信，他当场把信念了一遍。

萨姆·伊斯雷尔被捕。

"我的名字叫萨姆·伊斯雷尔，我是一个罪犯。"萨姆说，"我是一个说谎者，一个骗子。我很乐意相信我不是这样的人，但我的确变成了这样一个人。一直以来，我都想把亏掉的钱赚回来。为了实现这个目标，我花了整整一年的时间来挽救。"

萨姆和他的律师团队对有关部门说了寄放在伦敦"女王的保险柜"一个保险箱内的盒子的事，他说盒子是中情局特工罗伯特·布斯·尼科尔斯给他的，还说盒子里装着价值 1 亿美元的美联储债券。萨姆说，他本来早就想要打开这个盒子了，但盒子里面设置了机关。如果不是以某种方式严格按照 45 度角打开的话，盒子就会爆炸，然后释放出某种致命的生化毒剂。大家全都尴尬地沉默着，萨姆脑袋坏掉了吗？还是说他在开玩笑？极力克制的笑声在室内接连响起。

"你们有没有想过，美联储债券可能是真的？"萨姆的一位律师问在座的官员们，"难道你们心底就没有认为有一丝可能是真的吗？"

纽约的联邦调查局人员跟伦敦的公使馆取得联系，请他们取回这个盒子。伦敦警方想要把盒子炸掉，避免造成人员伤亡或是环境污染。但联邦调查局坚持要拿到那些神秘的联邦债券。

于是，警方封锁了皮卡迪里广场附近的街道，交通暂告停止，伦敦的拆弹部队部署到位，准备拆除这个盒子当中设置的机关。穿着可以抵挡化学武器袭击的排爆服装的专家进入了"女王的保险库"的地下室，排爆人员小心翼翼地取出了萨姆保险柜中的那个盒子。

在盒子里面是一个蓝色的挎包，挎包里面是一个香格里拉酒店的洗衣袋，洗衣袋里有一个沉重的盒子，盒子的内壁好像是混凝土制成的。因为年代久远，锁上的搭扣已经生锈起皱了。公文包的前面有一个褪了色的美联储的标志，跟萨姆拍下的照片中的箱子一模一样。

人们从保险库中撤出来。一个拆弹机器人被派进去打开公文包。机器人撬开了那把年代久远的锁。"咔哒"一声，封缄破裂。没有爆炸发生。

公文包被归还给了美国，美联储的人被叫来验看这些债券。印刷用的纸张似乎是真的，跟克莱恩公司（Crane & Co.）多年以来为美联储提供的印钞用纸是一样的。这些都是 30 年期的债券，票面利率 4%，这在 1934 年并不鲜见。财政部长亨利·摩根索的签名也是真的。

有件事是千真万确的：摩根索与富兰克林·德拉诺·罗斯福的私交非常好，而罗斯福总统也确曾受到指控，称他在"二战"前为美国进行隐秘的经济外交活动。

按照当时主流历史学家的看法，美国政府很有可能秘密资助了蒋介石政府，而具体资助方式在当时还是保密信息。1949 年中华人民共和国建国之后，没有人有权声称是这些债券的主人了。表面上看来，这些债券的确如尼科尔斯所说，是美联储的有效债务，但由于历史的原因，这笔债已经被一笔勾销了。

＊　　　＊　　　＊

然而债券还是有一些古怪的地方。文字本身存在着语法错误，好像是用洋泾浜英语写成的，而且还有拼写错误。美联储声称他们从来没有发行过债券，他们只发行过中期票据。说他们发行了这种债券就好比说，美国政府没有发行美元而发行了英镑或者欧元一样。美联储称，箱子上的政府封缄并非来自美联储，这是国务院的封缄。箱子内有一份文件，声称不管是谁发现了这个箱子都可以享受"全面免责"，但相应的保护条款听起来非常荒谬。"本'全面免责'文件可为本债券的发现者提供保护，使其不因刑事犯罪承担任何刑事责任，为了保证持有者之安全，享有完全免责相关文件规定的所有保护。"

尼科尔斯曾告诉过萨姆，箱子里的联邦债券总面值有 1 亿美元。但事实上箱子里一共有 25 张债券，每张债券标明的面值是 1 亿美元，这就是说，箱子里的债券的总面值是 25 亿美元。或者是萨姆赶上了一桩人类有史以来最划算的交易，回报率达到 2 500%，或者是他被骗了，二者必居其一。

联邦检察官立即冻结了所有能识别出来的罗伯特·布斯·尼科尔斯的银行账户，尼科尔斯得知他在伦敦汇丰银行的数百万美元存款已经被查封之后，给英国严重欺诈办公室打了一个电话。接电话的是刑侦警察迈克尔·曼利，一个经验丰富的老手。尼科尔斯告诉曼利，他从萨姆·伊斯雷尔手里拿到的钱是按照合法协议应得的。尼科尔斯还把协议传真了一份给调查局，就是他跟萨姆签的那个假协议。尼科尔斯说，萨姆给他付钱，是因为他帮助萨姆做经纪事务，进行高收益黄金银行债券交易。曼利一眼就看出来，尼科尔斯本人是相信秘密影子市场真实存在的。

"毫无疑问，尼科尔斯也被骗了，"曼利说，"骗子通常都相信自己创造出来的那个幻想的世界。尼科尔斯的情形跟我们见过的很多受害者非常相似，萨姆·伊斯雷尔也是一样，贪婪就是他们的动力。不管怎么说，他们两人拿出来的都不是自己的钱。他们脑袋里想的就只有巨额回报，没有理由怀疑这个黄金银行债券骗局也是尼科尔斯操纵的。从我们的电话交谈来判断，他不是一个太复杂的人。他不怎么懂金融，虽然他嘴上说的可能是另一套。"尼科尔斯说他愿意飞到伦敦，向曼利证明影子市场真的存在。

"如果你来伦敦我就逮捕你，"曼利对尼科尔斯说，"我会以欺诈和洗钱的罪名指控你。"

纽约的总检察长办公室起诉了尼科尔斯，让他归还那 1 000 万美元。

然而一半的钱已经没有了。随着诉讼的进行，尼科尔斯被传召到曼哈顿宣誓作证。在萨姆被捕之后的 3 年里，尼科尔斯老了很多。如今的他已经六十四五岁了，因为常年吸烟酗酒，他的健康状况很差，检察官们都看得出来，他的状况不容乐观。他原来的那种好莱坞范儿也不那么明显了。在摄像机面前，尼科尔斯再一次讲述了他几十年里作为中情局特工的经历。按照之前的一份协议，这一录像仍属保密内容，至于个中原因则不得而知。尼科尔斯的名字连同他与美国政府的情报机构的长期、神秘的联系的证据都不能对媒体披露。在作证的过程中，只有联邦检察人员才能提问，代表拜尤投资者的律师不能提任何问题，其中原因同样不得而知。

尼科尔斯的证言肯定足以称为美国联邦司法史上最诡异的证词之一。尼科尔斯讲述了他一生的经历，从他就读好莱坞职业高中的日子讲到为了给中情局办事经常在夜晚流连于檀香山的五星级酒吧。他宣誓之后说，他确曾是美国政府的秘密特工，而且干了几十年。至于他都干过哪些事，他举了一个例子：秘密把钱送到巴基斯坦军方"军团指挥"的手里，以此贿赂换取他们同意美国采取秘密行动杀死基地组织成员。本·拉登三年之后丧命，正是此类行动取得的成果。

但是，尼科尔斯的证言大多是一望即知的伪证。尼科尔斯说，是萨姆在伦敦找到了他，跟他提议在影子市场进行高收益债券交易。这个故事根本不合常理，但尼科尔斯说的很多话都不合常理。

检察人员已经从萨姆的叙述和他提供的大量文件中知道了事情的来龙去脉，所有的证据都指向这样一个结论：是尼科尔斯怂恿萨姆进行了这项冒险。

但尼科尔斯是一个高明的说谎者。他并没有改动故事的基本结构，只改变了一些关键事实，以此来撇清自己，同时又让别人抓不到自己说谎的把柄。

尼科尔斯完全颠倒了事实，他在作证的时候说，是萨姆跟他提起了

"桃太郎的黄金"和美联储债券这些事。是萨姆找尼科尔斯来就债券的回报进行谈判，而且还为此跟他签了协议，向他支付了一笔钱。这位中情局特工如此说，他料定政府无法证明他说的不是真的。

"如果有人能用 1 000 万美元做到我所做的这些事，我倒是很想见识见识。"尼科尔斯轻蔑地说。

联邦检察官被他弄得十分狼狈，张口结舌。难道这完全是巧合？是萨姆随口问了一句有关美联储的箱子的事，而尼科尔斯恰好是中国政府的特使，恰好手里就有这么一个箱子？联邦检察官满腹狐疑。

"我可不相信所谓的巧合，"尼科尔斯回答说，"但这件事确实有点奇怪，你知道，他竟然提起这个话题，这让我感到非常不可思议，而这正是我知之甚详的话题。"

"那中国政府如果想跟美国政府接触的话，为什么他们会打电话给罗伯特·尼科尔斯呢？"美国检察官埃尔伯茨问道。

"不知道，"尼科尔斯说，"这我就不知道了。"

"你难道就不觉得这有点奇怪吗？"

"不觉得，"尼科尔斯说，"完全不觉得。我曾经跟很多外国政府打过交道。"

"那个箱子里的东西值多少钱？"

"是问我个人的看法吗？按面值算的话，1 亿美元。"

"是每张债券 1 亿美元吗？"

"我不知道，"尼科尔斯说，"我没打开看过。我本来是想要了解箱子曾经在哪些人手里辗转，想要打开箱子的时候有法医人员在旁待命，还想要让冶金学家和研究这种东西的历史的专家在一旁帮忙查看。可是你们就这么把箱子从伦敦的保险柜里拿了出来，带到美联储，撬开后说：'哦，全是假的。'就好像问美联储这个箱子里的东西到底是不是合法一样。如果他们说合法，联邦政府就欠下了天量债务，如果他们说不合法，那就什么都不欠。"

"你是说，你认为联邦政府可能在联邦证券是否合法这个问题上撒谎，这样就不用还钱了？"

"有这种可能。"尼科尔斯回答。

"章鱼"的故事就这样结束了。或者说，表面看起来是结束了。这出影子市场大戏似乎是无果而终，神秘的美联储债券也不了了之。整个过程中，除了尼科尔斯骗到手 1 000 万美元之外，萨姆一路上打过交道的这些行骗高手没一个赚到了钱。期间一次交易都没有执行，秘密债券市场的所有喧嚣、所有狂乱全都化为乌有。

然而，随后开始有奇怪的事情在伦敦发生。一天，蒂姆·康兰接到了巴里·麦克尼尔以前的房东打来的一个电话。在麦克尼尔打算在影子市场进行交易的那几个月里，他在伦敦东区的一个平民聚居区租了一套小公寓。房东说，麦克尼尔走的时候没有支付最后几个月的房租，因为走的匆忙，他还落下了一些个人物品。其中就有大量的印有 ODL 抬头的信纸，很显然这都是麦克尼尔偷出来的。还有一台数码打印机，这样他就可以神不知鬼不觉地用 ODL 的抬头纸给潜在客户写信。不过，房东联络康兰的主要原因是，麦克尼尔还留下了一摞名片，名片上写着康兰的名字。这说明麦克尼尔过去曾经用康兰的名片假装自己是 ODL 的员工。这究竟是为了什么？

之后，ODL 开始不断收到怪异的传真。那些声称自己把钱存入了 ODL 巴哈马公司的投资者要求知道他们的资金到底怎样了。格雷厄姆·韦尔斯利收到了五六个高净值个人发来的传真，要求披露有关他们的投资的信息。但实际上，ODL 巴哈马公司并不存在，至少这不是一个合法存在的公司。ODL 从未在巴哈马成立过什么公司。投资者们说，他们是通过 ODL 的入门经纪人巴里·麦克尼尔办理的投资事宜。

"各种子虚乌有的 ODL 公司开始从世界各地蹦出来，"格雷厄姆·韦尔斯利说，"人们都声称自己是 ODL 公司的投资者。瑞士的多家银行都有 ODL 的账户。投资者们把钱存到 ODL 的账户，但他们却连公司本身是不是存在都不知道。他们给我看了印有 ODL 公司抬头的往来信件，签名的人自称是 CEO，但却不是我。这些交易的客户全都是经过精挑细选的，都是富人。当麦克尼尔的客户开始抱怨的时候我才知道到底发生了什么。整件事就是一个骗局。"当韦尔斯利来到中国与一位潜在客户见面时，他惊讶地得知，这位富有的实业家曾经和 ODL 打过交道。此人给他看了巴里·麦克尼尔的 ODL 名片，ODL 的这位南非籍经纪人对这位中国投资者讲了影子市场和美联储秘密债券的事。

这位中国投资者曾在 ODL 证券瑞士公司的瑞信账户存了 1 亿美元，用于在影子市场进行交易。这个账户是由麦克尼尔控制的。尽管被麦克尼尔耍了，这名中国人还是足够聪明，他亲自到瑞士去了一趟，对交易进行监督。为了等待交易开始，他曾在苏黎世的一家五星级宾馆里住了一个月。

韦尔斯利对这个人说，他真是非常非常幸运。影子市场是个骗局，麦克尼尔是个骗子。他还指出，ODL 的公司标识已经被改了，名片上的公司标识中的绿色和金色实际上应该是红色和白色。他说，假的"ODL 证券公司"有很多，都跟真正的 ODL 没有关系，麦克尼尔成功地用这些公司从投资者的手里骗了很多钱。据韦尔斯利说，投资者在 ODL 巴哈马公司的账户中存的钱总计有 1 000 万美元以上，甚至可能更多，这些钱全被麦克尼尔拿走了。

"这个骗局的大多数受害者都没法去报警，因为他们是通过自己的瑞士银行账户进行投资的。"韦尔斯利说，"这些钱从来都没有申报过所得税，都是秘密存起来的钱。如果他们去报警，那么他们需要回答的第一个问题就是，他们亏的这些钱是从哪里来的。这就好像一个毒贩子被抢劫了没法去报警一样。麦克尼尔做了一个完美的局，并且全身而退。"

拜尤的传奇结束了，虽然尼科尔斯可能永远都不会受到追惩。罗伯特·布斯·尼科尔斯和其他萨姆碰到的"骗子军团"可能都将逍遥法外。2008 年 1 月 30 日，丹·马里诺被法官科琳·麦克马洪宣判。4 月 14 日是萨姆宣判的日期。两人都被判 20 年监禁，这是对白领犯罪处以的最严厉的刑罚。一位与萨姆同在法庭内的联邦调查局特工向他这边靠了靠身子，在他的耳边悄声说要送给他五个字：哥斯达黎加。这是个玩笑，但其中的含义再清楚不过：面对这样不公正的判决，萨姆应该选择逃跑。

在刑罚方面，萨姆还是争取到了一点宽大处理。正常来讲，认罪的联邦罪犯在判决下达之后就会被收押。萨姆的律师们请求让他几周之后再入狱，好让他做好监禁期间持续服药的安排。法官同意了这个请求，准许萨姆在刑期开始之日主动归案。

"就是这样了。"麦克马洪法官对萨姆说，他坐在法官席上目光严厉地盯着萨姆，"我之所以允许你这样做，唯一的原因是为了确保不管你到哪里，都能把药吃对。到约定的那一天，你必须在下午两点出现。"

第19章

噩梦终结

　　萨姆在警局重述了自己的名字和他是一名逃犯的事实。警察们显然认为他是个疯子，其中一人将"萨姆·伊斯雷尔"的名字敲入了电脑。"我靠！"他大叫，"满世界的人都在抓你！"

　　第二天，萨姆成了风靡世界的新闻头条。不久之后，金融危机全面爆发了。

19

> 我想由于某种原因，上帝还不想我死，我将看看我的生活到底会怎样。我必须像个男子汉，必须找到自己生活的目的。（本书主人公萨姆）

2008年6月9日，星期一，华尔街上一位名声扫地的对冲基金经理萨姆·伊斯雷尔三世决定结束这一切。既然已经绝望无依，那就只剩下自杀这一条路了，至少表面上让人以为他自杀了。萨姆知道如果自己主动归案，进了监狱，此生再也不可能有机会重获自由，这本身就是一种自杀。多年大剂量用药，背上进行过十数次手术，再加上一次心脏手术，他的身体已经不堪折磨。经济上破产，身体上垮塌，他想，如果自己死了，至少孩子们可以得到一笔几百万美元的寿险保费。如果就此结束一切，他还能保留一点尊严和主动权。这是他最后的赎罪之举，也是最后的反抗姿态。

熊山大桥　位于美国纽约州，萨姆在此伪装自杀。

应该归案那天，萨姆开着自己的红色吉姆西"使节"，朝纽约州北部熊山大桥的方向行驶。那天酷热难耐，气温接近38摄氏度。转过一个弯之后，这座半英里长的大桥映入眼帘。他一边努力平缓自己纷乱的心绪，一边将汽车停在桥中间，紧挨着养护工人放在那里的一个锥形警告路标。他跨过栏杆站在一个狭窄的台面上，暗暗地告诉自己要坚强。他朝下望了望，将近 50 米，足以达到终极速度了。

悬索桥似乎在雾中摇摆。萨姆对自己说，我不害怕。我很快就会被遗忘，这无非是华尔街上又一起东窗事发的骗子交易员得到报应的故事。尸体如雨般落下。他深深吸了一口气，纵身一跃……

然后，他着地了。在台面下方半米之处，萨姆落到了建筑队曾用来维修大桥的平台上。至少他是这么说的。他等了几秒钟，心脏砰砰狂跳。他偷偷地回头朝栏杆那边看去，用目光寻找他从当地酒吧找来的一个墨西哥小孩。他付了这个小孩 100 美元，让小孩来接他，而且不许问任何问题。在听到小孩急刹车传来的刺耳声音后，萨姆跃过栏杆，钻进了汽车后座。他们一路加速向东，朝塔康尼克大道的方向驶去。

桥上几乎立刻就响起了警报器的声音。蹲伏在后座上的萨姆吓坏了。他购买的路虎"神行者"越野车停在公路出口坡道附近的一个休息区。他从小孩的车里出来，一直看着小孩离开才走向野营车。他希望确保那孩子没有看见他的车，以防警察盘问。从现在开始，萨姆将在本地呆上一两个星期，直到事态平静下来，直到他被宣告死亡；或者直到警察发现了他伪造了自杀现场后逃匿，立即愤怒地展开追捕。这将是他最后一次表演，这次人间蒸发的行动是他最后的骗局。

❊　　❊　　❊

这个计划准备得很仓促。在被判刑后，萨姆曾要求约翰·埃利斯请他的表兄小布什总统为他减免一些刑期。萨姆觉得，20 年太过残酷：他只不过是亏了钱，他并没有偷，也没有杀人，至少在法律上他没有杀人。

"我希望约翰向总统递一封信，请求减免我的刑期，"萨姆说，"但埃利斯说这不可能。那一刻我意识到自己将不可能得到任何宽恕，我一下子陷入了恐慌。"

萨姆在几周内拼凑出了这个计划。他脑子里也没有特别的目的地。音响里正在播放"感恩而死"(Grateful Dead)乐队的歌曲《沿路而行，感觉糟糕》(*Goin' Down the Road Feelin' Bad*)。萨姆的确感觉糟透了。他害怕见不到自己的孩子，害怕见不到德布拉·瑞安。萨姆考虑再三，觉得最佳的亡命之所可能是和美国少有来往的偏远国度，比如说津巴布韦或委内瑞拉。接着有天晚上，他脑袋里突然灵光一现。萨姆当时正在看一部名叫《房车之旅》(*RV*)的电影。这是一部由罗宾·威廉姆斯主演的喜剧，讲述了一名超负荷工作、不堪重压的男子说服他几近陌路的家人租了一辆旅行房车，从加利福尼亚一路开至落基山脉的故事。

"我一下子笑了起来，"萨姆回忆道，"接着突然就有了开着旅行房车游览美国的念头。就像电影中的那样。如此我便自由了。"

为了给旅行筹钱，萨姆开始通过在美易证券公司(Ameritrade)用化名创建的一个账户进行交易。刚开始都是小股本交易，但很快他便在买卖高盛、IBM、沃尔玛和RIM公司的股票上连连得手。多年来萨姆尝尽了交易员的苦恼，他已经有好几个月没有看过市场了。但在这紧急时刻，他似乎已经求输而不得。"我已经开始怀疑自己是否还有交易能力，"萨姆说，"我曾经输得一败涂地。我失去了我的基金、声誉以及一切，再也不是叱咤风云的人物。但接着我又重新开始交易，这种感觉棒极了。重新开始挣钱的感觉真好。我手气非常顺，买进卖出、买进卖出，一如过往。我还是用过去的交易程序，既不试着去预测什么，也不求超越自己。"

萨姆买了一辆豪华路虎神行者，并安装了高级床垫。升级音响系统花了4 000美元，平板电视、高端厨具和设计师设计的床单、桌布等织品让这辆房车更加温馨舒适。

萨姆还买了两部手机、两支数码录音笔、一个全球定位系统和一个iPod，他在iPod里面塞满了阿尔曼兄弟乐队的歌曲。《出发：离开美国指南》一书对旅居生活提供了详尽的规划信息，甚至还有关于中美洲最佳海滩的小贴士。萨姆还在一个包里装了175颗快速起效的吗啡片和一叠芬太尼透皮贴。萨姆把它当作自己的"自杀包"，准备在被法律逼得走投无路时使用。

萨姆自信地认为，尼科尔斯对他的训练足以让他应付这种亡命天涯的生活。为了创造一个新身份，萨姆上网搜索和他差不多同时出生的已故人士。他想要一个听起来平淡无奇的名字。最后他选中了一个名叫戴维·克拉普的白人男子，这人已于 2001 年在艾奥瓦州的滑铁卢去世。尼科尔斯教过萨姆如何获得他人的社保号码。接着萨姆买了一套工具，准备伪造克拉普的各种身份证件。萨姆先从社保卡和出生证明开始，接着又为克拉普打造了一个受命牧师的身份，以防他需要打扮成牧师的样子。尼科尔斯曾推荐过，在无处可躲的情况下可通过这种方式隐藏自己。萨姆为了伪造这一堆卡片忙到深夜，其中还包括特种部队士兵和空手道黑带的证件以及潜水员执照。

萨姆在塑料购物袋中塞了几千美元，并将这些钱藏在驾驶座底下。他的想法是暂时在美国东部沿海地区呆上一段时间，等过一个月左右再往北进入加拿大。接着，萨姆将穿过整个大陆，并且尽量选择在露营地休息。那些地方的身份检查比旅馆或汽车旅馆都要松懈得多。久而久之，对他的追捕就会日渐平息，然后克拉普将再次进入美国，之后在哥斯达黎加一个安静海滩的大牧场上安顿下来。一两年后，他将回到美国重新建设崭新而安静的生活。

"我并不认为自己是头号公敌，"萨姆说，"我觉得一切都将逐渐平息，最终我能回来重拾生活。当然不再以萨姆·伊斯雷尔的身份。我会搬去宾夕法尼亚州和纽约毗邻的某个小镇。我可以去看我的儿子，我也将再次见到德布拉。我的想法是，没人会记得多年前的某个白领罪犯。执法人员也有比捉拿我更重要的事情做。"

随着 6 月的到来，归案日期逐渐临近。平房的车道上，萨姆的卡车引擎盖上落满了橡树花粉，萨姆在上面写下了"自杀毫无痛苦"几个字。接着他买了一辆轻便摩托车，用作短途旅行，同时也为万一需要迅速开溜的情况做准备。然而这时候，他的准备工作却变得复杂起来。

在应该归案前的那个周六，萨姆开车带着瑞安来到他停放旅行房车的汽车修理店。瑞安看到萨姆真的打算逃跑，吓坏了。萨姆让瑞安帮他把轻便摩托车抬到旅行房车后的置物架上。他们激烈地争吵起来。萨姆威胁说如果她不帮忙他就自杀。瑞安并不觉得萨姆只是在威胁她。他已经痛苦不堪、筋疲力尽、丧失了理智，而且20年牢狱生活的前景也令人恐惧。瑞安曾有一个好朋友因自杀而离去，她知道活着的人将要承受的那份痛苦和内疚。

"你知道他们会在监狱中杀了我，"萨姆说，"他们之前曾试过一次，他们会再干一次的。"

瑞安知道萨姆说的是中情局，也明白他对有人下毒导致他患心脏病一事置信不疑。和往常一样，瑞安不知道该相信什么。萨姆不止一次告诉过她，"章鱼"是如何将谋杀伪装成疾病的，他的心脏病就是一个现成的例子。

"我不能进监狱！"萨姆咆哮道。

瑞安心软了，将摩托车抬到了房车上。在萨姆最后一个自由的晚上，他在他们两人租住的平房中疯狂地来回踱步。半夜时，他离开屋子说要去买香烟。瑞安上了床，心里暗暗祈祷他不会逃跑或自杀。凌晨三点，萨姆出现在卧室门口，浑身冒汗，神情绝望，并请求她再帮他一次。萨姆说他将把旅行房车停到一个公路休息区，他需要她跟着一起去。他们又大吵了一场。为什么萨姆要把她牵扯进他的麻烦中？瑞安质问道。萨姆说，如果她爱他，就不会袖手旁观。她再一次妥协了。

躺在床上等待日出的萨姆哽咽地对瑞安说，他很抱歉，他们不能再拥有本该有的关系了。瑞安求萨姆三思。如果他跑了执法人员就会来找她，她说。她感觉好像自己的整个世界都在崩塌。她为他的生活，也为自己的生活感到害怕。但萨姆根本听不进去。黎明前，他转过身背对着她，一句话也没说就走开了。

"不要走，不要走！"瑞安大叫。

萨姆开车离开了，因为恐惧和悲伤，他整个人浑身颤抖不止。他让自己专注于摆在眼前的具体事物：路，桥，结局。

德布拉·瑞安 萨姆·伊斯雷尔女友，因为帮助萨姆伪装自杀被警方逮捕。

在发现萨姆弃于熊山大桥中央的车后，为了寻找他的尸体，警方派潜水员在哈得孙河中找了好几个小时。执法人员迅速得出了萨姆伪装自杀的结论。麦克马洪法官得知这个消息后火冒三丈，并召集了美国法警署的人过来，让他们把追捕萨姆当成头等大事。萨姆随即登上了全球报纸的头版头条，和他逐渐变得默默无闻的希望相去甚远。他显示出来的胆大妄为、不知悔改以及对法律的蔑视成了镀金时代华尔街的写照。写在吉姆西"使节"引擎盖上的那句"自杀毫无痛苦"看起来像是一句嘲讽。

萨姆的下落成了媒体和华尔街热烈猜测的焦点。他是在南非的开普敦，泰国，还是马里的廷巴克图（Timbuktu）？ "对失踪交易员的搜查遍及全球，" 2008 年 6 月 14 日的《纽约时报》这样写道。名誉扫地的金融家跳楼自杀的惊险故事完全敌不过亡命天涯的华尔街诈骗犯的神秘故事。萨姆成了小报明星。

萨姆又一次玩弄了这个世界。当警察们忙着在全球各地搜查时，萨姆其实一直都呆在离家不远的地方。坐到旅行房车里面后，他开了一小段路，去了康涅狄格州托兰一个破败的露营地。意识到没有计划周详的萨姆开始一心一意琢磨怎么让自己的新身份更加真实可信。他将车牌号换成了另一辆旅行房车的。他去了当地的机动车部门，拿到了一份驾照申请。几周后，他在马萨诸塞州西部的一个露营地重新住了下来，打算过几天再回去参加驾照考试。

"我没有想要避开人群，"萨姆说，"我喜欢和人交朋友，心情开朗，又像原来的那个我了，那才是真正的萨姆·伊斯雷尔。我蓄起了胡子，留长了头发。当人们问我是做什么的时，我回答说我是一名咨询师。当他们问是什么方面的咨询师时,我便会开玩笑地问他们有什么需要咨询的。一切都进展顺利。有一次十分惊险,我遇上了一个有警察站岗的路障,差点没吓得屁滚尿流。但总而言之,我还不错。自由自在,无牵无挂。联邦调查局和执法官员们完全不知道我在哪儿。他们只有大事化小,小事化无。"

联邦调查局一直在对瑞安进行讯问。她如实回答,说自己不知道萨姆在哪里。接着她说,不知道萨姆有没有和那名中情局情报人员尼科尔斯碰头。她不是认真的,但联邦调查局对这个建议无比认真。联邦调查局的机密文件将尼科尔斯描述为持有武器的危险人物。如果萨姆和他在一起,那么他也必须被归为持有武器而且十分危险。这一转折将萨姆置身于一种全新的危险境况之中。

"一天晚上我在旅行房车中收看电视节目《美国头号通缉犯》(America's Most Wanted),竟然看到自己的脸出现在了电视上,"萨姆回忆说,"我知道大事不妙。当时正在下暴风雨,电视机突然没了信号,我独自一人坐在黑暗中。我不敢相信,他们竟然让我上了电视,和那些在逃的谋杀犯、强奸犯和恐怖分子相提并论。他们要把我列入联邦调查局头号通缉犯名单?那太可怕了。但另一方面,我也不是太担心。电视上的那张照片看起来不太像我。"

"第二天,我在报纸上偶然读到一篇有关瑞安的文章。她被捕了。我看着报纸上她的脸、她的眼神和那眼神中的惊恐。那时我知道自己必须做点什么。我怎么可能让她替我承受打击?我爱过她,我不能伤害她。但那并不意味着我就要去归案自首。那时的我心理极度扭曲,我想如果我杀了自己,彻底结束这一切,他们就会放她走了。无论如何,我对自己将来的预测都糟糕极了。我有一个装着吗啡片和芬太尼透皮贴的自杀包。"

"我开着轻便摩托车去了距露营地几英里远的一个荒芜之地。四周都没有房子。我走进树林,林中有一座带顶的行人桥横跨一条小河。那里树木葱郁，我很快就迷路了。过了一会儿，我发现几道湍流上方有一小片空地，俯瞰河流。景色美极了。我随身带了两包烟。我坐在那儿，一边抽烟一边思考，从中午一直想到太阳开始西沉。当时暮霭沉沉，我知道是时候离开这个世界了。但对于将药片放入口中，并且知道你即将死去，我依然心有迟疑。如果你相信上帝，像我一样，这意味着你死后不能和上帝在一起。那很难，但我已经难以为继。于是我做了。我服下那些药片，结束自己的生命。

"凌晨两点，我逐渐恢复了意识。或者我认为是这样。我不是很确定。周遭一片黑暗，死沉死沉、漫无边际的黑暗。我环顾四周，心想这是不是就是，就是死后来生了。接着我听见了湍流的声音，这才意识到自己没有死。或者我认为自己没有死。我冻坏了，因为身上只穿了 T 恤和短裤。我开始身体发抖，牙齿打颤。我已经体温过低，必须离开。但我看不见前路，树林里黑得伸手不见五指。我跌跌撞撞地往前走，不停地被树枝绊倒、刮伤。我吓得不轻。"

黎明时分，萨姆回到了旅行房车所在的露营地。房车内脏乱不堪，地上到处都是脏衣服、满溢的烟灰缸、残羹剩饭和报纸。在躺下来休息时，他将那些还未消化的吗啡片全吐了出来。现在他连止痛药都没有了。他没有了结束自己生命的工具，也没有了让他觉得生活还可以承受下去的东西。

"我想由于某种原因，上帝还不想我死，"萨姆说，"于是我不得不面对现状。像亨特·汤普森（Hunter Stockton Thompson，1937 年 7 月 18 日～2005 年 2 月 20 日，美国传奇作家记者、散文集、小说家。——译者注）说的那样，'买张车票，上路吧。'我将看看我的生活到底会怎样。我不知道它是好是坏，但是我必须自己去发现。我必须像个男子汉，去投案自首。我必须找到现在自己生活的目的。"

萨姆开着摩托车去了最近的村庄。这里的警察局关掉了。他又一路开去了绍斯威克镇。那还是上午。他坐在外面，抽完了最后一根烟。然后走进去，找到坐在玻璃窗后的文员。

"我的名字叫萨姆·伊斯雷尔。我是一个联邦逃犯，通缉犯。"

文员抬起头看着他，满脸疑惑。"危险人物？"他问道。

"不，我是个白领，"萨姆回答。

"等我去楼下找几个人上来和你谈，"文员说道。

"请帮我一个忙，"萨姆说，"不要通知媒体。"

那名文员回来时带来了两名警察，萨姆重述了自己的名字和他是一名逃犯的事实。他们显然认为他是个疯子。其中一名警员将"萨姆·伊斯雷尔"的名字敲入了电脑。

"我靠！"他惊呼，"满世界的人都想抓你。"

那天下午，联邦调查局特工卡陶罗和他的搭档沃尔什来到了绍斯威克镇将萨姆收押。

"无论我将来发生什么，每一天都会好过像现在这样生活，"萨姆在他们将手铐戴在他手腕上时说，"我再也不用撒谎了。我的良心自由了，我终于自由了。"

2008 年 9 月,我第一次在纽约城的瓦尔哈拉州立监狱见到了萨姆·伊斯雷尔,他正在那里等待对潜逃的判决。萨姆穿着橘黄色的囚服被领进会客室,显然,从他归案之日起,数周的监狱生活对他而言相当艰难。他努力摆出一副对监狱生活不以为意的样子,但谁都看得出,他神情恍惚,眼神凌乱。之前的一天,他因为跟人打架断了手骨。此外,他背上有伤,但没有止痛药吃,只有靠精神药物撑着,他的语言能力因而大受影响,说出话来含混不清,思维也变得迟钝。不过,他的眼中依旧闪耀着狡黠的光芒。会客室的墙上有一条警示标志:本区域绝对禁止带入口香糖或糖果。但是,在只有我们两个人时,萨姆从口袋里拿出了两块"火球"糖,朝我眨了眨眼睛,递给我一块。后来我得知,萨姆就是这样一个人,他爱耍手段,桀骜不驯,令人情不自禁地喜欢。他是一个从未真正长大的男孩。

我来这里见他是为了跟他讨论写一本关于他的骗局的书。在当时,这是华尔街历史上最大规模的一宗欺诈案。但他对我说,还有另外一个故事,一个会让我震惊的故事。萨姆拿过笔,在我的笔记本上写下了"最后一圈"几个字。他跟我说了罗伯特·布斯·尼科尔斯的事,他说这位中情局特工曾是他在欧洲的"训练员"。然后他给我画了一个示意图,解释影子市场是如何运作的。美联储已经破产了,萨姆说。美国的金融体系就是一个精致的庞氏骗局。华尔街上演的骗局终有一天会大白于天下,这无非是个时间问题。

3周之后，全球金融危机爆发。萨姆对这次突如其来的灾难并不感到意外，伯纳德·麦道夫管理的几十亿美元的对冲基金瞬间崩溃，很多迷你麦道夫基金也随后灰飞烟灭，这些都在萨姆的意料之中。萨姆确信，除了被曝光的屈指可数的这几只基金外，数百只甚至数千只对冲基金全都是靠庞氏骗局支撑的。无数的理财顾问都在谎报投资者拿给他们的资金的回报率，萨姆说，从街边商场里的小骗子到曼哈顿摩天大厦里的对冲基金英雄，无一例外。

萨姆说，没能利用 2008 年崩盘的机会大举做空，错过了这样的好机会让他感到遗憾万分。拜尤已经撑得够久了，他说，他本来可以利用巨亏的借口掩盖自己欺诈的事实，然后悄无声息地关掉这只基金。神不知鬼不觉，谁也不会知道"问题"曾经存在。萨姆这个在崩盘之后掩盖骗局的做法其实是非常可行的，虽然听起来有些不可思议，但我请教过的交易员都表示同意这样的看法。尽管曾有过数次不温不火的改革努力，但那种曾创造了镀金时代的宽松的监管环境仍在持续，势头丝毫未减。

萨姆被逮捕的时候，检方把拜尤基金描述为一个价值 4.5 亿美元的骗局。但是这一数字实际上被大大高估了，就好比捣毁贩毒团伙之后，收缴的毒品的价格也会被高估一样，都是为了让执法部门的业绩更好看。真实的损失可能高于 7 500 万美元，但不会高出很多，如果不算支付给破产律师的那 3 000 万美元的天价律师费的话。从结果来看，把钱交给拜尤的确是不良投资，但在这"失去的 10 年"里，很多投资的命运都是如此，人们发现，他们买下的房子和股票与他们想象的价值相差甚远。事实上，如果投资者到 2008 年 10 月危机全面爆发的时候还没有从拜尤撤出投资的话，如果萨姆的骗局能够支撑到那一天的话，这只基金的表现甚至仍然好于标准普尔 500 指数。

2009 年，萨姆因为潜逃又加了两年刑期。德布拉·瑞安因为教唆萨姆逃跑被判 3 年缓刑。法官特别指示瑞安在缓刑期间不要与伊斯雷尔联络，但后来因试图用杂志私运 300 美元给狱中的伊斯雷尔（这钱是用来给他买一个好一点的床垫的），瑞安的缓刑期又加了 1 年。萨姆被送到了北卡罗来纳州巴特纳的一座联邦监狱，开始他的 22 年刑期，这座监狱也是麦道夫的服刑之地。虽受背伤困扰，而且监狱里药物不足，萨姆依旧尽了最大努力改善自己的状况。为了取乐，他参加了几个即兴乐队，而且还关注股市的动向，他的很多狱友也都这么做。"他们每个人都以为自己是监狱里的交易员，"萨姆对我说，"他们都觉得自己有一套办法交易外汇，或是股票。每个人都有一套体系，凭借这一'利器'他们就可以干掉市场。真正做一个交易员有多难，他们根本不知道。"

丹·马里诺被关在肯塔基州的一所监狱里。一方面因为与家人分离，另一方面因为失去了与外界的联络，马里诺感受到的苦楚更加深刻。在我快写完这本书的时候，马里诺给我发了一封电子邮件，说他碰到了另外一个曾接触过影子市场的狱友。"他的公司正在俄罗斯铺设一条石油管线，"马里诺写道，"他说，债券全都是真的。他讲的那些术语跟萨姆讲的差不多。他说收益的一部分必须要用到人道主义事业中去。他说中情局利用这个来支持黑色特工。他希望我担任他下一次交易的经纪人，下个月他就要出狱了。关于这件事，我还没有想好该怎么办。"

黄金银行诈骗案不断变换花样，不断有新的受害者堕入其中，既有高净值肥羊，也有希望一朝暴富的空想家。在去欧洲旅行为这本书做报道的过程中，我发现萨姆曾经碰到过的那些债券推销人员还在继续向那些相信高收益投资神话的人兜售自己的骗术。当我在伦敦见到ODL的经纪人蒂姆·康兰时，他告诉我说，他经手的交易涉及的"债券"是要为东欧的项目筹资的。多年来，康兰一直在努力做成一笔交易，但一直没有成功，这让他感到大惑不解。他说菲利普·温斯勒-斯图尔特曾成功地进行过一次交易。"他已经退休了，到加勒比海地区安然度日去了，"康兰的妒意显而易见，"他真的在影子市场完成了交易，正因为如此他才能搬到那些小岛上去。"

作为影子市场的邪恶诱惑力的进一步证据，乔治·卡查兰也因投资诈骗在英国的"最高通缉"名单上赢得了一席之地。其中一名受害者损失了2 000万美元。2012年4月，卡查兰被捕，并被遣送回英国，在那里，他正因一个涉案金额逾3 000万美元的案件面临多项指控，他的律师赫格尔也难逃法网。2008年，赫格尔因吸引受害者投资于一个并不存在的加纳金矿受到指控，这个骗局与他试图诱惑萨姆投资其中的那个骗局非常相似。赫格尔从他的客户手里窃取了奖金100万美元，这还不包括他从萨姆手中骗到的钱。他曾试图逃避法律的惩罚，但最终在曼谷落网，随后被遣送至美国。他的案子还没有开审。

2009年6月，两名日本籍人士在从意大利入境瑞士的时候被拦截，他们携带着一个带夹层的行李箱，夹层里装着面值1 345亿美元的美联储债券。执法机构称这些债券全都是伪造的。《纽约时报》刊发了一篇题为"伪造美国债券谜团引发网络猜测"的文章。然而，萨姆仍相信这些债券全都货真价实。世界经济就是这么运作的，各国都会把主权财富藏到瑞士的保险库里。他告诉我说，曾有人拿同样的债券给他。都是真的，萨姆说，但美联储说是伪造的，因为它不愿意偿付这笔几十年前的债务，更何况这笔债务如今已于史无证。

由此说到"章鱼"这个最后的谜团。按照罗伯特·布斯·尼科尔斯与政府商定的一份协议，他本来需要在2009年2月交出500万美元的现金。那个月他正身处瑞士，陪同他的是萨姆在华尔街的一个老朋友。这个人被尼科尔斯的魔咒魇住，交给他100万美元，请他帮忙投资阿拉巴马州的一个水净化项目。至于他们两个人去瑞士干什么，那就只能猜了，但他们干的事情的结果却不用猜。根据官方报道，尼科尔斯在瑞士五星级的酒店里因心脏病发去世。表面上看来，几十年吸烟、酗酒终于让这个六十几岁的男人付出了生命的代价，但他死亡的时机和当时所处的环境相当令人起疑。比如，尼科尔斯的头部也受到了重击。在萨姆的这位股票经纪人朋友的安排下，尼科尔斯的遗体在瑞士迅速被火化，这一举动引发了更多有关阴谋论的猜测。联邦调查局从瑞士的有关部门拿到了一张死亡证明，在法律上，这件事就算是尘埃落定了。但这名间谍真的死了吗？在我联络萨姆的这位朋友询问尼科尔斯突然死亡一事时，他的声音颤抖，透着恐惧。他哀求我不要把他的姓名写进书中。尼科尔斯吓到了他。"章鱼"吓到了他。尼科尔斯的死亡与他的生活一样，都是一个谜。

"曾经与他过从甚密的一些人认为他还活着，"《最后一圈》的作者对我说，"他们说他仍生活在列支敦士登，或者是柬埔寨，或者是巴厘岛。他是死了还是活着，我自己还没法下定论。"

不过,萨姆对此事确信不疑。多年来,尼科尔斯一直在设计逃脱路线。在越南的湄公河三角洲地区有一个叫做美拖(My Tho)的小城,尼科尔斯知道他在那里能够得到庇护。他曾经为自己创造出很多假身份,他在世界各地都有银行账户,用的也都是不同的姓名。任何人都不可能抓到他,就算执法机构发现他没有死也拿他毫无办法。

　　"鲍勃没有死,"萨姆对我说,"他正在不知什么地方活得好好的。鲍勃是个不作伪的人,并不像政府所说的那样是个骗子。所谓无火不生烟,现在的烟这么多,怎么会完全没有火呢?几乎可以说,他是一个不存在的人。他跟我说过很多次。他从不留下足迹。他和美国的情报机构以及真正操纵这个世界的人有关联,跟章鱼有关联,这一点毫无疑问。要不该怎么解释他从来没有因为犯罪被起诉这件事呢?如果你像我一样相信影子政府,那么这个世界上就必须得有鲍勃这类人物。想想伊朗,想想伊拉克、大规模杀伤性武器,想想民众是怎样对政府喂给他们的那些臭狗屎来者不拒的。比如本·拉登之死,鲍勃曾跟我说过军团指挥和那些巴基斯坦将军的事,他说他们都确切地知道本·拉登藏在什么地方。那时距离本·拉登在巴基斯坦一个重要军事基地旁边的大院里被杀还有几年的时间呢。真相就是鲍勃所说的那样。有时候我会想,他也许是我这辈子碰到的唯一一个不撒谎的人。"

　　监狱中的萨姆并不知道政府已经收缴了伦敦"女王的保险库"中存放的美联储债券,我告诉他之后他才知道。萨姆已经启动法律程序要求拿回这些债券,但联邦调查局拒绝归还。

　　"我想要这些债券,"萨姆说,"如果债券一文不值,那就给我好了。如果值一些钱,比如说,值1亿美元,那这些钱就可以用来偿付拜尤的投资者。我要竭尽全力,用尽一切办法。我不会停下来的,真相终将大白。"

OCTOPUS 致 谢

我要感谢萨姆·伊斯雷尔。我相信，他已经为自己的行为、为自己给家人和朋友带来的痛苦真诚地感到悔恨。我知道，萨姆还深深地为拜尤的投资者和那些信任他的人亏了钱而痛心疾首。我希望，这本书能够让相关各方对这件事情多一点了解。

德布拉·瑞安是一位善良的女性，她为我回忆了一些令她极感痛苦的往事，我很感激她的慷慨。同样地，我也要感谢丹·马里诺，他向我讲述了他经历的这部分故事。杰夫·辛格和格雷厄姆·韦尔斯利都为了提供了非常有价值的指导，卡尔·卡陶罗、凯文·沃尔什和史蒂文·加芬克尔也同样为我提供了有意义的帮助。我要感谢伊斯雷尔的辩护律师巴里·博雷尔（Barry Bohrer），正因为有了他，我才能有机会接触到他的这位当事人。博雷尔的搭档芭芭拉·特伦彻（Barbara Trencher）做了大量的研究工作，这些研究是我相当倚重的材料。在我们的交往过程中，博雷尔和特伦彻总是非常和善殷勤。投资诈骗律师罗斯·因泰利萨诺（Ross Intellisano）帮助我理解了拜尤基金与金融世界，特别是高盛，是如何互动的。

皇冠出版社的里克·霍根（Rick Horgan）是一位出色的编辑，他的同事胡利安·帕维亚（Julian Pavia）也非常优秀。他们对故事性和细节的关注大大提高了本书的水准。登内尔·卡特利特（Dennelle Catlett）在公关方面一马当先，朱莉·塞普勒（Julie Cepler）在营销方面表现优异。我对他们还有皇冠的发行商莫利·斯特恩（Molly Stern）表示感谢，谢谢你们对本书的信任。

负责电影相关事宜的乔迪·霍奇基斯（Jody Hotchkiss）一路走来与

我寸步不离，堪称一位了不起的合作者。同样地，我得感谢还要送给我得文稿代理人苏珊·戈洛姆（Susan Golomb）。

从更加个人的角度来说，查尔斯·福伦（Charles Foran）、斯科特·安德森（Scott Anderson）和梅里利·维斯波（Merrily Weisbord）在文稿等方面都是非常值得信赖的知己，埃莉斯·阿伦斯（Elyce）和安迪·阿伦斯（Andy Arons）夫妇可以说是任何人都梦寐以求的好朋友。我的两个女儿，露西（Lucy）和安娜（Anna），全程密切关注这本书的进展，有一天她们会长大，会读懂这本书，那时候她们就会明白现在的艰苦努力是为了什么。还有我美丽的妻子马娅（Maya），我永远感激你，谢谢你的耐心、智慧、优雅，还有爱。

还有很多人需要感谢，他们在这本书出版的过程中给予了我很多帮助。真诚地感谢你们，虽然你们的名字我不能在这里提起。本书中出现了很多使用化名的人士，但这并不是不能说名字的人的全部。

本书中出现过的所有使用化名的人士：

西德尼·艾布拉姆斯（Sidney Abrams）

贝尔博士（Dr. Baer）

戈洛·巴尔特（Golo Barthe）

凯瑟琳·卡内基（Katherine Carnegie）

约翰·卡西迪（John Cassidy）

马克·康兰（Mark Conlan）

詹姆斯·费尔韦瑟（James Fairweather）

奈杰尔·芬奇（Nigel Finch）

埃米莉·哈德威克（Emily Hardwick）

艾伦·雅各布斯（Alan Jacobs）

查尔斯·琼斯（Charles Jones）

库马尔（Kumar）

巴里·麦克尼尔（Barry McNeil）

德里克·米尔斯基（Derek Mirsky）

皮娅·平格（Pia Pinger）

菲尔·拉特纳（Phil Ratner）

菲尔·西弗特（Phil Severt）

斯特隆波里亲王及公主（Prince and Princess Stromboli）

菲利普·温斯勒 - 斯图尔特（Philip Winsler - Stuart ）

"iHappy 书友会" 会员申请表

姓　名：(以身份证为准) _____；　性　别：_____；

年　龄：_____；　职　业：_____；

手机号码：_____；　Email：_____；

邮寄地址：_____；　邮政编码：_____；

微信帐号：_____　(选填)

所购图书封底防伪码（揭开防伪标签，即可看到标签下防伪码）：

_____

请在以下 9 本图书中任选一册

您选择的图书名为《××××××》_____

请将以上信息严格按上述格式 Email 至中资海派"iHappy 书友会"会员服务部。

　　邮　箱：zzhpHYFW@126.com

　　微信联系方式：请扫描二维码或查找 zzhpszpublishing 关注"中资海派图书"

中资经典，打造最具价值的金融投资胜经
一切为了精英阅读而努力

我们在接到您的会员申请表后，会在第一时间发送审核回函，一经审查通过，您将立即成为我司"iHappy 书友会"会员，首次成为会员者，将可以免费获得以下图书一册，我们将以平邮的方式邮寄给您，请确保邮寄地址可以收到邮政平邮（请勿重复申请，重复加入会员无效）。可选书目有：

《金钱游戏》定价：32.00
（*The Money Game*）
亚当·史密斯（Adam Smith）

透析市场本源，揭开游戏黑幕

《活学活用巴菲特》定价：38.00
侯博元

第一本将巴菲特投资策略实际运用于中国股市的书

《大投机家的证券心理学》定价：32.00
（*Kostolany's Börsenpsychologie*）
安德烈·科斯托拉尼（Andre Kostolany）

20 世纪最伟大的股市见证人教你股市赚钱秘籍

《股市投资致富之道》定价：32.00
(*Paths to Wealth Through Common Stocks*)
菲利普·A. 费雪（Philips A. Fisher）

费雪家族长达 80 年的投资秘诀

《美元的坠落》定价：28.00
(*The Demise of the Dollar*)
安迪森·维金（Addison Wiggin）

深度解析美元捆绑世界的阴谋

《拿工薪，三十几岁你也能赚到 600 万》定价：36.
(*Millionaire Teacher*)
安德鲁·哈勒姆（Andrew Hallam）

巴菲特和约翰·博格教你的 9 大投资致富法则

《围捕黑天鹅》定价：38.00
(*Stalking the Black Swan*)
肯尼斯·波斯纳（Kenneth A. Posner）

极端波动性市场下的投资风险防范

《拯救华尔街》定价：39.80
(*When Genius Failed*)
罗杰·洛温斯坦（Roger Lowenstein）

长期资本管理公司的崛起与陨落

《魔鬼投资学》定价：35.00
(*More Than You Know*)
迈克尔·莫布森（Michael J. Mauboussin）

颠覆传统投资智慧，实现长期投资获利指日可待

轻松反馈信息　免费获赠图书

在您阅读我们图书的过程中，中资海派还将竭诚为会员提供以下服务：

1. 定时阅读计划　2. 答疑解难　3. 复习通关　4. 权威专家指导

只有您能一眼看出，
这是能使您投资立马获利的金融胜经！

特别说明

1. 会员申请通过后，收到第一本书刊需时 7 ~ 20 天。
2. 读者订阅的书刊由深圳寄出，如果您在 20 天内未收到，请及时反馈给我们。

大投机家亲授 70 年牛熊通杀大智慧

安德烈·科斯托拉尼的的一生就是一部投机史。他将自己在投机中的获利经验进行总结，以通俗易懂的方式向大众描绘着投机世界。他为我们讲述他作为一个传奇的股市神猎手投资股票的成功法则。

要有耐心，因为最初发生的状况往往与你想象的不同。

（等等入市，即可确定大致的方向，也能用意想不到的低价买到潜力股）

不要相信，卖方知道他们为什么要出售或者买方知道他们为什么要购入。

（不要觉得市场上其他投资者知道的比你多，更不要被小道消息所迷惑）

看科斯托拉尼如何抓准牛熊转换点，即在熊市中保值，又在牛市中赚钱。

〔匈〕安德烈·科斯托拉尼 著

张利华 译

中资海派出品

定 价：68.00 元

自由、竞争和公共利益如何兼得？

罗伯特·弗兰克大胆预言，达尔文将取代亚当·斯密成为经济学的奠基人。

《达尔文经济学》描述经济社会中的竞争远比斯密的观点更为透彻与准确，同时其结果影响深远。如果你认为你一直生活在斯密的世界里，而不是生活在达尔文的世界里，这是很危险的，因为这将让你无法意识到：竞争有时只会让事情像"军备竞赛"一样越来越糟糕，而根本无法得到解决。

在弗兰克看来，我们的市场可以更有效率，政府可以更有作为，蛋糕可以越做越大，每个人可以分得越来越多。

〔美〕罗伯特·弗兰克 著

谢朝斌 刘寅龙 译

中资海派出品

定 价：48.00 元

短信查询正版图书及中奖办法

A．电话查询
　　1．揭开防伪标签获取密码，用手机或座机拨打 4006708315；
　　2．听到语音提示后，输入标识物上的 18 位密码；
　　3．语言提示：您所购买的产品是深圳市中资海派文化传播有限公司出品的正版图书。

B．手机短信查询方法（移动收费 0.2 元 / 次，联通收费 0.3 元 / 次）
　　1．揭开防伪标签，露出标签下 18 位密码，输入标识物上的 18 位密码，确认发送；
　　2．发送至 13825050315，得到版权信息。

C．互联网查询方法
　　1．揭开防伪标签，露出标签下 18 位密码；
　　2．登录 www.801315.com；
　　3．进入"查询服务""防伪标查询"；
　　4．输入 18 位密码，得到版权信息。

中奖者请将 18 位密码以及中奖人姓名、身份证号码、电话、收件人地址和邮编 E-mail 至 szmiss@126.com，或传真至 0755-25970309。

一等奖：168.00 元人民币（现金）；
二等奖：图书一册；
三等奖：本公司图书 6 折优惠邮购资格。
再次谢谢您惠顾本公司产品。本活动解释权归本公司所有。

读者服务信箱

感谢的话

谢谢您购买本书！顺便提醒您如何使用 ihappy 书系：
◆ 全书先看一遍，对全书的内容留下概念。
◆ 再看第二遍，用寻宝的方式，选择您关心的章节仔细地阅读，将"法宝"谨记于心。
◆ 将书中的方法与您现有的工作、生活作比较，再融合您的经验，理出您最适用的方法。
◆ 新方法的导入使用要有决心，事先做好计划及准备。
◆ 经常查阅本书，并与您的生活、工作相结合，自然有机会成为一个"成功者"。

<table>
<tr><td rowspan="12">优
惠
订
购</td><td colspan="2">订 阅 人</td><td>部 门</td><td colspan="2">单位名称</td><td></td></tr>
<tr><td colspan="2">地　　址</td><td colspan="4"></td></tr>
<tr><td colspan="2">电　　话</td><td></td><td>传　真</td><td colspan="2"></td></tr>
<tr><td colspan="2">电子邮箱</td><td>公司网址</td><td></td><td>邮　编</td><td></td></tr>
<tr><td rowspan="2">订
购
书
目</td><td colspan="5"></td></tr>
<tr><td colspan="5"></td></tr>
<tr><td rowspan="3">付
款
方
式</td><td>邮局汇款</td><td colspan="4">中资海派商务管理（深圳）有限公司
中国深圳银湖路中国脑库 A 栋四楼　　　　邮编：518029</td></tr>
<tr><td rowspan="2">银行电汇
或 转 账</td><td colspan="4">户　名：中资海派商务管理(深圳)有限公司
开户行：招行深圳科苑支行
账　号：81 5781 4257 1000 1</td></tr>
<tr><td colspan="4">交行太平洋卡户名：桂林　　卡号：6014 2836 3110 4770 8</td></tr>
<tr><td>附
注</td><td colspan="5">1．请将订阅单连同汇款单影印件传真或邮寄，以凭办理。
2．订阅单请用正楷填写清楚，以便以最快方式送达。
3．咨询热线：0755-25970306转158、168　传　真：0755-25970309
E-mail: szmiss@126.com</td></tr>
</table>

→利用本订购单订购一律享受 9 折特价优惠。
→团购 30 本以上 8.5 折优惠。